識字教學策略

許彩虹

著

序

因為寫論文，我愛上了文字，愛上了文字裡的文化和意涵。曾經懷著巨大的夢想，告訴自己等寫完論文就來好好訴說文字的故事，讓大家看見我們每天都在看，卻從來沒有真正看明白的文字。但是我知道自己的能力有限，大概無法完成夢想。感謝周慶華教授細心的指導我寫作論文，在論文寫作上給了我最大的幫助，並鼓勵我將論文出版。希望心中那份大大的感動，可以藉著這本小小的書散播出去，造成迴響。

這本書談的是識字教學策略，識字教學策略理論建構的意義在於：為使學習者強化認知文字、增加識字量、熟練文字和形構識字學。而識字教學策略共可分為四部分：一、戲劇化教學策略──舞臺劇化教學、相聲與雙簧劇化教學；二、擴大閱讀範圍教學策略──閱讀報紙雜誌教學、閱讀課外讀物教學、閱讀視聽媒體教學；三、轉運用教學策略──識字轉運用在寫作教學、識字轉運用在編輯採訪教學；四、後設認知教學策略──物質性的後設認知教學、倫理性的後設認知教學、審美性的後設認知教學、文化性的後設認知教學。

期待經由這本書和更多人分享彼此的想法和教學經驗，期盼有更多的教育先進與同好給予回饋和建議，讓個人在這方面有更多的

成長和精進。個人相關學識仍有待充實，各層面考量未臻完善，疏漏之處在所難免，敬請各方不吝給予指教。最後謹以最誠摯的心感謝指導教授周慶華及一起學習的暑期語碩三同學們。

目　次

圖　次

表 次

第一章　緒論

第一節　研究動機

　　識字能力是閱讀的基礎。而閱讀又是增進學習的最佳方法。近年來，世界各國都在推動閱讀，如何帶動閱讀風氣，提升閱讀能力，成為各國努力的重點。

　　啟動英國閱讀年的英國教育部長布朗奇（Blunkett）指出每當我們翻開書頁，等於開啟了一扇通往世界的窗，閱讀是各種學習的基石，在我們所做的事情中，最能解放我們心靈的，莫過於學習閱讀；洪蘭也提到，閱讀不只打開了一扇通往古今中外的門，讓你就自己的時間、步調，在裡面遨遊，同時還可以刺激大腦神經的發展；而大力推動兒童閱讀的前教育部長曾志朗也說閱讀是教育的靈魂。自小養成閱讀習慣，等於有了一生所能擁有的智慧。（齊若蘭、游常山、李雪莉，2003：16-72）許多研究顯示，透過大量閱讀，累積了豐富的背景知識，才能賦予生活經驗更深的意義，使生命更豐富。

　　閱讀已逐漸獲得重視，尤其是現在的社會，貧富差距越來越大，窮人家的孩子，不再是只要苦讀學校課本上的知識就可以有機會出人頭地，他們需要更多的機會，而閱讀就是他們最好的機會。布希夫人主張在孩子童年時，就必須學習閱讀，為學習做好準備。

（齊若蘭、游常山、李雪莉，2003：20）因為閱讀能力好，攫取知識與資訊、分析理解的能力強，寫作與表達及溝通的能力也較強。據此，以有效的識字教學策略增進識字能力，進而豐富閱讀就更顯得重要。

這些年來我個人任教於低年級，也一直在推動閱讀，希望能讓孩子們進入閱讀的世界，享受閱讀，也能自己閱讀。希望他們的時間不被電視和電腦所佔據，尤其是那些文化不利或者父母沒空陪讀的孩子，也能經由教師的教學和引導，讓他們學會閱讀，領略閱讀的樂趣，讓他們愛上閱讀，可以自行閱讀，經由閱讀走向更寬廣的人生，我們希望他們「學會釣魚的方法，而不是給他們魚吃」。為了實現這個理念，我開始探討關於閱讀理論的文獻，並從中探究出閱讀和識字的關係，也更體認到識字能力對閱讀的重要性。

從相關文獻探討過程中，我發現「閱讀」實質上是一個複雜的歷程，包含識字（word recognition）與理解（comprehension）兩個主要成分，而其中「識字」又是閱讀理解的基礎，在閱讀過程中扮演十分重要的角色。（Kamhi & Catts,1991）再者，Cagelka & Berdine（1995）指出，如果不能識字，閱讀將只是一堆堆無意義的符號呈現在眼前。由此可知，「識字」在閱讀的歷程中是十分重要且必須先行推動的要務。因此，為了能帶領孩子們通向閱讀的道路，能主動閱讀，享受閱讀樂趣，我覺得必須從強化孩子們的識字能力開始，並藉此機會來探討可行的識字教學策略。

Chall（1996）提出閱讀的發展階段，將閱讀發展分為六個階段，分別為前閱讀期（0～6 歲）、識字期（7～8 歲）、流暢期（8～9歲）、閱讀新知期（10～14 歲）、多元觀點期（14～18 歲），以

及建構和重建期（18 歲以上）。而自階段二以後，閱讀已成為個體吸取知識的媒介，讀者會逐漸擴展、挑選閱讀的範圍，並非被動地接受所有的訊息。因此，從閱讀的發展階段來看，「識字期」是閱讀發展中很重要的一個階段。此外，上述的前三期大約是九歲以前，這時期大約是國小低年級的階段，所以在低年級的階段讓孩子能大量的識字是很重要的。我希望孩子在此閱讀發展的關鍵階段能得到很好的引導和學習。

　　張春興指出閱讀歷程中，首要工作就是「認字識義」，認字識義在訊息處理論上稱為解碼。而解碼就是將書頁上一個一個的單字，從長期記憶中立即檢索出對應的意義。每一個單字在以前學習時都是經由編碼表徵歷程輸入，並貯存於長期記憶之中，現在閱讀時用到它，再從以前的編碼中解釋回來，將意義還給相對應的單字。按照心理學家艾瑞（Ehri）（1982）的解釋，解碼工作分為兩種不同的歷程；一是比對（matching）歷程，是看到字，就直接了解其意義，習慣默讀的人，多半使用此種近於「自動化」的解碼歷程。一種是補碼（recoding）的歷程，補碼是面對字音時，先由字音的中介，讀出字的聲音來，而後靠字音的線索，再從長期記憶中檢索出字義。兒童初學時，喜歡用朗讀的方式，所以教師在設計教學活動時，可以多做朗讀的活動，幫助孩子們閱讀，擴大字彙，增進閱讀能力。（張春興，1988）

　　黃信恩提到：

> 　　一個有效的閱讀歷程，學生應是能快速而不費力氣的認識每
> 一個字，如果每一個字都要進行解碼的歷程，那閱讀的過程

將會變得非常繁複，不但閱讀沒有效率，同時會導致閱讀的流暢性受阻，進而影響閱讀理解的達成。（黃信恩，2008：2）

低識字量學生的識字成長在小三是一個重要的分水嶺，到小四以後就變得緩慢，會影響閱讀理解和閱讀經驗。（王瓊珠、洪儷瑜、陳秀芬，2007）美國研究也顯示，學童在三年級之前如果沒有具備基本的閱讀能力，不能有效的閱讀，未來在學習其他學科時容易碰到困難，將會落後於同儕。（齊若蘭、游常山、李雪莉，2003：20）

由此可知，培養閱讀能力刻不容緩，而識字教學更是走向閱讀的首要之路。越早讓孩子們學習識字，他們才能愉快地和有效地閱讀，不會在學習的路上遇到挫折。

閱讀與識字量成良性循環，閱讀能力越高，識字越多，閱讀理解能力越好，結果進一步提升閱讀能力；閱讀能力越低，識字越少，閱讀理解能力越弱，結果妨礙了閱讀能力的發展，造成惡性循環，高閱讀與低閱讀能力的人，差異越來越大，這就類似著名的「馬太效應（Matthew effect）」。（謝錫金、林偉業、林裕康、羅嘉怡，2006：13）

「閱讀」可以分為識字解碼和理解兩大成分。一個人的認知資源容量有限，如果識字耗掉太多的資源，能夠處理閱讀理解的資源就相對減少許多，就算認出全部的字也不一定能懂文章的意思。（王瓊珠、洪儷瑜、張郁雯、陳秀芬，2008）Anderson 等人認為閱讀理解除了識字能力，還需要文章的知識、文本結構等能力，如果學童識字有限，就會影響其理解文章。（Anderson & freebody,1981）

　　不管是馬太效應造成的影響，或是識字耗掉太多的資源，都說明了識字的重要，識字是閱讀的基礎，識字會影響閱讀，識字在閱讀的歷程中，扮演著重要的角色。

　　識字教學是一切教育的基礎，識字能力會影響到閱讀，兒童在學習閱讀時，文字辨識能自動化，有利於閱讀理解，因此識字是開啟閱讀知識的一把鑰匙，也是兒童學習階段的重要課程。（孟瑛如、張淑蘋，2003）

　　基本識字能力常被用來當作區分文盲與非文盲者的指標。根據國立臺灣師範大學成人教育研究中心（1994）的研究，一般成人日常生活中所需的字彙是 2328 個字，解讀日常生活基本字彙的能力在 470 個字以下者，列為「不識字」；能認 870 個字以上，未達 1680 個字的為「半識字」；能認 1680 個字以上，並具有書寫日常生活的簡單應用文字能力者為「識字者」，才可以脫離文盲。（引自王瓊珠、洪儷瑜、張郁雯、陳秀芬，2008）

　　識字量被用來當作閱讀能力的重要指標之一。各國成人教育對於「脫盲」（脫離文盲）所需達成的識字水平多有一定的標準。戴汝潛（1997）就談到國民識字率是一個國家教育、文化、經濟、社會發展水平的重要標志。

　　近年來，識字的教學越來越受到重視，聯合國更將 1990 年訂為國際識字年，針對全球的文盲人口，將展開為期十年的掃盲工作。（匡惠敏，2010：6）

　　我這幾年一直在國小低年級任教，深知閱讀能力對孩子的重要，如果讓孩子們在求學開始的階段，可以在閱讀中找到成就，他們的發展會越來越好，就會有很大的自信。因此，我希望透過識字

教學策略的研究，找出可以讓學生很快的認識很多字的途徑；經由認識字增進閱讀理解能力，才不會到了中年級與高年級之後，落差越來越大。在教學現場上，可以發現很多的孩子不是數學能力不好，不是自然能力不好，可是在各學科測驗的成績往往不理想，主要原因是他們看不懂題目；不理想的成績影響了他們的自信，造成學習動機不佳，也影響了學習效果，更讓他們在人際相處上造成影響。閱讀能力的重要性可想而知。

我們希望學習是快樂的，是有興趣的，不是為了學習而學習。對於很小的孩子來說，學習不是一個很大的負擔和壓力，洪蘭說過主動的學習才會真的有成效。她說學習會讓腦部的區塊變大，但是實驗發現，只有主動學習，學習的區塊才會變大，對腦神經聯結的密度才有幫助，被動是沒有用的。（洪蘭，2004）所以我不希望孩子為了增加識字率，必須去強記很多的字；我希望識字的學習是在有意義的情境中學習。因此，我希望透過戲劇與閱讀來增加孩子們的識字率。此外，希望能發展更多的識字教學策略來引導孩子們學習。隨著日新月異，知識爆炸時代的來臨，當孩子們累積了一定的識字量之後，他們就能自行閱讀。

近年來，孩子們的語文能力越來越低落，也許是多元的社會分散了他們學習的時間，也許是我們以為國語能力孩子們自然而然就會，不需要刻意的學習。家長們很重視孩子們的英語能力，常忽略了語文能力更是一切學習的基礎，等到學測恢復作文的考試，家長們又一窩蜂的把孩子們送去補習作文，而忽略了語文能力是要從小培養的。觀看現在關於識字教學的研究，大部分都是以閱讀障礙、學習障礙、語文低落的學生為主要的研究方向，識字教學主要的目

的用來作為補救教學，對於普通班學生的識字教學的研究並不多。有時候是我們已經習慣了照著課本教就可以了；有時候是我們以為發展正常的孩子不需要特別的教學；有時候是我們忽略了識字教學這個部分的重要性。如果我們忽略了在孩子還小的時候，就能讓他們多接觸語文，多閱讀文章，接觸相關的語文活動，那麼他們就很可能對語文沒有興趣，也不會主動學習。其實，一般的孩子都需要好的教學策略來引導他們，他們越小，語文對他們越重要；尤其是進入小學階段的孩子，識字對他們而言更重要，我們應該給他們更優質的語文環境。我希望能發展識字教學策略，讓孩子們的語文能力能從小培養，經由識字教學的發展，進而增進閱讀能力，讓求知慾最強、好奇心最重的低年級的孩子們，可以更早來探索這個奇妙的世界；讓中高年級的孩子們也可以經由識字教學，對於中國文字的奧妙有更深的認識，進而愛上中國的文字，更有興趣與能力作更廣泛的閱讀、主動的閱讀與學習。

我發現，有些低年級的孩子認識很多字會很高興，他們喜歡先寫課堂上老師沒教過的字，他們不想要寫注音，他們以會寫國字而自豪，他們會很高興的和你分享他們所認識的字；會認很多字，會唸沒有注音的故事書，將是一件很有成就的事，也會受到大人很多的稱讚。

孩子們語文能力的培養，實在是我們刻不容緩的事。我們有這麼悠久的文化，日本人、韓國人的文字都受我們漢字的影響，在世界各國越來越多人加入學習漢字的行列的同時，我們怎麼可以忽略了我們自己的文字？經由識字教學，希望孩子們不只增加了識字量，而且會愛上我們的文字，讓孩子們的心裡擁有一份自信與成就。讓閱讀成為孩子們一生的好朋友。

第二節　研究目的與研究方法

一、研究目的

　　探討識字教學策略的研究很多，那麼本研究的目的是什麼？是希望孩子們認識很多的字，但是沒有辦法組成句子；是考試的時候會寫很多優美的詞句，但是不能寫出動人的文章；還是希望孩子們除了認識文字、熟練文字，還能愛上文字，愛上閱讀？

　　看了唐諾（2003）《文字的故事》，受了很大的感動，突然有股衝動，想要對中國的文字作更深入的探索，希望我們的下一代能認識中國文字的奧妙、中國文字的偉大，以及中國文字裡的情感與生活，讓我們的下一代了解和愛上它們。因為當我們的孩子認識和了解自己的文化，當他們愛上了自己的文化，他們的心裡才會有根的感覺，才會有踏實感，才會為了這個社會而努力，人生也才更有價值。當他們站在世界的舞臺上時，他們會有自信，他們會為自己的文化感到驕傲。從一路走來的求學過程，和在小學任教多年的經驗發現，我們教給下一代有關於自己文化的認識實在太少，我們教孩子們自然、歷史和地理的知識，我們教孩子們背了很多東西，可是我們總是忽略了要教孩子們愛上我們的文化，愛上我們的文字。我

們的孩子們對自己的東西，總是少了那股理直氣壯的自信，輕易的以為外國的東西總是比較好。也許是從滿清末期外來的文化入侵後，我們對自己的文化失去了自信，但是當日本人、韓國人、美洲人、歐洲人等等，都開始著迷於中國文化的同時，我們怎麼可以讓我們的下一代還不知道中國文化的美麗？就像趙士英（2008）在〈識字教學的策略研究〉中提到的，識字教學不只是增加識字量，我們還要讓我們的下一代經由文字認識與喜愛我們的文化。每一種文化都有優勢與劣勢，都有優點和缺點，我們應該讓我們的下一代知道我們優點，勇敢的接受我們的缺點並知道如何改進。

　　趙士英認為，識字教學不應該只是停留在對漢字形、音、義的認識和獲得識字量，從基礎教育發展的時代需求和素質教育對人綜合發展的要求來看，識字教學應是一個多功能的教與學的領域。應具有以下的功能和目標：

(一) 識字的教與學的過程應該成為了解和感悟中華民族燦爛文化的過程。

(二) 充分發展兒童的好奇心、求知慾、想像力和創造力，挖掘漢字所蘊含著的啟迪靈性的智慧價值。

(三) 建立新的學習方式，真正落實自主學習、合作學習和探究學習的目標，培養學生自主識字的願望與樂趣。

(四) 樹立策略意識和工具意識，把借助有效工具解決問題作為學習的過程和學習的動力。

(五) 高效率、高質量地整體掌握漢字的形、音、義，落實應有的識字量，促進有效閱讀。（趙士英，2008）

　　馮永敏提到識字教學要讓學習者可以熟悉形、音、義三者之間的聯繫，做到見形而知音義，聞聲而知義形，或表義而知形音。透過觀察、思考，類分獨體字和偏旁、部首。透過比較、概括，可以比較不同，概括其中規律。最後能靈活運用。可以培養學生觀察、比較的能力，引導學生歸類，教給學生分析和識記的方法。（馮永敏，2008）

　　黃秀文認為關於識字教學，要給學生自我探索的機會，讓學生有更多的機會與文字接觸，學習語文，老師先營造相關的語文環境，語文環境對孩子們的學習是很有幫助的，常常在很多書的環境中，常常買書，或是常常接觸語文相關的活動，常常與人有相關的語文互動等等，都能幫助孩子識字，還要多鼓勵孩子們探索和嘗試。如果孩子們能自我探索，主動學習，更能幫助孩子們的語文發展。（黃秀文，1997）

　　識字本身不是目的，識字最直接的作用是學會閱讀，早期閱讀興趣的培養，閱讀習慣的形成是小學教育的關鍵，因此必須把識字同閱讀、寫作聯繫起來作系統的課程、教材改革，才能發揮好的識字教學方法的優勢。（戴汝潛，1997）

　　因此，本研究的目的是希望能建構提高學習者識字效果的策略理論，並且希望這套理論可以藉為自我提升識字教學的成效、可以作為其他教學者改善識字教學的借鏡，以及可以提供寫字教學政策擬訂的參考。

　　我們都希望學習者可以在沒有壓力，充滿樂趣的環境中主動學習，所以本研究的目的是希望能發展出一套識字教學策略理論，從四個層面來探討，讓學習者覺得有樂趣，具有學習動機，不會感到

枯躁，能主動學習。這四個層面，在本研究中包括第四章的識字戲劇化教學策略、第五章的識字擴大閱讀範圍教學策略、第六章的識字轉運用教學策略和第七章的識字後設認知教學策略。當中第四章的識字戲劇化教學策略：結合活潑、多元化的教學方式，可以增加孩子的學習動機。戲劇本身就是一種綜合性的藝術，戲劇的呈現結合了表演藝術、視覺藝術、音樂、美勞及語文表達等多元智慧，透過聲音、語言文字的詮釋、影像、空間及肢體動作的呈現，使教學有了更多的變化，豐富了教學的內容，因而本研究試圖利用戲劇化教學策略的運用，作為增進識字教學的策略，並探討其相關性及可行性，主要的意義在使學習者可以藉由識字戲劇化的教學達到強化認知文字的目的。

　　第五章的識字擴大閱讀範圍教學策略，希望識字教學策略能建立在閱讀的基礎上，經由識字教學策略能擴大閱讀範圍，讓學習者能在廣大的閱讀範圍中學習並增加識字量，可以透過閱讀報紙雜誌，透過閱讀課外讀物；還有除了書面文字外，更廣泛的閱讀意義，包括了閱讀視聽媒體。相信利用如此廣泛的各種閱讀，可以增加學習者的識字量，而且透過閱讀中的內容，增加學習者的先備知識，內在的知識越豐富，越能幫助他們理解文章的意思。

　　好的讀者能運用自己的個人經驗及已有知識，幫助理解文章。當你對文章的意思越理解，你越能利用上下文的意思來猜測一些你所不認識的字，高效讀者字詞解碼的能力，與篇章理解的能力都高，而低效讀者則相反，二者都低。因此，個人的詞庫量不足，先備知識不夠，就無法有效達到認字的目的。而有關詞庫辭彙的增加，則與閱讀經驗有關。（謝錫金、林偉業、林裕康、羅嘉怡，2006：

13；黃信恩，2008）利用閱讀繪本、報章、雜誌來學習識字，可以讓學習者在真實的情境中自然明白字義，增加了解，這樣不但可以幫助對識字的學習，也可以讓學習者更容易記憶，記憶的時間變長，而且可以幫助理解力的發展，進而幫助閱讀。柯華葳認為識字教學除了字彙量的增加，另一個重要的目的是累積個人的知識量，增加學生背景知識的廣度，因為知識越多越能提高推論的正確性，將閱讀材料以有意義的情境呈現，讓學生得以透過整體的意義概念，在識字及解字歷程中，促發更多閱讀的理解、興趣，進而提升識字數量和進度。（引自黃信恩，2008）從洪儷瑜和黃冠穎的研究中也發現，利用有故事性的文章作識字教學，識字的正確性、流暢性和文章朗讀均有立即與保留的效果，對於閱讀能力的成效較為全面。（洪儷瑜、黃冠穎，2006）

　　識字與閱讀的關係密不可分，相輔相成，所以本研究希望透過擴大閱讀，作為識字教學的策略之一。另外，學習要在生活中運用，這樣會讓學習更有效，也讓學習者得到更多的學習，學習效果加倍，所以在第六章安排了識字轉運用教學策略，「運用」是我們學習很多東西的最重要的目的之一，讓識字可以運用在生活中，可以在生活中實踐它；在生活中，如果遇到沒學過的字，也可以透過識字教學策略的技巧來轉化或是利用相關訊息及上下文的提示來猜測文字，一邊學習，一邊運用，可以讓學習更穩固，更不容易忘記，又可以觸類旁通，得到不只是加倍的成效，而是多倍的成效。生活中包括到餐廳吃飯看菜單的點餐，坐公車坐火車時看班次表，買東西時可以看產品上的相關介紹，比較產品的不同等等，讓學習不脫離生活。另外，讓識字教學可以運用在寫作上，透過寫作教學，增

加識字；透過編輯採訪教學，學習識字，在運用與學習的相輔相成中，讓識字的學習效果更加倍。學習者可以透過寫作表達自己的想法，紀錄所見所聞，會寫日記，會寫便條等等。學習者對於文字更熟練，並讓識字學習發揮最大的功效。第七章的識字後設認知教學策略更是一般人較少提到的，從物質性、倫理性、審美性與文化性的後設認知來談識字教學。將帶給大家不一樣的觀念和不同的思考點，藉由這些學習使學習者可以形構識字學。另外，在每一章的教學策略後面都作了相關教學活動的設計，希望透過教學活動的設計，讓教師可以更了解教學策略，也可以更容易的運用在教學上。換句話說，本研究試圖建構一套能提升識字樂趣，了解中國文字，進而愛上中國文字，增加學習者的識字量，強化學習者認知文字和熟練文字，使學習者形構識字學並可以提高學習者識字效果的策略，讓更多的教師能夠運用在教學現場，進而增加學習者的閱讀能力的教學策略。

　　孩子們都很愛聽故事，當他們聽故事時那種專注的神情實在讓人感動，希望能經由故事引導孩子進入閱讀的世界，能經由閱讀，增加孩子們的識字率，透過教師趣味性、永久性，而且更周延的識字教學策略，增加孩子的識字率。經由增加孩子的識字率，讓孩子們更能領略文字的魅力，享受閱讀的樂趣，徜徉在閱讀的世界裡。很多的研究顯示，低年級是增加識字量的重要階段，過了三年級以後，如果孩子們的識字量不足，就會影響孩子們的閱讀能力，日後對於閱讀能力的培養也會有較大的困難。（齊若蘭、游常山、李雪莉，2003：20；王瓊珠、洪儷瑜、陳秀芬，2007）所以希望儘早讓孩子接觸閱讀，學習識字。我們可以鼓勵父母在孩子一歲或是 0

歲的時候就能唸故事給孩子聽，就能帶孩子從事相關的閱讀活動。能用孩子們最自然而然的戲劇表演，利用相關的戲劇化教學策略來引導孩子們學習識字，希望利用閱讀報紙、雜誌、課外讀物，還有閱讀視聽媒體的教學策略來增加孩子們的識字量，讓孩子能運用他們的識字量，在生活處世上可以更得心應手，可以更獨力，可以將識字運用在生活上，可以寫作表達自己的想法和看法，可以透過閱讀提升理解力與創造力，有更豐富的想像力，對自己更有自信可以看世界，在這個社會上有更多的能力來運作。

　　為了達到以上的研究目的，及提升自我識字教學的成效，本研究希望能建構一套理論，並作為其他教學者改善識字教學的借鏡，以及提供寫字教學政策擬訂的參考。

　　本研究屬於理論建構的範疇，再輔以相關教學活動設計，有關的理論建構，周慶華在《語文研究法》中提到：

> 理論建構，講究創新。大致上從概念的設定開始，經由命題的建立到命題的演繹及相關條件的配置等程序而完成一套具體系且有創意的論說。（周慶華，2004：329）

　　根據此論，本研究的主要概念有兩部分，第一部分是：識字教學、策略；第二部分是：識字戲劇化教學、識字擴大閱讀範圍教學、識字轉運用教學、識字後設認知教學。依據本研究的方向，本研究共分為五個命題，包括識字教學策略建立有特定的意義（命題一）；識字教學有戲劇化教學策略（命題二）；識字教學有擴大閱讀範圍教學策略（命題三）；識字教學有轉運用教學策略（命題四）；識字教學有後設認知教學策略（命題五）。本研究完成後，所見的價值

可以藉為自我提升識字教學的成效（演繹一）；可以作為其他教學者改善識字教學的借鏡（演繹二）；可以提供寫字教學政策擬訂的參考（演繹三）。茲將本研究的理論建構圖示如下：

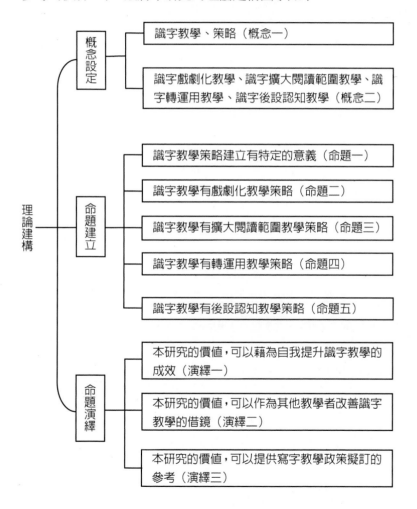

圖 1-2-1　本研究理論建構圖示

二、研究方法

　　本研究屬於理論建構的方式，希望能夠探討相關的識字教學研究，建構一套識字教學策略。並設計相關的教學活動，一方面驗證教學策略的理論建構；另一面可以讓教學者更明瞭教學策略的內容，靈活運用。本研究涉及各種相關的研究方法。在本研究第二章文獻探討，將採用現象主義方法。所謂現象主義方法，是指探討一切能顯示於意識或為意識所及的對象的方法（趙雅博，1990：311；周慶華，2004：95），而本研究就是要將目前我所能蒐集到的相關識字教學及識字教學策略的研究成果，加以分析、整理和批判，以便開展本研究的論述。

　　第三章識字教學策略建立的意義，將採用哲學的方法。所謂哲學方法，是指從後設思維的角度來探討事物的方法。（周慶華，2007a）沈清松指出，哲學具有整體性、基礎性和批判性的特性。在哲學上，我們不能停留在數理結構或因果關係，必須分析出所探討對象的基本可理解的結構，例如分析自然物群的基本結構或是社會的基本結構等等，我們必須思考最具有整體性、基礎性的基本結構與動態關係。（沈清松主編，2002：6-8）所以在這一章，要用哲學的方法來後設確立識字教學策略建立的意義。

　　第四章識字戲劇化教學策略、第五章識字擴大閱讀範圍教學策略、第六章識字轉運用教學策略，均採用文字學方法和社會學方法。文字學方法是指探討文字的構字法則的方法。（林慶勳、竺家

寧、孔仲溫，1995：3；裘錫圭，1994：1）廣義的文字學是指形、音、義三方面的綜合研究，傳統上習慣把研究字形演變，造字規則的，叫做「文字學」（狹義）或「漢字學」；研究字音變化、字音內部結構的，叫做「聲韻學」或「音韻學」；研究字義古今不同，字義結構規則的，叫做「訓詁學」。本研究將從漢字的特質，漢字的起源和發展，還有漢字的構字法則來探討，研究識字教學策略。社會學方法是指研究語文現象或以語文形式存在的事物所內蘊的社會背景的方法。大體上有兩個層面：一個是解析語文現象或以語文形式存在的事物是如何的被社會現實所促成；一個是解析語文現象或以語文形式存在的事物又是如何的反映了社會現實。這二者都可以稱為「文本社會學」；差別只在前者可能需要用到觀察和調查等輔助性的手段，而後者只需逕自去解析就行了。（周慶華，2004：87-94）因為教學涉及師生的互動和有現實環境的諸多考量，所以兼採用此方法。

　　關於第七章識字後設認知教學策略，則綜合運用前面所提到的文字學方法以及現在要提到的倫理學方法、美學方法和文化學方法。

　　倫理學方法是指探討人和人以及人和自然等倫常的方法。（鄔昆如，2003；林火旺，1999）倫理學是做人的學問，其他的學問大都是在充實人的知識，是人性發展中知性的部分，只有倫理學和人生哲學，是在教人「做人」的學問，是實踐性的，是人性中德性的發展。（鄔昆如，2003：1）倫理學是指有關如何做人或生活的一切理想、原則、實踐，也就是從哲學觀點探究倫理課題的學問。（沈清松主編，2002：30-59）

　　美學方法是評估語文現象或以語文形式存在的事物所具有的美感成分（價值）的方法。（周慶華，2004：132）凡是基於求「美」的前題而論說語文現象或以語文形式存在的事物的意見，都可以歸到審美取向的方法論類型。（周慶華，2004：211-212）美學可以滿足人的情緒的安撫、抒解、甚至激勵等等，已經沒有別的更好的途徑可以藉來達成。好的文學作品，詩中的意境或意象等，欣賞者可以從中得到美的經驗或美的感情或價值感情。基於論說的方便，姑且以到後現代為止所被規模出來的「優美」、「崇高」、「悲壯」、「滑稽」、「怪誕」、「諧擬」、「拼貼」等七大美感類型作為美學的對象。（周慶華，2004：137-138）本研究以美學的方法來探究文字。

　　文化學方法是評估語文現象或以語文形式存在的事物所具有的文化特徵（價值）的方法。（周慶華，2004：123-124）本研究以文化學的方法探究文字中蘊涵的文化的意義。不同的文化背景產生不同的語言和文字，中國的文字裡，到底有多少文化的意涵在其中？這些文字中所蘊涵的文化，我們的下一代是不是了解？東方與西方，在不同的文化背景下，所產生的不同的文字和語言，本研究將在第七章時採用文化學的方法來探究識字文化性的後設認知教學。

　　以上採用了各種研究方法，我希望不同的研究方法，不同的思維，不同的經驗和論點，發揮它的功能，互相搭配和融合，可以使本研究更臻於完善。

第三節　研究範圍及其限制

一、研究範圍

　　本研究的範圍為識字教學、識字教學策略的相關文獻探討（第二章）；本研究從強化認知文字，增加識字量，熟練文字，還有形構識字學等方面來探討識字教學建立的意義（第三章）；本研究探討識字戲劇化教學策略，從舞臺劇化教學、相聲與雙簧劇化教學，來建立相關教學策略，並利用相關教學活動的設計強化此教學策略（第四章）；本研究擴大閱讀的範圍包括閱讀報紙、雜誌的教學，閱讀課外讀物的教學，還有閱讀視聽媒體的教學等方面，來作為識字教學的策略（第五章）；學習與運用是相輔相成的，我們所謂的「做中學，學中做」，所以從運用中來作識字的學習，相信會是更實際，更有效，更能達到長期記憶的學習效果，本研究將識字轉運用在寫作上，運用在編輯採訪上，並設計相關的教學活動，讓識字教學策略更具體，更能落實在教學上（第六章）；至於第七章的後設認知教學策略就從物質性、倫理性、審美性、文化性等方面來探討，並設計相關的教學活動，讓識字教學從更多元的角度切入作更廣泛的學習。

本研究主要探討識字教學策略，識字教學策略主要分成四部分：一是戲劇化教學；一是擴大閱讀範圍教學；一是轉運用教學；一是後設認知教學，不同於一般的教學策略探討的方式。本研究以這四個部分為研究範圍，在戲劇化教學方面又分為舞臺劇、相聲和雙簧劇的教學；在擴大閱讀範圍教學方面又分為閱讀報紙、雜誌、閱讀課外讀物和閱讀視聽媒體，希望透過廣泛的閱讀範圍發展更好的識字教學策略；在轉運用教學方面，主要用在寫作與編輯採訪上，考量這個階段的孩子們所需要與適合的方式，設計了寫作與編輯採訪這兩部分的教學；關於後設認知教學方面，主要從四個面向來探討，包括物質性、倫理性、審美性及文化性。在每部分的識字教學策略中，設計相關的教學活動。本研究的對象主要是以小學生為主，適用於小學的不同階段，依需要可作深度與廣度的調整。

二、研究限制

文字學中包涵了漢字的起源、漢字的性質、漢字的形成和發展、漢字的構造原則，還有漢字的字形、字音和字義彼此之間的關係和對應等等。（林慶勳、竺家寧、孔仲溫，1995；裘錫圭，1994）文字學範圍廣泛，文字學深奧精深，本研究無法一一探究，只能就識字教學方面作探討，有關文字學中某些細微的部分，本研究將不會探討。

另外，近年來識字教學越來越受到重視，尤其是中國大陸對於識字教學有很多的研究，提出了各種識字教學策略，有些識字教學

策略也有其很高的成效，但是本研究並無法包括所有的識字教學策略。此外，不同的教學策略有其優點，也有其需要改進的地方，不同的學習對象，有其適合的教學策略，例如，有些孩子是視覺型的學習者，有些孩子是聽覺型的學習者等，本研究無法依照不同的學習對象設計其需要的教學策略，只能就一般的學習對象探討多元的、廣泛的教學策略，教學者需要依不同的學習對象、不同的教學環境、不同的教學背景再作調整。

　　本研究的相關教學活動也將以小學生為主要的對象來設計，關於成人的識字教學或是外國人學習華語的識字教學，本研究可能無法完全適用。另外，不同的班級有不同的特質，適合不同的教學策略，本研究無法完全涵蓋各種教學策略。根據各種研究指出，識字教學在小學三年級以前成效最好。（齊若蘭、游常山、李雪莉，2003：20；王瓊珠、洪儷瑜、陳秀芬，2007）有些研究也指出，相關文字學方面的教學不適合年級太小的孩子。（佟樂泉、張一清，2001：5-7；老志鈞：2000）因此，本研究在設計教學活動時也會斟酌不將某些成分列入考量範圍。

　　另外，本研究所指稱的教學策略主要還是以可在教室內實踐的範圍為主，所謂的舞臺劇化教學、相聲與雙簧劇化教學策略，或是相關擴大閱讀、寫作與編輯採訪的教學策略等等，都是以方便在學校教學使用的策略，無法達到大型表演的規模，當然也無法達到像成人世界的完善和具有規模。

第二章　文獻探討

第一節　識字教學

一、識字教學發展

　　漢字是世界上最古老的文字之一，它的起源可以追溯到六千年以前。廣義上來說，當漢字被應用在社會書面交際的時候，漢字教學就已經開始了。因為文字經由教與學被更多人掌握，漢字的教與學自然成為社會文化活動的重要組成部分。從漢字走向成熟的殷商時代算起，漢字教學至少有三千年的歷史了。商代的漢字教學只掌握在少數人的手裡，到了西周時期，漢字教學正式列入學制。此後，漢字教學成為歷代文化活動的重要內容，成為中國文明的重要組成部分。（王寧、鄒曉麗主編，1999：253-255）

　　識字在我國的教育中一直有著重要的地位，具有漫長的歷史，郭沫若的《殷墟粹編》1465-1479 片，收有刻寫六甲表的前十二行，他指出這是商人教子弟刻寫文字的記錄。西周時期漢字教學被正式列入學制，所謂「六書」，就是殷商時期的書學，是「國子」入學

後最先學習的內容。漢代的統治者不僅重視漢字教學，還在法律中作出具體規定，識字教育成為全社會的自覺行為。在周、秦時代，就出現了《史籀篇》、《爰歷篇》、《博學篇》等字書。到了漢代出現了《倉頡篇》、《凡將篇》、《元尚篇》，還有民間運用最廣的是漢元帝史游所著《急就篇》，後來的《太公家教》、《蒙求》、《兔園冊》等，其中《三字經》、《百家姓》、《千字文》被人稱為「三、百、千」，這些都是在教學童識字習字的，可以知道古代就很重視識字。（佟樂泉、張一清，1999：17-25；王寧、鄒曉麗主編，1999：254-255）

這些古代的識字課本，是漢字教育史上寶貴財富，具有很強的科學性。主要的優點為：（一）選錄常用字：為了可以在最短的時間內獲得最高的識字效率，識字教材上選取的都是常用的字。（二）收字數量科學適用：漢字的數量很大，漢字的總量雖然增加，但是漢字初級教學字量與社會常用字量大致持平。每部課本的收字量大約在 1000-2000 之間，同時並用的成套識字課本的總字數約在 3000-4000 左右。（王寧、鄒曉麗主編，1999：256-257）

隨著白話文運動的興起，識字教學有了一些變化，傳統的識字教材已不再完全適用，和識字有關的學科如教育學、教學法、語言文字學、心理學等共同參與識字教學研究，使得識字教學研究走上科學化。當然，傳統的識字教學並沒有完全被捨棄，許多識字教學的精神仍然流傳下來，例如集中識字教學等。延續以前的集中識字，各個研究者都希望有所突破與創新，各種教學法相繼出現，如集中識字教學法、部件識字、注音識字、字理識字、字族文識字等等。（佟樂泉、張一清，1999：17-25）

從這裡，我們可以看到在那麼早之前的古代的學習就已經有科學的依據，會知道選用常用字來作識字教學；對於識字教學也非常的重視，每部課本的識字量也都在適合的範圍內。但是隨著時代的變遷，社會的變動，我們並沒有因著時代的脈絡而前進，對於識字教學這個領域，我們發現後人的研究較少，相關的識字教學的專書並不多，實在有些可惜。雖然近年來識字教學普遍受到重視，專家學者開始研究各種識字教學方法，但是各種教學法仍有其限制，並沒有完善的識字教學理論。

二、識字教學的意涵

鄭昭明認為識字涵蓋字形的學習與分辨、心理詞典系統的建立、文字的認知與辨識。（鄭昭明，1983）黃沛榮則認為理想的識字教學，應兼具符合實際的需求、能辨識字形字義、能有效掌握字形。（黃沛榮，2003：3-13）艾偉將漢字分形、聲、義三部分。所謂識字，是指見形而知聲、義，聞聲而知義、形，必須形聲、形義、聲形、聲義四者縮結的組織都牢固，才能合乎識字的條件。（艾偉，1955）

教學是指教師把知識與技能傳授給學生，識字教學就是教授學生識字的過程。綜合以上所言，識字教學不只是教學生讀出字音；不只是教會學生辨識字形；識字教學應該包括教授學生形、音、義三方面的認識和了解，並且對於所認識的字可以理解並作廣泛的運用。

　　佟樂泉、張一清指出我國文字學家對漢字的淵源、演變以及辨形、釋義、正音等都有了很深入的研究，這些研究讓識字教學有了科學基礎，但是識字教學的根據應該不止如此，識字教學應該還要包括兒童對漢字的認知歷程。（佟樂泉、張一清，1999：28）

　　賴明德提到漢字是具象文字，藉字形以表義。我們可以從漢字的結構推知大意；可以從形聲字的意符推知該字所蘊含的事物；以認知心理學的角度來看，如果學習是建立在已經知道的東西上，這樣的學習將更有意義，學生便能將新的材料組合起來建立新的知識結構。教導學習者建立對漢字的內在潛類的特點，是漢字學習的重要心理基礎。由於漢字在結構上的規則具有深層的邏輯性和文化性，因此在漢字的心理認知過程上是較容易的。理想的漢字教學應該要剖析其演變線索，讓學習者不但認知一個字的形音義，而且能知道這個字的構字原理，並能領會漢字的特性。（賴明德，2003：74-75）

　　李積森提到漢字教學在小學階段是很重要的，因為識字是學習語文的開端，是閱讀與寫作的基礎。漢字包括了形、音、義三方面，這三方面的教學都是很重要的，在教學上應該要注意其中的統一和各自不同的特點。（金哲民等編，1992：68）陳國雄、崔巒也提到識字教學要符合漢字本身及學習語文的規律，加強字的形、音、義的聯繫。（金哲民等編，1992：15）

　　近年來，識字教學越來越受重視，新課程的實施，強調帶得走的能力，因此新課程中有更多關於識字教學的內容。九年一貫課程中規定在混合教學法的精神下，第一階段要採部首輔助識字，第二階段採六書輔助識字。國民小學九年一貫課程綱要語文學習領域

（國語文）的分段能力指標關於識字的部分是：第一階段是能認識常用漢字 700-800 字。第二階段是能認識常用漢字 1500-1800 字。第三階段是能認識常用漢字 2200-2700 字。（教育部，2008）

　　葉興華也提到新課程強調能力的培養，因此課程內容提供學習識字的策略，各版本的教科書、習作和教學指引中都有提供相關的識字教學教材和學習方法。例如，在每課的練習和單元結束後的複習編有識字策略的學習；有些在教學指引的教學重點中會提醒注意字形和結構；有些具相同部件的字編有教材，除了分辨練習；有些會指導學生注意部件的拆解和部件的組合；有些也會加上識字教材的編輯理念，希望幫助學生延伸識字、了解生字簡易性，更提供了多種生字學習的策略和遊戲供教師指導學生學習的參考。（葉興華，2002）

　　關於識字教學，大部分的小學教師在教生字時，常常是先利用書空的方式教學生書寫，教生字的結構和筆順，並讓學生當成回家作業書寫一行或半行等等，這樣的教學方式並無法讓學生很快的學會生字，也無法感受到學習生字的樂趣，學習的效果大打折扣，也會因為漢字的音近字和形近字很多而產生混淆，當然也就無法感受到中國文字和中國文化的深遠和美麗了。

　　在教科書中加入識字教學教材，能幫助教師在識字教學上有更好的教學成效，也會讓學童對於識字有更好的學習。但是教科書中的識字教材都是屬於零碎的，並沒有一個較完整的策略，學生學習起來也會較沒有系統，無法全面的學習和具有統整遷移的成效。因此，如果能提供小學教師一個更具體、更易於實施的識字教學策略，對大多數的小學教師而言，他們將會更樂於實施識字教學。

　　劉廷芳在哥倫比亞大學第一次對中國漢字作實驗性的探討，並針對漢字字形及字聲在字義記憶上作實驗性的分析。劉氏發現學習漢字單字可以經由已知漢字作聯想，如果識得的字數越多，產生的聯想能力越大。文中指出漢字的圖形文字特徵和漢字字形所產生的聯想，比字聲的作用大。艾偉也在 1923、1924 兩年對漢字的形、聲、義三大元素在華盛頓喬治城大學（Georgetown University）作實驗探討漢字的辨認與默寫間的關係。發現漢字的筆畫結構、偏旁類別和字劃的組成線條會影響漢字的辨認。（引自高尚仁、鄭昭明，1982：3-4）

　　斯霞提到識字教學觀點：

(一) 識字教學要遵循兒童的認識規律。

(二) 識字教學要教給兒童識字方法，提高智力，增強能力。

(三) 識字教學要著眼於減輕學生負擔，促使身心健康發展。

(四) 識字教學要把握要求，明確目標。

　　斯霞還提到，識字學習絕對不只是低年級的工作，到了中高年級，甚至更大，識字學習都還不能間斷，因為不同的字詞有不同的解釋，隨著時代的變遷，很多字的讀音和寫法都和以前不同了。（金哲民等編，1992：1-8）

　　黃沛榮提到理想的漢字教學必須做到：

(一) 符合實際的需求。

(二) 能辨識字形字義。

(三) 能有效掌握字形。（黃沛榮，2003：3-13）

　　大陸目前對於識字教學作了很多的研究。有人統計，到 1995 年，全國有一定規模的識字改革實驗已經有二十幾種。但是目前並

沒有找到一種方法可以涵蓋廣闊的範圍。不同的識字教學方法側重不同的問題，有的希望解決字形、字音或是字義的問題；有的希望解決其中一種；更有的是為了解語文中聽、說、讀、寫各方面的問題。（佟樂泉、張一清，1999：25-26）

黃沛榮（2003）在《漢字教學的理論與實踐》中提到「漢字教學」的重點，是要加強學生在漢字「辨識」、「書寫」、「使用」三方面的能力。書中鎖定會作漢字教學的對象較廣泛，包括了小學的國語科教師、在高等院校講授文字學的教授、還有教授華語的教師。書中的內容涉及的層面較廣，相對的對於小學識字教學方面的內容也較少。黃沛榮提到漢字教學的專書與教材很少，他指出：

> 漢字的形構頗為複雜，有關漢字教學的專書與教材卻頗為罕見，教學的理論既未能建立，教學方法也不求突破，以致造成發展上的瓶頸。數十年來，社會發展迅速，學術研究突飛猛進，科學技術一日千里，但是有關漢字認字、寫字的方法，相較於過去，卻沒有明顯的進步。其中原因固然很多，但是語文學者大多著眼於專精的學術研究，鮮有人投身學術普及化的工作，恐怕也是主因之一。（黃沛榮，2003：1-3）

大陸對於識字教學作了非常多的研究，目前因為世界各國也興起學習華語的風氣，所以華語文教學的研究也越來越多，但是反觀國內，我們對於自己的文化的重視和傳承做得卻很有限。中國文字是我們文化的瑰寶之一，但是我們卻很少看到針對小學生學習漢字所做的研究和專書，也許有一些利用圖畫和故事教小朋友如何識字的書，但是有關識字理論方面的書卻很少。

三、識字教學的原則

　　關於識字教學，很多學者談到識字教學的原則，綜合各方的理論，及多位學者的研究（萬雲英，1991；羅秋昭，2002；黃信恩，2008；莊雅州，2008；張璇，2009 等），並考量漢字的特性，歸納整理出識字教學應該把握下列原則：

（一）大量閱讀

　　經由大量閱讀，學童可以反覆的接觸字彙，加深記憶，儲存正確的辨認結果，可以增進豐富的心理辭典，對於激發、辨識等工作可以正確而快速的反應，認字的效能也能有所提升。所以在認字的歷程中，如果可以有豐富多元的詞彙，可以使我們更快理解正確的字義，有效的幫助認字。（黃信恩，2008：12）

　　萬雲英提到將識字與閱讀緊密結合，容易激發學習的興趣和加深理解能力。把抽象的字，放在一個比較具體、形象的故事情境中，對於字詞的意義和應用，將更理解，也會加速字的形、音、義的聯結，並且多次的和生字見面，讓生字很快的變成熟字，就像滾雪球一樣，認識的字越來越多，學習的興趣也會越來越高。（萬雲英，1991）

（二）激發學童的興趣，進而主動學習

利用遊戲和活動，寓教於樂。因為遊戲是大人小孩都喜歡的活動，經由遊戲的學習，更符合學童的身心發展，所以如果能經由遊戲結合多元智能和多感官的學習，將遊戲融入識字教學中，讓學童覺得學習是一件快樂的事，不是一種不得不的責任，不是工作，那麼識字教學將可以事半功倍。識字遊戲的方式很多，包括了猜謎識字、成語接龍、兒歌、看圖猜字、識字井字遊戲、認字表演法、文字配對遊戲等等。（孟瑛如、張淑蘋，2003）

我曾經在教學的現場鼓勵學生在生字造詞的時候查字典，配合成語教學，自己查字典寫出很多的成語，在課堂上利用比賽來發表，他們互相競爭，已經不是為了交功課，而是為了成就；不是寫作業的時候，也會拿紙在上面寫很多成語，比比看誰的成語比較多。因此，教學的目的，是為了讓他們以後自主學習，可以啟發他們的興趣與動機。教會孩子們善用學習工具，也是一項很好的學習策略。

（三）重視漢字的特性，介紹漢字的構字原則

漢字有不同於拼音文字的特色，我們應該把它介紹給我們的下一代，除了幫助他們對於漢字的學習，更讓他們會喜歡漢字，進而愛上漢字。我們可以分析漢字的字形、字音和字義，從漢字的構字、組字和造字原則來教學；也可以分析漢字的形符、聲符、部件和部

首；還可以利用漢字的一些小故事，讓學童學起來不會覺得負擔，而是一種樂趣。黃瑞枝也提到教識字，要從最基本的地方做起，教學童了解字的根源、字的發展；明白字的組合，字的意義，讓學童找到字的相似或相反處；找到字的形、音、義的關聯，把字當作有生命的個體，作一個有樂趣、有意義，可以啟發聯想和想像的教學。（黃瑞枝，2002）萬雲英提到可以根據形聲字偏旁標義，基本字標聲的特點和透過賦予字形本身以某種意義來幫助識記。（萬雲英，1991）

（四）配合學童的認知發展，搭配不同的學習階段

老志鈞提到：

> 依據心理學家 Piaget 的「個體發展階段論」指出：個體發展至形式運思期「十一歲以上」時，才能以概念的、抽象的，純屬形式邏輯的方式去思考，才能自事物的分類比較中，了解其間的關係，從而以系統化的方法解決問題。據此，「分析比較」適用於小學五年級以上的學生。以他們的辨識、推理能力，生活經驗，加上掌握一定數量的字詞，自然易於接受以「分析比較」的教導，亦因而學有成就。（老志鈞，2000）

王莉認為：

> 低年級兒童不大容易把握形聲字的認識規律，所以兒童在初識字階段對漢字規律缺乏整體認識，不能自覺運用漢字的規

律來識字。隨著年級的升高，兒童所學的次常用字比例上升，規則形聲字比例上升，漢字的音義規律性逐漸明顯。所以小學高年級學生在學習中有可能了解形聲字的規則性。（王莉，2008）

　　王莉提出不同學習階段運用不同的認字教學。她指出在初識漢字階段，由於對漢字整體規律缺乏系統認識，是以整體識記為主，這個階段主要是由兒童的智力和學習興趣決定。增加孩子的興趣是很重要的因素。另外，可以透過朗讀來強化字形與口語的關聯，並利用圖畫來顯示形義的關聯。隨著識字量的增加，學習掌握漢字的構造規律更顯重要。到了中高年級，識字教學加重閱讀能力、表達能力與寫作能力的結合。（王莉，2008）

　　可見應該配合孩子不同階段的發展來教學，字形、字音和字義三方面的教學得靈活運用，不能只用單一的層面來教學；不同年齡、不同階段的學生，應該採用不同的教學方法來教學。此外，有些孩子是聽覺型；有些孩子是視覺型，我們也應該考量不同孩子的特質來教學。

（五）在生活中學習

　　識字教學應該要與生活結合，實用主義大師杜威（J.Dewey）認為教學就是生活，生活經驗不斷地累積與重組，可促使個體洞見未來；而漢字的學習，能扣緊生活經驗，效果將更好。（莊雅州，2008）如果識字教學能在生活中學習，從孩子生活中最貼切的生活

經驗中來識字，就再好也不過了。例如從孩子最喜歡的玩具，從孩子最喜歡的食物，從孩子生活中的食、衣、住、行來學習識字，相信孩子的學習效果會更好，學習起來會更有興趣，也會更有成就。

（六）教學有創意，與藝術結合

識字教學如果只是不停的要孩子們背誦、記憶，教學的效果將大打折扣，識字教學如果能有創意，並與藝術結合，相信識字學習將是孩子們最喜歡的學習。莊雅州提到漢字教學應具有藝術化原則：藝術是人類追求真、善、美的結晶，最能愉悅人心。他提到漢字具有書法的藝術和文學的藝術，由於漢字單音獨體的特質，具有相對相反、可聯可配的折合性，組合也十分簡便，所以能形成各種詩詞曲、辭賦、駢文、對聯、回文、拆字、嵌字、燈謎、繞口令等等，其體裁之多，題材之奇，誠非外國文學能望其項背。（莊雅州，2008）。

（七）善用教學法

好的教學法可以讓學生學起來愉快，學習效果加倍，能讓學生真正的學習其菁華，而不是不求甚解，只是死背。

老志鈞指出，為了解和掌握漢字的形體及漢字形義相聯繫這個特點，他提出兩種方法：

1.分析法：

分析法就是分析字形結構、說明字義的方法，分析筆劃，解說形義之間的關係。例如「山」像山巒起伏的樣子，「日」像太陽的形狀等等；並分析組成字體的部件，明白整個文字的意義，如：「森」由三個「木」字組成，表示樹木很多，木木連成一片，就成為「森林」；「國」字中，「戈」是武器，「口」是人口，「一」象徵土地，「囗」表示疆界，這幾個元素在一起就構成了「國家」。

2.比較法：

就是在教學時，可以將學生學過的字和沒有學過的字，比較其在字形、字音、字義上相似或相同的地方，將新字舊字、錯別字與正字經過分析，再作比較，讓學生辨認差異的地方。例如：

「草菅人命」——視人命如野草，任意殘殺。

「菅」——野草名，就是白華。

「管」——筆彄，樂器名，無野草義。

二者字形的相異，在於「草與竹」。

另外，分析字形字義時，應採用有創意、形象化、活潑有趣的方法教學，需要符合六書的規律，但不應墨守成規。使用比較法教學時，教師宜依據教學上的類化原則，隨時喚起學生的舊有經驗，引導學生一邊觀察一邊思索，從而指出生字熟字之間的差異。但也不能為了比較而比較，他認為不需要每個字都作分析，為分析而分析，反而使學生失去興趣，只有值得分析的才分析。（老志鈞，2000）

　　萬雲英也提到初學識字的兒童多數是機械識記的,他們的認知結構簡單,對於分析、綜合活動不夠全面而深入,所以教師的教學方法是很重要的,特別是分析講解字形和形、音、義三者關係,會影響學生對漢字的掌握。(萬雲英,1991)

　　鄭繼娥指出:

> 作為教師就要了解學生認知漢字的規律,在不同學習階段給予不同的教學指導,以便及時避免和矯正泛化。例如先講清漢字的結構位置,指出內部筆畫特徵:分化時運用比較法幫助他們認清細微差異,並及時總結漢字構字規律等等。(鄭繼娥,2001)

　　上述的這些教學研究告訴了我們漢字教學應該要把握的教學原則,有了完整的漢字教學原則,對教學很有幫助,但是有了教學原則之後,教學者要如何做?這就是我所要探討的,我希望能夠建構一套完整的教學理論和方法,讓識字教學可以更完善。

四、識字發展階段

　　Marsh 等人將閱讀發展分為四個階段:第一階段是語言學的猜測(Linguistic guessing):主要是將未經分析的視覺刺激與口語訊息強制聯結學習。這個階段的讀者只會讀已經學會的字,沒學過的字不會讀;第二階段的認字是網狀區別的猜測(discrimination net guessing),讀者可以透過已知的字母或形素猜未知的字,此階段的

讀者猜字的線索較多，除了字首字母為猜測依據，還包括字尾字母、字長、或字型等都可能是猜字的依據；第三階段序列解碼（sequential decoding），讀者已有字形與字音聯結的能力，相當於小學一年級，這階段需要利用機會練習形音的原則；第四階段層式解碼（hierarchical decoding），此階段的讀者的認字解碼（word recognition）技巧較為成熟，認字的策略也比較複雜，可以依據情境和比對的方式認識新字。（引自洪儷瑜，1997）

萬雲英指出熟記漢字的心理過程約有下列三個階段：

(一) 對字形結構各組成部分和形、音、義三者建立模糊聯繫的泛化階段。

　　經過初步的生字學習，學生對字形輪廓建立了粗略的、模糊的、不夠穩定的暫時聯繫。容易出現篇旁部首「張冠李戴」和基本字「移花接木」的結構混淆，還有增減筆劃的細節錯誤，有時還有方位的變動或倒置。例如：排──栩、栟等，容易將近似字的某一因素相混淆。容易將音近字，形近字，或義近字混為一談。

(二) 對字形結構各組成部分和形、音、義三個基本因素之間建立統一聯繫的初步分化階段。

　　對字形結構各部分基本上已全部把握，不再有結構上的混淆和遺漏。但是對字形某些細微部分尚有遺漏或添補，偶爾會出現猜測和泛化現象。常出現先寫錯了，再改正的情形。

(三) 形成字形結構各組成部分和形、音、義三個基本因素之間統一聯繫的牢固精確分化階段。

對於所教的 90%以上的生字，已達到牢固掌握，精確分化的程度。在讀音、解義、默寫上均能迅速完成，能辨析字與字之間的異同，能認識一般的構字規則，了解偏旁部首標義的含義。（萬雲英，1991）

洪儷瑜統整 March 等人、Chall、Rayner 及萬雲英等人的識字發展階段，發現識字發展約可區分為三個階段：第一個階段是學前階段，這個時候的兒童會以簡單的視覺線索或形素線索區辨字，且多是以認全字形進而到認字母，對字形、音、義三者的關係只有模糊的認識；第二階段是 6 至 7 歲（國小一年級）：此時兒童開始學習形音的聯結，對細微的規則尚不熟悉，但是大致可掌握字形的基本結構，已經可以利用原則去認字，但是容易出現讀錯或寫錯的情形；第三階段是 7 至 9 歲（國小二至四年級）：此時認字解碼的策略和技巧更為複雜和成熟，並熟識形、音、義三者的關係，可以運用組字規則辨識字，識字速度變快，已達自動化認字的階段。（引自陳秀芬、洪儷瑜、陳慶順，2008）

由以上可知，不同階段的學童有不同的發展，我們應該配合學童的識字發展階段，來發展識字教學。一般而言，學童的認字最早是以字形與字音為主，所以對於字形相近的字很容易產生混淆，先前學過的某些字，因為事後又學了字形相似的字，所以就很容易將兩個字弄錯，即使先前已經學會了，仍然會弄錯。例如在一年級上學期康軒版的第三課已經學會了吹泡泡的「泡」和向天上跑的「跑」，到了第七課又學了抱著的「抱」，還有第八課學了放鞭炮的「炮」，因為這幾個字的字形相近，所以學童很容易弄錯。他們也很容易分不清楚同音字，以低年級來說，因為漢字的同音字很多，

學童們在學了一個漢字之後，很容易以為所有的同音字都是這個字，當課堂上討論造詞的時候，老師需要不停的示範正確的字，例如跑步的「步」，部首的「部」，不可以的「不」，抹布的「布」，佈置的「佈」等等。因此，我們要發展識字教學策略，幫助學童對識字的學習，也經由了解兒童的識字發展階段，讓更多的教師理解某些學童在識字上的錯誤。因為理解就會接受，就不會予以斥責，也不會造成學童在學習識字的過程中有害怕的心理，進而影響其識字學習的興致，所以在低年級的識字教學方面，應該要給予大量的字，讓學童能接觸大量的字音和字形為主要的目的，字義的解釋和構字的原則為輔，一點一滴的授予這方面的知識。但並不需要求學童識記，只要讓學童有相關的概念和認識就可以了。到了中高年級的階段，再強化這些構字原則、組字的原則和部首偏旁的意義，讓學童能熟識形、音、義三者之間的關係，運用更熟練的識字技巧，達到自動化認字的階段。

只有遵循兒童與成人的識字發展階段，配合中西方不同的民族性、不同的認知發展特性，考量不同文字的特性，依據漢字的教學原則，發展出一套適合我們的識字教學策略，才能使我們的文化更發揚光大；才能給我們的兒童有更好的識字學習機會，而經由識字學習走向更寬廣的閱讀世界。

第二節　識字教學的策略

　　中國很早就有漢字教學法的探究，流傳到現在的歷代童蒙識字課本，就是古代漢字教學者研究漢字教學法的成果，我們可以發現古人的教學法非常豐富。古代的教學法有：字源教學法、字義教學法、字素教學法、押韻教學法、圖文對照教學法。這些年來，為了加強識字教學的科學性，縮短教學時間，提高效率，對於識字量和字種的選擇，越來越受到重視。（王寧、鄒曉麗主編，1999：259-263）

一、識字教學

　　根據劉俊榮的研究，關於識字教學的研究最早出現在 1996年，是陳靜子對國語低成就學童所作的研究，也是當年唯一的一篇。爾後關於識字教學的研究逐年增加，初期以量化的研究居多，近年來質性的研究快速增加，研究對象也從最早的以低成就、障礙生為主，到現在以普通班為對象的研究有不斷增加的趨勢。（劉俊榮，2002）

　　識字教學的研究不斷增加，無非是希望能解決識字教學上的困境，希望透過各種理論與實證的研究，找到更完善的識字教學策略。以下就針對目前識字教學的相關研究（劉俊榮，2002；盧文啟，

2003；孫宛芝，2004；塗秋薇，2005；林堤塘，2006；廖彩萍，2007；
王惠瑩，2007；林育毅、王明泉，2007）作整理、分析和增補，希
望有助於未來的識字教學研究：

表 2-2-1　識字教學的相關研究

研究者 （年代）	題目	研究對象	教學 特色	部分研究結果與發現
陳秀芬 （1999）	《中文一般字彙知識教學法在增進國小識字困難學生識字學習成效之探討》	30名國小四、五年級識字困難學生	一般字彙知識	1. 中文一般字彙知識教學對識字學習具有立即與短期保留效果。 2. 實驗組在一般字彙知識測驗的後測表現較優。 3. 實驗組在看字讀音之識字能力顯著優於控制組，但兩組在看字辨義之識字能力並無顯著差異。 4. 中文一般字彙知識教學法對缺乏部首概念、無法有效使用注音符號的識字困難學生的教學效益尤其顯著。
呂美娟 （1999）	《基本字帶字識字教學對國小識字困難學生識字成效之探討》	國小識字困難學生3人	基本字帶字	基本字帶字在識字學習表現具有立即效果。基本字帶字的識字學習具有短期保留效果。

李淑媛 （1999）	《不同教學法對國 小二年級學習障礙 學童識字教學成效 之研究》	4 名學習 障礙學童 以及 4 名 一般學童	一般字 彙知識 分散識 字教學	1. 「一般字彙知識識字 教學法」識字教學的 立即成效較優，保留 成效則較差。 2. 整體成效：一般字彙 知識 NLD＞一般字彙 知識 LD＞分散識字 NLD。
王淑貞 （2000）	《不同學習特質學 習障礙學童接受字 族文教學之歷程研 究》	二年級學 習障礙兒 童	字族文	1. 字族文教學有助於學 障學童對中國文字的 了解及記憶，並能促 進其閱讀理解。 2. 字族文教學有其效 益，也有其應用上的 限制。 3. 在字族文教學的有效 彈性調整下，不同學 習特質的學障學童均 能從中獲益。
施惠玲 （2000）	《認字困難兒童之 認字教學：個案研 究》	三年級認 字困難兒 童	字彙知 識、相 似字比 較	1. 同為認字困難的個 案，相同的認字教學設 計，教學效果卻不同。 2. 對個案小羊而言，實 驗教學比傳統補救教 學，在認讀生字上較 有幫助，但在閱讀短 文時則無差異。 3. 對個案小羽而言，實 驗教學卻反而增加其 認字上的錯讀，但在 閱讀短文時則無差 異。

秦麗花 許家吉（2000）	《形聲字教學對國小二年級一般學生和學障學生識字教學效果之研究》	二年級學障與普通學生	形聲字教學	接受形聲字教學的一般學生和學障學生，其「文字辨識能力」、「文字形與聲認知能力」、「文字組合能力」實驗後均優於實驗前，也優於控制組。認為形聲字教學很有趣，可以使學生學習更多字，也可加深學生對文字的理解與思考
胡永崇（2001）	《不同識字教學策略對國小三年級閱讀障礙學童教學成效之比較研究》	國小三年級6位閱讀障礙學童	一般識字教學法、意義化識字教學法、形聲字識字教學法、基本字帶字識字教學法	1. 使用意義化識字教學法，閱讀障礙學童之正確識字字數較高。 2. 形聲字教學法與基本字帶字教學法之間，對閱讀障礙學童之正確識字字數較無明顯差異。 3. 就評量階段的因素而言，各項教學法的識字表現，立即評量階段的正確識字字數皆高於二週後的評量階段。
盧文啓（2003）	《部首識字教學法對資優幼兒識字成效之影響》	幼稚園大班4位資優幼兒	部首識字	1. 部首識字教學法對四位資優幼兒的認字能力、字形與部首的配合、字形與字音的配合、字的應用部分具有學習成效。 2. 在介入期間以「字形與部首的配合」學習

				效果最佳，其次為「字的應用」。 3. 四位受試者在保留期的表現都比介入期更好。
王惠君 （2003）	《部件識字策略對國小學習障礙學生識字成效之研究》	3 名國小五、六年級認字困難學習障礙學生	部件識字	1. 識字測驗的整體得分有顯著增加，具保留效果。 2. 識字測驗的選字題型得分有顯著增加，具保留效果。 3. 識字測驗認讀題型得分有顯著增加，具保留效果。 4. 部件識字策略能減少字形上的錯誤，增進對中文字部件與組字規則的了解。
薄雯霙 （2003）	《綜合高效識字法對國小識字困難學生生字學習成效之探討》	2 名國小識字困難學生	綜合高效識字法	生字學習成效評量的「整體成績」、「聽詞選字」、看字讀音」、「聽寫國字」、「說出造詞」有立即效果與保留成效。
黃冠穎 （2004）	《部件識字教學法對國小二年級國語低成就學童補救教學學習成效之研究》	17名國小二年級國語低成就學童	部件識字	以文帶字部件識字教學法比以字帶文部件識字教學法 1.增進國語低成就學童教學字的學習成效顯著；2.增進國語低成就學童的識字量、朗讀流暢度、閱讀理解和部件辨識能力比控制組佳。

孫宛芝（2004）	《基本字帶字電腦輔助教學對國小識字困難學生之識字成效研究》	2 位國小二年級和1 位國小三年級識字困難學童	基本字帶字、電腦輔助教學軟體	1. 只有受試二的造詞、聽寫及四項總平均顯著優於教師教學。 2. 短期保留評量與長期保留評量在教師教學與電腦輔助教學並未有顯著差異。
張新仁、韓孟蓉（2004）	《不同識字教學法對國小低年級學生識字教學成效之研究》	兩班國小二年級學生	小單元集中識字	1. 「小單元集中識字教學法」在識字學習整體表現的立即與延宕效果上，顯著優於「分散識字教學法」。 2. 「小單元集中識字教學法」在「部首語意知識」能力與「字形知識」能力的立即與延宕效果上，均顯著較優。
吳惠如（2004）	《基本識字教材教學對學習障礙學生及智能障礙學生識字學習成效之研究》	3 名國小學習障礙學生及 3 名國小智能障礙學生	基本識字教材	基本識字教材教學能增進學習識字能力及保留效果，聽寫方面的立即評量效果優於保留評量效果；能增進認字及閱讀理解能力。
邱明秀（2004）	《中文部首分色識字教學法對國小識字困難學童教學成效之研究》	三年級普通班識字困難學生	中文部首分色識字	1. 基本字帶字識字教學法在字音、字形與字義的立即學習成效上有良好的教學效果，但在學習保留成效則不明顯。 2. 部首分色識字教學在字音、字形與字義的教學立即效果與學習

45

				保留效果上都有良好的成效。 3. 基本字帶字教學法在字音教學效果較優，部首分色識字教學法對於字義教學成效較顯著。
塗秋薇 （2005）	《部首帶字識字教學法對國小識字困難學生識字學習之成效》	3 位低年級普通班識字困難學生	部首帶字識字教學法	1. 三位受試者在接受「部首帶字識字教學法」下，其立即評量、各項分測驗得分、識字學習短期及長期保留成效、皆較「傳統識字教學法」良好。 2. 「部首帶字識字教學法」能助於三位受試者理解字義，提升字義學習表現。
潘怡文 （2005）	《隨課文聲符歸類識字教學法對國小高年級學童識字成效之研究》	兩班六年級學生	隨課文聲符歸類識字教學法與分散識字教學法	「隨課文聲符歸類識字教學法」在增進國小高年級學生識字學習的立即效果與保留效果顯著。在「中文年級認字量表」部分，在立即效果方面顯著優於「分散識字教學法」。在類化效果方面，「中文年級認字量表」及「國小高年級識字能力成就測驗」部分，「隨課文聲符歸類識字教學法」均

			顯著優於「分散識字教學法」。
鐘淑慧（2005）	《基本字帶字教學結合象形文字圖示法對國小三年級識字困難學生識字成效之探討》	2名國小三年級識字困難學生	基本字帶字教學結合文字圖示法	基本字帶字教學結合象形文字圖示法能有效增進兩位受試者識字學習，具有立即和短期保留效果。
王瓊珠（2005）	《高頻部首／部件識字教學對國小閱讀障礙學生讀寫能力之影響》	20位國小二至六年級閱讀障礙學生及20位同年齡的一般學童	高頻部首／部件識字	1. 高頻部首／部件認讀和高頻字書寫方面的立即和短期效果較佳，長期效果而言，認讀優於書寫。 2. 在朗讀流暢性和讀寫字量方面，閱讀障礙學童雖然不及一般學童，但兩者進步速度相似。 3. 閱讀障礙學童在基本字認讀和部首覺識的表現與一般學童逐漸拉近。 4. 不同年段之閱讀障礙學童在教學字認讀方面並無差異；但朗讀流暢度方面二三年級表現出較佳的進步幅度。
林如美（2005）	《集中識字教學法與分散識字教學法對國小三年級識字困難學生識字學習之比較研究》	三位國小三年級識字困難學生	集中識字教學法與分散識字教學法	分散識字教學法對增進與維持三位受試者的整體與各分項測驗的識字學習表現均較佳。

巫玉文（2006）	《圖解識字教學法對國小低年級學童識字能力影響之研究》	一年級及二年級的普通班各一個班級	圖解識字教學法	1. 圖解識字教學實驗組的整體平均分數高於教學實驗對照組；但識字學習成效並未有顯著差異。 2. 圖解識字教學實驗組實驗字的成效優於非實驗字成效，也優於教學對照組實驗字的成效；但未達顯著差異。 3. 圖解識字教學法能提升國小低年級學童的學習興趣，並增加學習慾望、趣味性、相關字的聯想，及詞語的練習。
徐慧玲（2006）	《銅鑼國小一年丁班常用部首識字教學之研究》	國小一年級普通班31位學生	部首識字	1. 具有可行性但也有侷限性。 2. 識字興趣有明顯提升。 3. 識字能力有明顯提升。
盧家宜、孫淑柔（2006）	《結合以詞帶字、視聽提示、重複練習策略之電腦輔助教學方案對中度智障學童識字成效之研究》	3 名國小中度智障學童	結合以詞帶字、視聽提示、重複練習策略的電腦輔助教學	1. 具有立即學習成效。 2. 具有學習類化成效。 3. 具有學習保留成效。 4. 識字學習效率並不會受到筆畫數多寡所影響。

林堤塘（2006）	《綜合基本字帶字與部件識字教學法對閱讀困難學童識字學習成效之研究》	3 名國小二年級閱讀困難學童	綜合基本字帶字與部件識字	綜合基本字帶字與部件識字教學法對於國小閱讀困難學童的看字讀音、字形辨識較具有立即成效。識字測驗、看字讀音及字形辨識具有立即學習效果。但選詞測驗不一致。
洪儷瑜、黃冠穎（2006）	《兩種取向部件識字教學法對國小低年級語文低成就學生之成效比較》	33 位小一、小二國語文低成就學生	部件識字	不同取向的部件識字教學法有不同成效。以文帶字的教學對於閱讀能力的成效較全面，在識字、朗讀理解的正確性和流暢性有立即與保留的效果。但以文帶字的教學對閱讀能力的成效較為全面，在識字、朗讀理解的正確和流暢性有立即與保留的成效，以字為主的教學法在識字、簡易版的文章朗讀和昧字理解有立即和保留效果。兩種方法對增進部件辨識的成效不大，但對於識字、閱讀能力的增進效果有差異。
林翠玲（2007）	《分享式閱讀教學對國小一年級學童認字能力、閱讀流暢度及閱讀理解之影響》	國小一年級的二個班級	分享式閱讀	1. 分享式閱讀教學能提升認字能力。 2. 閱讀流暢度顯著優於一般閱讀教學。

史惠方 （2007）	《精緻化識字策略對於五年級識字困難兒童識字成效之研究》	3 位國小五年級識字困難兒童	精緻化識字	在「整體成績」、「聽寫」、「看字讀音」、「造詞」具有立即學習成效，並為正向提升，其中「整體成績」、「看字讀音」、「造詞」具有維持成效，「聽寫」具有部分維持成效。
游淑媛 （2007）	《增進國小智能障礙學生識字量的教學應用實例》	5 位有口語能力的智能障礙學生	字卡教學法	識字量增加，識字表現顯著提升，能擴展到詞句理解，學習效果也能維持。
吳慧聆 （2007）	《字族文識字策略對國小學習障礙學童識字學習成效之研究》	4 名國小四年級學習障礙學生	字族文識字	1. 識字測驗的得分有顯著增加的趨勢，具有保留效果。 2. 能增進學習障礙學生對中文字的了解與閱讀能力的提升。
廖彩萍 （2007）	《單字呈現的部件識字教學法及以文帶字的部件識字教學法對國小輕度智能障礙學生識字教學成效之研究》	2 名國小三年級輕度智能障礙學生	部件識字教學	兩種教學法在三種識字測驗的得分都有顯著增加，並具有長、短期保留效果，其中以聽音選字測驗表現最佳，認讀、聽寫測驗出現個別差異。
黃信恩 （2008）	《繪本教學對學習障礙學生識字與閱讀理解之成效研究》	55 位四、五年級學習障礙學生	繪本教學	1. 實驗組的學障學生在「自編繪本識字量測驗」與「自編繪本閱讀理解測驗」的立即成效表現上顯著優於控制組。 2. 兩組學生在「中文年級認字量表」與「閱讀理解困難篩選測

				驗」的類化成效表現上未達顯著差異。
洪采菱（2008）	《廣泛閱讀與重複閱讀教學法對國小一年級學童識字能力、口語閱讀流暢力及閱讀理解之影響》	國小一年級 3 個班級	廣泛閱讀與重複閱讀	1. 廣泛閱讀與重覆閱讀能提升識字能力、口語閱讀流暢力，具延宕效果。 2. 二者間沒有顯著差異。 3. 未能提升閱讀理解能力。

根據上表統計，可以發現：

（一）依研究對象來分

由上表可見，以普通班為研究對象的有 6 篇，以特殊兒童（包括閱讀障礙、識字困難、學習低落、智能障礙等）為研究對象的有 23 篇，以兩種對象為對照的有 3 篇。顯示以特殊兒童為研究對象佔大多數，以普通班為對象的研究較少，他們雖然關注了特殊需求的兒童，但是卻忽略了普通班兒童語文能力的培養，尤其是現在科技日新月異，兒童更需要完善的識字教學策略，來提升語文能力，除了可以主動吸收新知，也可以避免對知識誤解所帶來的錯誤。近年來，普遍認為學生的語文能力低落，如果我們可以從識字教學著手，帶動學生閱讀的風氣，相信能提升語文能力。另外，從研究的年代來看，可以發現以普通班級為研究對象的研究有增加的趨勢，也表示識字教學越來越受到重視，不再只是把它當成特殊兒童的補救教學方式，而是當成一般兒童也都要努力的方向。

（二）依教學策略來分

從上表可以發現，識字教學策略越來越多，有一般字彙知識、基本字帶字、分散識字教學、字族文、形聲字教學、部件識字、綜合高效識字法、部首識字、小單元集中識字、電腦輔助教學軟體、隨課文聲符歸類識字教學法、分享式閱讀、繪本教學、形聲字識字教學法、廣泛閱讀與重複閱讀、圖解識字教學法等等。多元的教學方法正適合這個多元的社會，適合孩子不同的學習特質，與學習需求，尤其近年來，科技發達，有些研究者更加上了電腦軟體或是其他的媒材作為識字教學的媒介，讓識字教學更多元。另外，識字教學策略不再只是純粹的單一教學法或二分法，越來越多的學者利用集中識字與分散識字教學的優點，結合了相關的理論，發展出越來越多的教學策略。

二、識字教學策略

目前的識字教學策略很多，尤其是大陸方面近年來對於識字教學做了很多相關的研究與實驗，提出了很多的教學策略，對於各項教學策略也都有相關的教學與實證來證明其教學成效，綜合各方的研究，發現目前的教學策略包括了分散識字、注音識字、漢語標音識字、聽讀識字、猜認識字、集中識字、字族文識字、字根識字、成群分級識字、字理識字、部件識字、科學分類識字、快速循環識

字、立體結構識字、奇特聯想識字、字源識字、韻語識字、高效識字策略等等。（洪儷瑜、黃冠穎，2006；周碧香，2009b；孟瑛如、張淑蘋，2003；黃雅萍，2008）

茲將主要的識字教學策略介紹如下：

（一）部件識字教學法

黃沛榮指出「部件」可以視為中文字的零組件，經由部件可以了解字的基本結構，利用部件組合成各種不同的字。「部件」是書寫的最小單位，它介於「筆畫」和「部首」之間，利用部件教學，也有助於學生學習新字。例如「邊」字有 19 畫，並不容易書寫，但是如果讓學生學習時利用學過的字，例如，「自己」的「自」，「天空」的「空」，「地方」的「方」，「這裡」的「這」來作部件的拆解，相信學生可以快速又正確的掌握字形。部件教學法的原理有：1.化整為零，減少學習的障礙；2.累進發展，加強學習的效果；3.區別筆畫，建立字形的標準。（黃沛榮，2003：22）

（二）分散識字教學法

萬雲英指出：

分散識字教學的特點和優點是「字不離詞，詞不離句，句不離篇」，寓識字於閱讀，學用緊密結合，符合兒童從具體到

抽象的認識特點。識字課與閱讀課緊密交替，容易激發學習
興趣和加深理解和鞏固。（萬雲英，1991：428）

戴汝潛指出分散識字教學法又稱「隨文識字」，是將生字分散
到課文，根據單字的發音、筆順、詞義來教學，學生在有意義的情
境與具體的環境中學習，一邊閱讀，一邊學習識字。（引自周碧香，
2009a）

周碧香提到：

> 分散識字教學強調遵循兒童的認識規律，特別要求形式要生
> 動活潑、方法要靈活多樣、內容要貼近生活，將識字與閱讀
> 緊密結合，讓學習者方便識記生字，藉由明確的書面語環
> 境，更能夠解決漢字多音多義的問題，可以準確地推斷正確
> 的音義。然而，因不強調漢字規律及字與字間的關連，造成
> 識字進度較緩慢。故而，運用此法應重視教學藝術與教學方
> 法，並總結學習者舊有的經驗及已認識的漢字；輔以講解構
> 字原則、了解識字規律，讓兒童具有分析字形和正確書寫的
> 能力，以收事半功倍之效。（周碧香，2009a）

分散識字教學法，偏重由上而下的教學方式，注重具體的語言
環境，強調字詞在句子脈絡中的運用。分散教學多有文章為教材包
括有故事的聽讀識字或利用課文的猜認識字、分散識字。（洪儷瑜、
黃冠穎，2006）「分散識字」又叫「隨課文分散識字」，這是新文化
運動以後，受印歐文字教學的影響，突破傳統識字教學窠臼的方
法。這種方法採取識字和閱讀互相結合、並進的方式學習，將識字

教學置於具體的語境中，識字和閱讀緊密結合，同時進行，凸顯了「字不離詞，詞不離句，句不離文」的教學原則。（老志鈞，2000）

　　馮永敏指出分散識字教學的限制：

　　1.識字的進程較慢；2.國字的出現不可能依照國字構字規律系統的需要，而教材中的語言用字，也不可能充分依照國字的難易程度來安排；3.語言淺顯，文字未必簡易；4.重要的是在教材裡，國字的存在是無序的。（馮永敏，2008）

（三）集中識字教學法

　　萬雲英指出集中識字指的是強調形近字、同音字歸類和基本字帶字的方法進行教學，利用歸類、對比和凸出漢字的結構規則來進行教學。由於凸出異同，便於兒童分析、比較、分化、辨認和理解；掌握了規律，更能舉一反三、觸類旁通、化難為易，減少難點。缺點是過去集中量太大，相似字過分集中，容易產生泛化、混淆現象；一次集中數字過多，學生負擔過重，易產生超限抑制，同音字歸類尤甚。優點是可以同時認識一大群字，缺點是集中的相似字過多或是數量太大，容易產生混淆。（萬雲英，1991：427）

　　佟樂泉、張一清提到集中識字強調按照字形結構規律一組組地識字，藉由字的語音、語義內涵，來幫助兒童循著一定的線索識字。書中指出：

　　　「集中識字」最根本的目的在於探求一種能讓兒童分類、分組學習漢字的途徑，增加學習和記憶漢字的線索，特別是體

現了從字形結構規律入手，把一部分漢字的字形與語音、語義建立基本聯繫的策略。（佟樂泉、張一清，1999：123）

（四）字源教學法

就是透過漢字的本形來說明本義。這種方法可以用在圖畫性較強的象形、指事和會意字上。這種教學方法可以讓學生更了解中國文化，可以藉著文字的本形和本義明白古代社會的生活。（黃沛榮，2003：13-22）賴明德指出字源教學法主要是指透過漢字的字形結構，明白該字的原始意義和構字道理。這種教學法除了能準確達成形、音、義的教學之外，還可以幫助認識中國文化和社會。（賴明德，2003：66）

（五）字根教學法

在漢字中很多不同偏旁的字都來自相同的「字根」。所以如果能掌握字根，就可以經由字根的延伸，認識很多字。（黃沛榮，2003：13-22）賴明德指出漢字的結構中有很多不同的偏旁或部首都有相同的「字根」，在教學時可以利用相同的字根延伸，作一系列的學習。例如「句」是彎曲的意思，所以凡是用「句」作字根的字，都有彎曲的意思，如：拘、笱、鉤、跔、痀；「侖」字具有條理的意思，所以用「侖」字作字根的字有含有條理的意思，如：淪、綸、崙、倫、論、掄等。（賴明德，2003：66-67）

（六）基本字帶字教學法

戴汝潛、郝家杰提到基本字帶字是指利用基本字加上不同偏旁和部首而衍生出不同的字，主要是引導學生利用熟字記生字，使學生能理解中文字的形義、形音與義音關係。（引自黃冠穎，2004）

（七）字族文識字教學法

認識並掌握字彙知識結構化、規律化規則的識字教學法。藉由找到識字規律與閱讀教學的契合點，依靠母體字擴展識字率，依靠字族組快識字，依靠字族文語言情境識字。（孟瑛如、張淑蘋，2003）是一種結合中國語言文字和語文教學的特殊性，並且講究中國民族特色的教學體系。（佟樂泉、張一清，1999）

王淑貞指出字族文識字策略是以同一個偏旁或部首而形成字族文基本字，利用這些基本字編寫文章作為教學的教學法。學生能作字形的歸類及區辨，音形相近，可以作為比較，兼具集中識字及以文帶字的優點。（引自吳慧聆，2007）

字族文識字策略教學法是借字族文於閱讀教學中認識、掌握結構化、規則化漢字的教學方法，結合分散識字與集中識字的優點。字族文代表作，如：

小青蛙

河水清清天氣晴，小小青蛙大眼睛。

保護河曲吃害蟲，做了不少好事情。

請你保護小青蛙，牠是莊稼好哨兵。（引自吳慧聆，2007）

上述的字族文母體字為「青」，帶出合體字為「請、清、情、晴、睛」，組合字族緊扣漢字形音義的特點，採用「字形類推」（有共同的母體字）、「字音類推」（字音相同相近）、「字義類推」（根據會意、形聲等規律，按形推知意義）。（吳慧聆，2007）

（八）中文一般字彙知識教學法

中文一般字彙知識教學，又可稱為「文字學知識教學」，是根據中文字的特徵，利用六書造字原理，讓學生了解文字的結構，尤其是象形、指事、會意、形聲等四種造字原理。例如：日月為明，上下為卡。（胡永崇，2002）鄭昭明認為可以根據中文字的特徵，將一般字彙知識分為「漢字組字規則知識」、「部首、偏旁的語義知識」、「部首、偏旁的讀音知識」，茲說明如下：

1. **漢字組字規則的知識：**組成中文字的部件中，有些部件會固定出現在字的某些位置上，例如：部首「扌」總是出現在字的左邊。

2. **部首、偏旁的語義知識：**中文字的部首通常可顯示中文字的字義或類別，如「艸」部部首的字通常與植物有關。

3. **部首、偏旁的音讀知識：**中文字的發音，經常與該聲旁的發音有關係，尤其是形聲字，如「清」字的讀音與聲旁「青」的讀音相同。（鄭昭明，1981）

（九）部首識字教學法

部首識字教學法與部件識字教學法結合。「部件」與「部首」，具有某些方面的契合。例如常用部件「口、一、人、日、土、木」等，本身就是部首，但是「香」、「鼻」等部首，無法單獨作為部件。就部件而言，「部首」具有很強的規律性。例如三點水（氵）大都出現在一個字的左邊（海、河、浪、江、波），且字義都與「水」有關。因此，教師在實施部件教學時，如果能妥善的運用部首歸類的特色，學生將形成牢固的記憶，並內建為自己的認知內涵。（徐慧玲，2006）

關於識字教學策略，周碧香認為各種教學法都各有所長，也各有囿限，教學者應該有系統地把握漢字及漢字認知特點和規律，擷取各種教學法的優點，綜合運用，讓漢字的教學更有成效。例如介紹文字演變時能用字源教學法，解說蘊涵於文字內的文化，提高學習樂趣；應該用分散識字教學法讓學生有更明確的語境，再利用集中識字教學法拓展識字量，並利用很多的識字教學法來相互補充。（周碧香，2009）

王瓊珠指出，目前很多識字教學的研究，雖然都有不錯的教學成效，但是他們的遷移效果和效率都不夠，他們做的都只是識字和寫字方面，如果把這些字放到閱讀上，他們是否能做遷移，並且在閱讀理解和認字的速度上是否也能有好的成效，這方面並沒有直接的證據。（王瓊珠，2001）

　　王瓊珠綜合國內過去十年的識字補救教學研究，發現很多的研究只限於教學目標字與立即成效，沒有提到類他和持續成效，所以有效的識字補救教學仍有困境要突破。(引自洪儷瑜、黃冠穎，2006)

　　在這麼多的識字教學研究中，我們發現沒有一種教學策略是絕對有效的，不同的教學環境，不同的教學對象，不同的教學背景，適用不同的教學策略，需要教師再作調整；很多的教學研究也把不同的教學策略作結合，希望能結合所有教學策略的優點，找到更適合孩子們的教學策略。

　　王瓊珠將國內識字補救教學區分成五個取向：1.中文特性；2.由閱讀中識字；3.電腦輔助設計；4.強化記憶；5.識字量等。多數都是以中文特性以及字形、音、義的規則來研發的識字教學策略。胡永崇研究發現利用記憶術的識字教學優於利用中文特性設計的教學策略，但是為每個字來設計記憶策略較不容易。(引自洪儷瑜、黃冠穎，2006)

　　綜合而言，我們對各種識字教學策略有了更多的認識，明白了識字教學策略各有千秋，各有其成效，也各有其限制。如果可以擷取各種識字教學策略的優點，利用各種教學策略作統整，並考量學生的需要和環境的需求，我們將可以提供更適合的識字教學策略。但是識字教學策略不應該只是在「字」的部分作探討和研究，黃沛榮認為「漢字教學」的重點，是要加強學生在漢字「辨識」、「書寫」、「使用」三方面的能力。(黃沛榮，2003)因此，識字教學策略不能忽略使用與應用的層面。應該要從更多元的方面來探討，發展出更完善的識字教學策略。而這正是本研究所要致力的，希望能建構出一套更廣涵且有效的識字教學策略理論以供同行參考。

第三章　識字教學策略建立的意義

　　在第二章的文獻探討中曾提到有些學者或是研究者利用圖解識字法、字源識字法、字族文識字法、部件識字法等等來幫助學生識字，希望學生能對文字的結構、文字的意涵等等有更深入的了解和認識。也有利用電腦輔助教學，無不希望能讓學習者的識字學習更有成效。不同的教學方法可以帶給學生不同的學習成效，但是這些都只是識字教學策略中的一部分。本研究所謂的識字教學策略是指因應不同的需求，並作整體上的考量，包括了教學的對象、教什麼、怎麼教等等。本研究將識字教學策略分成四個部分，四個策略中又分成數個次策略。集合本研究對於策略教學建立的意義共有四部分（如圖3-1-1）：

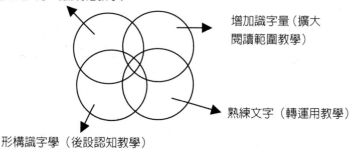

圖 3-1-1　識字教學策略圖

這四部分並不是各自獨立，仍有其交集的地方：四個部分中間的交集處就是文字，兩兩互相交集的地方有的是文字本身，有的是文字的物質性部分；強化認知文字也會造成識字量的增加；識字量的增加，也會使學習者熟練文字；熟練文字後，也會使學習者形構識字學，環環相扣。這說明了識字教學策略建立的意義，包括：（一）為使學習者強化認知文字；（二）為使學習者增加識字量；（三）為使學習者熟練文字；（四）為使學習者形構識字學。底下就分節來詳述。

第一節　為使學習者強化認知文字

林尹提出：

> 文字是表達情思紀錄語言圖形符號。因為文字是表達情思的，所以必須有「義」可說；因為文字是紀錄語言的，所以必須有「音」可讀；因為文字是圖形符號的，所以必須有「形」可寫。三者缺一，都不成文字。所以「義」「音」「形」是構成文字的三個要素。（林尹，1980：19）

> 「形」「音」「義」是文字三要素。而中國的文字，在字形上，既記錄字音，又表現字義；在字音上，或效物形的音，或效物義的音；在字義上，既源於字形，又源於字音：形、音、義三者之間，縮結得尤其密切。（同上，23）

　　「文字」的意思，是指人類記錄語言和表情達意所書寫的線條符號。一般來說，語言的起源較早，在沒有文字之前，人類用姿勢、態度、語言、圖畫、書契和結繩來表達情意和記事。文字，是社會進步到一定階段下的產物，和語言的起源相比較，文字的產生遠比語言晚得多。語言有時間和空間的侷限，地方遠了聽不到，時間久了容易遺忘；文字則可以彌補這種遺憾，文字可以超越時空，播之遠方，傳於後世，它可以把人類的思想、科技、藝術等各方面的知識和經驗累積起來，形成智慧，蘊合成文化。（王鐵昆，1994：1-2；林慶勳、竺家寧、孔仲溫，1995：15-16；林尹，1980：5-7）

　　佟樂泉和張一清在《小學識字教學研究》中提到：

> 文字，是記錄語言的符號，是書面語音的載體。文字的出現，是人類社會進入文明時代的標誌，教育，則是人類社會按照自身的意願培養下一代的過程。因此，識字，就成了文明社會人類教育的最基本內容之一，古今中外莫不如此。（佟樂泉、張一清，1999：17）

　　「文字學」這門課程是在研究文字的形、音、義的學科，其中和小學語文課程中最相關的就是「寫字和識字」，其中包括了生字教學。生字教學必須是活潑、生動、趣味化。可以從點、線、面三部分發展。「點」就是部首教學，可以將部首利用圖畫的方式呈現，結合中國文字的特性，介紹相關的六書法則等等，針對文字的字形加以解說；「線」就是將同音異字、同字異音、音義相近、音形相近的字等等作有系統的教學。「面」就是從一個字的部首和部件分析，歸納類別，說明讀音的變化及字體的演變等等。（江惜美，2002）

　　曾志朗認為漢字雖然不是拼音文字，但是漢字同樣需要語音轉錄這一歷程。語音轉錄是指在閱讀上把視覺管道傳進來的信息，轉錄成語音的型態以便處理。過去學者認為漢字不表音，是直接由字形到字義。漢字的同音字多，但是在實際生活中，很少有人因此而感到困優，這主要是藉助於上下文，以釐清字義，而非表示字音對漢字不重要。如果觀察小孩子學習漢字的過程，我們將發現出聲背誦對這些初學者是很重要的。研究者只認識拼音文字，他們自然會忽略漢字的「動態」組合。只有傾聽聲調，才會體會到唐詩、宋詞的韻律之美；只有正視漢字的空間組合，才能欣賞書空咄咄的意境。（曾志朗，1992：541-580）

　　漢字是世界上非常特別的文字，獨一無二，了解漢字的特性，將有助於學習者強化認知文字。以下整理萬雲英（1991）；老志鈞（2000）；裘錫圭（1994）；邱上真、洪碧霞（1997）；曾志朗（1992）；莊雅州（2008）；孫宛芝（2004）；巫玉文（2006）；邱上真、洪碧霞（1997）；林慶勳、竺家寧、孔仲溫（1995）等研究來說明漢字的特性：

（一）單音節、四聲表意

　　萬雲英指出漢字是一個字發一個音節，所以漢字的同音字很多。漢字單音節詞是由聲母、韻母和聲調組成的三維模式，具有四聲表義的特點。同一個音節，聲調不同，就是不同的詞，有不同的意思。和西方的拼音文字有很大的不同。（萬雲英，1991：404-407）

（二）漢字結構具規則與邏輯性

　　漢字有一定的構字規則，可以用一個個單位的有機體之間的聯繫和關係的理解來記憶，可以利用漢字的基本結構、漢字的偏旁、漢字的部首和部件來作聯繫；可以舉一反三，觸類旁通，因為漢字的偏旁部首都有一定的含義，便於理解。（萬雲英，1991：404-407）老志鈞指出漢字從構形分，可分為三大類：

　　1. **獨體字：** 是漢字不可再分割的最基本單位，只有一個組成部分的字，這類字大多是象形、指事，如：日、月、上、下等。

　　2. **合體字：** 由兩個以上的獨體字結合而成的字，多是會意、形聲字，如江、河、武、信等。

　　3. **雜體字：** 由獨體字或合體字加上不成文符號組成的字，這類字既有象形、指事，也有會意、形聲。如夫、母、果、或、足、牟。不論是哪一類，其結構均富邏輯性，字形與其本義、引伸義有緊密的聯繫。漢字結構有規律可循，形義有密切聯繫，正是漢字和其他文字顯著不同處。（老志鈞，2000）

（三）形、音、義綜合體，形聲字為主

　　一個漢字是一個書寫單位，也是一個意義單位，是由形、音、義三個基本因素構成的複合體，從而構成一個認知單位。漢字中有80%以上的形聲字，形聲字的產生，是漢族人民以高度智慧充分運用字形表義兩種方式的偉大創造。形聲字是由形旁和聲旁兩部分構

成新字，它們常是形旁表義，聲旁表音，前者反映字的概括性意義，後者提供了讀音線索。（萬雲英，1991：405-407）漢字是以形聲結構為主的文字——漢字有很多的形聲字，是以形符為偏旁，加上表音的聲符，形成以形聲結構為主的義音文字。（林慶勳、竺家寧、孔仲溫，1995：15-16）

（四）漢字形體清楚，可組合成大量的詞句

字形簡短，筆劃長短安排相宜、長寬相稱，閱讀時一目了然，容易形成字的知覺整體性，是以一定的筆劃和構字規則組成的方塊字。另外，漢字組成句子時，漢字本身沒有形態變化，而是以詞序來表示語法關係，有利大腦對漢字信息的處理。（萬雲英，1991：404-407）漢字不同於西方的拼音文字，漢字基本上不用或很少用語法上的形態變化，可以組成不同詞彙。例如，唱，可以組成歌唱、合唱、唱和等等，也是造成漢語詞彙豐富的主要原因。（林慶勳、竺家寧、孔仲溫，1995：15-16）

（五）漢字具有超越時空的穩定性

漢字是具有超時空穩定性的文字——西方的拼音文字是以音為主體，文字只是語音的符號，語音發生變化了，紀錄語言的文字，也就跟著改變。但是漢字是形聲結構為主的義音文字，對語言的依賴不強，可以超越時空的限制，讓文化的訊息無遠弗屆傳遞。（林慶勳、竺家寧、孔仲溫，1995：15-16）

（六）具藝術性

漢字是具有高度藝術性的文字──漢字講究筆劃結構，行款布局，是一門境界高深的藝術（書法），漢字的對仗駢偶的文學形式，孕育出舉世無匹的優美文學作品。例如，對聯、迴文、測、燈謎、酒令、繞口令等充滿趣味性、民俗性、藝術性的文字遊戲。（林慶勳、竺家寧、孔仲溫，1995：15-16）

賴明德提到中國文字是中華文化的三大瑰寶之一，他提到：

> 中國文字是世界上形體最美觀、結構最合理、運用最方便的文字。它的特點是獨體、單音、詞性靈活，不但能夠用以表達深奧的思想，委婉的情感，複雜的辯論；而且可以表現出美麗而整齊的文學形式。就其所表現的形式而言，對聯、律詩駢體文便是基於中國文字所特有的產品。如杜甫的「無邊落木蕭蕭下，不盡長江滾滾來；萬里悲秋常作客，百年多病獨登臺」（〈登高〉）；孟浩然的「綠樹村邊合，青山郭外斜；開軒面場圃，把酒話桑麻」（〈過故人莊〉）。（賴明德，2003：74-75）

賴明德提到只有中國文字的特殊結構和單音特質才能產生這樣的文體，才能產生含義深刻優美、對仗工整、意象遒麗的文學作品。可以用同樣的字，創造出詞性的靈活，如「在明明德」（《禮記·大學篇》）；「賢賢易色」（《論語·學而篇》）上面一個字當動詞用，下面一個字當名詞用。

在形體上，中國文字由依類象形進而為形聲相益，循繪畫直系而發展。中國的文字，字字如圖，可以題在畫面上增加美感，也可以製成單條或對聯，成為藝術品；在聲音上，中國文字一字一音，有平仄的不同，所以排比、對仗和用韻，在在都顯示出中國文字具有音樂的節奏拍子，也可以說是一種時間的藝術；在意義上，中國文字隱藏著一種高深的哲學。例如「從心奴聲」的「怒」字，一個人失掉了理智才會生氣，這時他確已變成了內心情感的奴隸。美國有名的作家 Kemenluofu 自述說：「我每學一個漢字就覺得自己更加了解一種偉大的哲學。」是的，每一個中國字就代表著先民的智慧，是一個偉大的藝術。（林尹，1980：27）

漢字很容易造成遺忘，因為漢字本身的同音字多，多義字多，有些字的筆畫複雜，形體相近。另外，有些教師是孤立的進行識字教學，形、音、義一起教，只是讓學生不停的抄寫和默寫，這也是造成漢字容易遺忘的原因之一。（王鐵昆，1994：188）

佟樂泉和張一清也提到，透過語音的線索將字改成一組一組的識字，雖然效率提高，但是學生在用字上卻產生了混淆，主要是對字義的掌握不夠明確，學習的時間也不足夠。研究結果發現，音近形異的字容易出錯，而音近字形有規律的字不容易出錯。可見除了字音的學習，字形的規律對兒童的學習也是很重要的。（佟樂泉、張一清，1999：90）如果能把形、音、義的特色結合在一起，相信必能強化對文字的認識。

老志鈞認為「分析比較法」使學生理解字義、記憶字形，不再寫錯別字，又可以引起學生的學習興趣，啟發思考，但是還要考量教師的學養，教師需具備有文字學的知識。他也提到分析比較法有

時候又不完全的適用，因為部分漢字因隸變以致形義有差距，或是因為年代久遠，形義的緊密關係起了變化。所以有些專家學者提議編短語或口訣，來幫助學生記憶，但是老志鈞認為這有一定的功效，因為編不勝編，而且記短語，背口訣，又會是另一項負擔。他認為對低年級學生或是較難分析比較的字，應該依據俄國生理學家Pavlov 研究的「古典制約學習」，加強刺激和反應的聯結；可以熟讀強記，多寫、多練習，將字詞牢記於腦海裡。語文學習的歷程，除了理性認識的認知學習外，還包括感性認識的聯結學習。另外，教導學生查字典、鼓勵學生多利用字典，多向人請教，也是學習漢字的好方法。（老志鈞，2000）

　　所以識字教學的方法很多，不同的學習方法有不同的教學成效，但是我們應該要先明白識字教學的目的和意義，我們要學習者學習的是什麼，然後才能根據教學的目的和意義來作更適合的教學，教學才會更有成效。本研究識字教學策略建立的意義之一就是為使學習者強化認知文字；當學習者強化文字的認知後，識字教學成效將更顯現。

　　為使學習者認知文字的方法很多，了解漢字的形、音、義的特色，了解漢字的特性，會使我們對漢字更熟悉，還有第二章所介紹的識字教學方法等等都可以強化認知文字，但是除了這些還有嗎？還有沒有什麼方法是不但可以強化認知文字，又可以讓孩子深受感動；既有趣味，又可以深藏在心中，久久不忘的？我想戲劇化的教學策略是最好的選擇。戲劇是孩子們的最愛，戲劇帶給人們最深遠的影響，戲劇可以包涵文字的形、音、義，可以利用戲劇表現文字的特色，戲劇不是只是平面的文字呈現，它可以是立體的呈現；戲劇可以結合舞蹈和音樂，讓文字用更多的面貌來呈現。戲劇可以是

大型的舞臺劇，也可以是趣味十足的相聲和雙簧劇。利用戲劇化教學策略來作識字教學對學生而言，將是不一樣的體驗和感受，相信識字教學成效也會很好。有時候我們會發現，老師在臺上說了很多，學生都記不住，但是只要是戲劇的表演，學生參與其中，帶來的影響常常難以想像的，甚至多年後仍然津津樂道，所以戲劇化的教學將是強化認知文字一個最好的策略。

第二節　為使學習者增加識字量

隨著時代的演進，文字不斷地繁衍遞增，近年來臺灣地區的學者專家整理粗估在七萬字以上，有形體上的演變，有數量上的繁衍遞增。黃侃在《文字聲韻訓詁筆記》中說：「古今文字之變，不外二例：一曰變易；二曰孳乳。」（引自林慶勳、竺家寧、孔仲溫，1995：150-153）

林尹提到：

> 中國文字演進的過程，是由「文」而到「字」。所謂「文」，都是「依類象形」的。包括「象具體之形」的「象形」；和「象抽象之形」的「指事」。所謂「字」，都是「形聲相益」的。包括「形和聲相益」的「形聲」；和「形和形相益」的「會意」。（林尹，1980：14-15）

中國文字的演進有兩大法則就是變易和孳乳：

一、變易

　　變易包括（一）簡省：1.變圖畫為線條；2.變詰詘為方直；3.
簡省部件形構；指形體不便於刀筆刻寫，或是發生在隸變的階段，
變圓轉反覆的詰詘線條，或是為較便於迅速書寫的方折點挑的筆
畫，有些是直接把原本較繁複文字的部件或形構加以簡省的方式。
（二）增繁：漢字有時為求整齊，或增加藝術性，或創制形聲字，
往往也會增加篇旁、聲符，或其他表意、裝飾的部件。（三）訛變：
由於誤解或為求簡便，所產生一種與造字的原意不同的形體演變。
隸變是漢字演變之中很重要的一次變革，它的苟趨省易，使文字變
得簡便速寫，但相對的也因此變得不合古人造字的原始意思。（林
慶勳、竺家寧、孔仲溫，1995：150-156；林尹，1980：17-19）

二、孳乳

　　孳乳是指把文字的由少而多的繁衍遞增，稱為孳乳。包括（一）
聲與本字同或形由本字得的孳乳；（二）形聲都變而尚可尋求的孳
乳；（三）詞言根柢難以尋求的孳乳。（林慶勳、竺家寧、孔仲溫，
1995：156-159；林尹，1980：16-17）

　　了解了中國文字的演進，對於文字將有更多的認識，因為學習不應該只是表面的，探究文字的起源，了解文字的起源，可以幫助識字的學習。

　　老志鈞提到大部分的人都認為漢字難學、難讀、難寫、難記，因為漢字的結構複雜，筆劃繁多。但是他認為這還有討論的空間，像「邊、體、整、寶」這類筆劃雖然繁多，但是因為常用，所以會寫的人很多。像「又、毛、凵、丮」這類的字，雖然筆劃少，但是因為不常見，所以能完全會讀音、知道字義的恐怕不多。他提到漢字因為音同義歧的字多，如：冬東、名明鳴、公工恭攻。形似義乖的字眾，如：弋戈、灸炙、茶茶、揖楫。音義俱同而形異的異體字，如：群羣、隣鄰，也為數不少。還有破音字。這些需要教師從漢字的結構上的特點來教導。漢字結構有規律可循，形義有密切聯繫，這正是漢字和其他文字所不同的地方。（老志鈞，2000）

　　老志鈞認為漢字從字構形來分可以分為三大類，分別是：獨體字、合體字和雜體字。（老志鈞，2000）中文字的合體字中有「左偏有旁」的說法，佔中文字 80%以上的形聲字分為形符與聲符，有「形符表義，聲符表音」的特色，而且大部分的部首都有表義的功能。所以我們可以用部首和偏旁進行歸類來作識字的教學。利用中國文字部首和偏旁的特性來作識字教學，可以擴充學生的識字量。利用形聲字的特性，可以看出字音及字義，具有形音義的特性，就好像如果我們遇到不會讀的生字，坊間有一句口訣：「有邊讀邊，沒邊讀中間。」（孟瑛如、張淑蘋，2003）

　　形聲字可以分成表音的音符和表義的意符。基本字帶字就是把合體字中所包涵的相同並可以獨立成字的部分提出來，以此為線

索，把漢字歸納成不同的字組。提取出來的字就叫做基本字，以它為線索串起一組字就叫做基本字帶字。例如，湖、蝴、糊、葫，胡就是基本字。（佟樂泉、張一清，1999：90-91）

　　字族文識字採字以族聚，族以文存的原則，把本字和由它派生的字歸納起來，看成一個族，有字形上相同處和字音上的相同或相似處。把這些字編成一些韻文或故事來讓學生學習。（佟樂泉、張一清，1999：24）

　　利用形聲字的特性，作形似字或是相關的教學，將會快速的提升識字量。但是如果只是認識了很多字，並不知道怎麼用是不夠的；或者如果不能觸類旁通，在不同的語句中明白這些字，那麼這些字很快的就會被遺忘。所以把這些字放在閱讀中來學習是很重要的。

　　周碧香提到，臺灣目前施行的分散識字教學法可以讓學生有一個明確的語境，讓學生先讀課文，再由課文中的詞語和文字來作教學；利用這個為基礎，再加上集中識字教學法來延伸識字量，還可以補充相關的韻語和字族文教學法來強化識字的品質。她特別推廣圖解識字教學法，認為它可以汲取各種教學法的優點，又不相違。能強化學習動機，識字快速、讓人印象深刻，是一種有趣又好玩的教學法。她提到：

　　　　圖解識字教學法，符合漢字結構與認知上的特色，以圖解的方式來呈現，對於象形字、指事字、會意字可以回溯到原始圖形以解說字義，利於學習者快速地掌握、理解與記憶；形聲字，可運用「形似圖」將同形符或同聲符、同部件

的字聚集起來，從中釐清彼此的異同、建立字族的概念，方便類推，大量累積識字量並兼顧識字的質。

在意義說解上，結合本形以說解本義，再解釋引申義，尤其是課文出現的詞義；在具體的圖像的幫助下，理解本義與其他意義之間的關連，辨析字族內彼此字的異同。故而，這是一種輕易掌握意義脈絡的識字法。（周碧香，2009a）

認字技能自動化對於閱讀理解是很重要的，「自動化」指的是：原本需要非常專注才能完成的技能，經過相當時間的練習之後，變成不用花很多的注意力就可以完成的歷程。認字技能達到自動化，對於閱讀是一個很重要的條件。（蘇宜芬、陳學志，2007）

鄭昭明以二個實驗在中文「詞」與「字」的層次上觀察，在瞬間顯露下，有意義的語文項目的組成部分是否比無意義項目的組成部分容易辨識。研究結果顯示，「字」在「詞」裡比在「非詞」裡容易辨識，這個效果稱為「詞優」效果。「字」的組成部分比「假字」容易辨識，而後者比非字容易辨識，這些效果稱為「字」的「字優」效果與「假字」的「字優」效果。鄭昭明提到在閱讀字時，必須經過屬性分析、部件分析，才能使「字」轉錄至「字義」。（高尚仁、鄭昭明，1982：135）根據字優的效果，顯示閱讀的重要，如果把字放在有意義的閱讀上，對於識字將更有成效。

增加識字量的教學方法在第二章的文獻探討中介紹了很多，集中識字教學法、基本字帶字教學法、字族文識字教學法等。利用字形相近、部首識字教學法、字音相近的字集中起來一起學習，可以讓學習者很快的增加很多的識字量，也造成了很好的識字效果。例

如，看見「艸」部的字就可以知道這個字應該跟小植物有關，看見「手」部的字，就可以知道是和手有關。學了包子的包字，就可以延伸學習跑步的跑、放鞭炮的炮、吹泡泡的泡等等，這些教學方法，都可以使學習者增加識字率。

杜威（J.Dewey）說：「教育就是生活，生活就是教育。」在學校裡，應該設置環境，讓學生能從生活中學習，在生活中學習待人接物。如果學童認識的只是課本上的字，學習的只是書上的事物，那麼識字教學就太狹隘了。識字教學應該與生活環境結合，應該將學童生活中常常接觸到的事物放入識字教學中，可以包括影片、圖片、CD 等等。（黃瑞枝，2002）讓學童在熟悉的、常常接觸的生活中學習識字，將會更有成效。

王莉提到：

> 教師在識字教學中應遵循兒童漢字認知的特點，開發生活資源，創造性的使用教材。一方面教師應注重識字和認識事物相結合，運用各種直觀手段或聯繫學生實際生活，讓學生觀察、思考、想像，使抽象的概念變成可以感知的具體事物，如學生學習了「梨花、杏花、桃花」等詞，可通過多媒體幫助學生直觀的了解每種花的特點，並能在生活中分辨出這幾種花，而不是只會讀課本中的生字。（王莉，2008）

有人以為筆劃多的字一定較難學，但是並不一定，如果是常用的，或是字形上容易辨識的，筆劃數就不是學習難易的指標。有人主張把字簡化成十劃以內，但是這樣就會增加了很多形體相似的

字，反而會增加辨識的困難。保留字的涵義和構成的原素，也許更容易辨識。（佟樂泉、張一清，1999：28）

更多人意識到，識字、閱讀、寫作原本就不應該截然劃成幾個階段，而應當作為循環往復不斷提高的整體去認識。識字和閱讀結合得越好，就越能彼此促進，相得益彰。以注音識字，提前讀寫教學法結合得最好。其在一開始識字的時候就閱讀，邊讀邊識字，邊識字邊讀，還有利用拼音加漢字的方法寫自己想說的話。更注重意義的聯繫。（佟樂泉、張一清，1999：24）

Michael 認為：

> 字詞解碼（decoding）是閱讀理解的基本能力。剛開始閱讀時，閱讀能力至少由字詞解碼和閱讀理解兩方面的能力組成。學生先要掌握字詞解碼的技巧，當他們能夠解讀字詞後，他們便有基本的能力反覆地閱讀。在閱讀中所學到的字詞和知識，能進一步培養兒童的閱讀理解能力。培養閱讀理解能力是一個很長的過程，透過日常生活中對世界、語言和文章的認識和體驗，逐步拓展詞彙量，並掌握理解字詞的能力，從而提取文章的意思。（引自謝錫金、林偉業、林裕康、羅嘉怡，2006：138-139）

鄭繼娥指出：

> 語境強度延長了對形似非詞的加工時間和降低了判斷的錯誤率。語境對漢字識別產生了影響。如果我們教學時能利用語境增加學生的閱讀量，通過上下文鞏固加深低頻詞的學

習，可以減少因形相近的誤解。達到有效識字的目的。(鄭繼娥，2001)

識字教學策略建立的意義之一，就是要增加識字量。識字量不足，會影響閱讀的速度，也會影響閱讀的理解能力，造成閱讀的困難。目前國內不僅有「失學國民脫盲識字標準」，在「國民小學九年一貫課程綱要」中也明確指出各個階段所要達到的識字量，它反應出一個人必須要有一定的識字量，才能應付學校課業學習，或是生活中的基本需求。在食、衣、住、行、育、樂和在社會參與方面都需要具備一定的識字量。識字量不足的人如果給予過難的文本，就會增加困難度，產生更多的挫折；識字量好的人，如果給予適合的讀本，讀起來就顯得輕鬆不費力，可以「理解、推論，甚至批判」。因此，識字量也可以作為選擇教材的考量之一。(洪儷瑜、王瓊珠、張郁雯、陳秀芬，2008)

教師採用的教學法倘若能與學生已有的知識結合，對提升學生的閱讀有很大的幫助。例如，可以和以前讀過的互相比較，可以預測會發生什麼事，可以就學過的材料作整理、歸納和推論等等，這些都會幫助學生在閱讀上有更好的表現。(謝錫金、林偉業、林裕康、羅嘉怡，2006：143)

除了各種教學方法可以增加識字率，閱讀無庸置疑的是一個可以大量增加識字率的方法，尤其近年來閱讀已經成為大家所重視的一件事。但是如果只是請學生要多讀書，給予大量的閱讀教材，而沒有給予有系統的教導這樣是不夠的。本研究的識字教學策略建立的意義之一，就是要利用擴大閱讀範圍來增加識字量。作一個有系

統的規畫與安排，透過一系列的安排，來增加識字率。擴大閱讀的
範圍，包括了閱讀報紙、雜誌、閱讀課外讀物和閱讀視聽媒體。報
紙的版面多，各種類型的文章都有，但是不是所有的版面都可以大
量的增加識字率，除了要考量學習者的學習能力、年齡、需求外，
還要考量各種版面文章出現的字數和字的種類等等。以文學性的文
章來說，其出現的詞彙會比較多，因為文學性的文章涉及的層面較
廣，文學中所運用的表現手法和修辭技巧比較多。賴慶雄提到，我
國的語言是世界上進步發達的語言之一，我國的詞彙，也可以說是
世界上最豐富嚴密的。例如，同樣是看的意義，我國的文字就用了
瞧、瞅、望、覷、瞟、瞪、盯、瞄、瞠、瞰、瞥、矚、瞻、窺、顧、
看見、注視、凝視、觀看等詞彙來表示。不同的詞彙又有各自獨特
的意義和修辭特色。不同的詞彙，在意義上、用法上、程度上也都
有不同。所以有生動、優美、偉大的文學作品產生。（賴慶雄，1990：
121）如果利用文學作品來作識字教學，學習者學到的詞彙和識字
量必然會更多，科學性的作品相對的就比較少。擴大閱讀，除了閱
讀報紙，還可以帶領學習者閱讀雜誌和課外讀物。報紙的題材較新
穎，與時事結合，雜誌的內容多樣，觀念新穎，學習者接觸到的字
彙也較多。至於課外讀物，內容更是豐富，它可以吸引學習者不斷
的往下讀，識字量可以大幅度增加。曾經帶領小朋友共讀文章，請
小朋友自己先讀過一遍後，請他們將不會的字圈起來，在課堂上討
論這些不會的字或詞。會的小朋友可以幫忙解釋，不會的就由老師
來解釋。討論過後，他們對這些字或詞都已經熟悉了，另外再請他
們選出數個詞寫出來。發現這個方法既不增加學生的負擔，學生又
可以自主學習，無形中大為增加學生的識字量。

擴大閱讀還有一項不能忽略的，就是閱讀視聽媒體。視聽媒體包括很多，例如電視、故事 DVD、電影等等，還有現在不可或缺的網路媒體。這些都具有聲光效果，很容易吸引學習者。學習者可以從電視、電影的字幕還有演出者的對白等來學習識字，也可以從歌曲的歌詞中學習識字。擴大閱讀範圍教學策略可以增加學習者的識字量，是很好的識字教學策略。

第三節　為使學習者熟練文字

識字教學要充分考慮兒童的言語發展水平，因為漢字的音義結合、詞句教學等與兒童的語言基礎、兒童的觀察能力和記憶能力有直接相關。年齡越小，辨識與組合事物的能力不強，記憶與理解的能力較顯不足。學習漢字，對漢字的形、音、義及其相互關係的分析、綜合、概括等能力，也會影響漢字的學習。只有兒童在這方面有了一定的基礎，才能有效的開展比較系統的漢字學習。（佟樂泉、張一清，1999：7）

周碧香從學習理論的派別來談漢字的形似字教學。她指出不同的學習理論學派有不同的著重點，可分為：

(一) **行為主義**──認為學習是外在的行為變化的歷程，是一種刺激和反應的聯結，以史金納（Skinner）的操作制約理論為代表。

(二) **認知理論**——強調學習者對訊息的處理及應用，及這個訊息處理過程如何改變個人的思想與內在心智結構。以布魯納（J.S.Bruner）的發現學習理論以及奧蘇貝爾（D. Ausubel）的意義學習理論、訊息處理學習理論為代表。

(三) **互動理論**——強調學習者的認知歷程與環境中學習相關事件的互動，致力於描述在學習過程中元素間的互動。蓋聶（Robert M.Gagne）的學習條件論屬於此。（周碧香，2009b）

她提到：

> 根據蓋聶學習的內在條件中的認知歷程圖，訊息處理的過程，學習者接收到環境中的刺激，進入感官收錄後，必須注意才能進入短期記憶，但也同時伴隨著遺忘的產生；從短期記憶必須複習，方得以進入長期記憶區。
>
> 漢字教學的有效學習，必須體現於辨認、寫字、用字三方面的正確，教學時應該聯繫閱讀與寫字，因讀與寫的運用，屬於心智技能，需要聯結學習的九個階層；寫字，同時屬於動作技能，動作技能可以經由反覆練習而得到精確與進步。（周碧香，2009b）

老志鈞也引王力在《中國現代語法》中的說法指出，欲求文字的書寫沒有錯誤，除了深究字式組合的本來意義和深究複合詞與成語中每一成分的本來意義之外，只有硬記的辦法，因為文字是約定俗成的東西，並非可以完全從邏輯上解釋的。所以熟讀強記也是一個不能偏廢的方法。（老志鈞，2000）但是如果只是讓學習者不停

的重覆練習，學習者很快就會失去學習的動機和興趣，降低了學習的成效。因此，一套完整的識字教學策略是很重要的。

馮永敏提到識字教學策略如下表：

表 3-3-1　識字教學策略

策略	方法	說明	範例
(一)識記策略 （學習是一個過程，包括感知、理解、記憶、運用等環節。可以將一個字與眾多字聯繫、比較與定位，建立好的提取線索）	筆劃法	對於容易多一點和少一筆的字，以記住關鍵筆劃為主。	步、琴、拜、武、貪。
	結構法	學好獨體字，掌握偏旁名稱，對於合體字，才能分析出結構。	魄：白字旁，鬼字邊，左右結構。 建：聿字心，廴字底，半包圍結構。
	比較法	字形相近，容易誤用的字，比較字形、字義、組詞，識記字形。	比較筆劃：如士、土。 比較字義：如清、蜻。 組詞比較：如留戀、山巒。
	偏旁法	根據形旁表義、聲旁表聲的特點來辨識字形。	形旁表義：冖，表示用布蓋罩的樣子，如冠、冪、冥。 宀，與建築與關，如家、客、寇。

			穴，與洞穴有關，如空、窘、窩。聲旁表聲：像杲作聲旁，加上不同的形旁，但聲音相近，如澡、燥、操、躁。
(二)辨識策略（要能正確識讀和書寫國字，關鍵是要正確的掌握形似字）	相似度高，字形相似，筆劃數相同，筆順一致。 1. 差別在於筆劃長短或出頭與否。 2. 區別在某一筆或直、或曲、或折。	土——士 未——末 刀——力 人——入 干——千	
	差別只在多一筆、少一筆。這類字佔形近字的比例不算小，特別是某些部首，構字能力很強。	盲——肓 侍——待 今——令 狠——狼	
	結構一致，偏旁相同，區別只是偏旁擺放位置不同。	部——陪 呆——杏 晏——宴	
	形旁相近，聲旁相同。	密——蜜 藍——籃 槳——漿	
	外形輪廓相似，結構一致，部分偏旁相同，區別在個別偏旁。	鈞——釣 損——捐 貧——貪	

(三)構字原理策略（累積一定的識字量後，就要加強字與字的關係聯結，逐步建立起國字構形的規律）	分解	根據國字結構按其部位拆分，以對國字的偏旁、部首的形象圖解。	
	組合	根據國字的結構對國字進行拼合，拼合的過程就是組字的過程。	
	擴展	利用國字的偏旁、部首認讀合體字。	「目」的部位，眉；「目」的動作，看、眨、瞄；「目」的狀態，睡、眠。
	對比	把眾多的字集中放在一起，觀察彼此之間的對應關係，進行分析和綜合，以掌握其差異、變化或類型。	
(四)輔助策略（要讓學生有主動學習的願望，識字教學應靈活有趣）	猜字謎、玩字卡、找朋友、啄木鳥治病、畫圖猜字。		

（整理自馮永敏，2008）

　　艾偉的《漢字問題》對漢字學習心理作了大量的研究。他發現漢字的筆劃結構對個別字的辨識有重要作用，漢字的偏旁類別和字

劃的組成線條的種類，也影響漢字辨認的難易程度。另外，漢字的筆劃數、漢字的出現次數、漢字的筆劃結構、漢字相似程度、字形的複雜度等等，都會影響漢字的學習。（引自萬雲英，1991：410）

　　葉興華提到影響漢字學習的因素包括：（一）字頻；（二）字的筆劃數；（三）字的構成。他提到字頻較高的字因為日常生活中接觸的機會較多，學習的過程中方便和生活經驗統整，因此在形、音、義上都比較容易學習。（葉興華，2002）艾偉的研究也發現影響漢字的學習和識記的原因，包括了漢字結構的簡單和繁雜，還有漢字筆劃數的多寡，漢字筆劃數在十劃以內者容易觀察；漢字筆劃數在十一至十五之間的，要看字的結構來決定。漢字筆劃數在十以上而由左右偏旁組織而成或者其結構成三四種而由曲線及斜線所組成者，難於觀察。字的一部分與另一已識字的一部分類似時，此字寫出時容易產生筆誤現象。合攏性字，筆劃兩方對稱者，易於觀察。萬雲英的研究也證實，有些字筆劃數少，但線條曲折而不整齊；有些字不對稱，一邊筆劃多，也難學。另外，較具體、形象的字，較常用、口語中較能掌握的字，或是生活中常見的字詞，也都比較容易識記。（引自高尚仁、鄭昭明，1982：6-7：萬雲英，1991：416-417）

　　字形是認字的重要線索，透過中文字的字音表徵與字形表徵可協助書寫與認讀文字，但是如果只是依賴聲旁讀、寫文字，就會說出相似字、寫出相似字，缺乏字義的聯結，無法完整識字。因此，好的識字教學要結合形、音、義進行教學。（塗秋薇，2005）

　　漢字是一種字形結構很獨特的文字，每一個字都形成一個方塊（就是所謂的方塊字），結構緊湊，筆形優美，可直排、橫排、由左而右、由右而左，都有其特殊的意涵。對西方人來說，就像是圖

畫，非常優美。漢字的字形結構安排有非常明顯規律，上下、左右、內外排列有序。構件相同的字在字形、字音和字義上有相似的地方。（佟樂泉、張一清，1999：90）

　　識字教學策略建立的目的之一，就是要讓學習者熟練文字，透過各種的識字教學方法，可以讓學習者的識字成效更好，但是如何讓學習者可以更熟練文字，而不是很快就遺忘或是對於文字一知半解，是很重要的。透過文字的運用，經由學習者的思考和寫出，對於學習者的學習會更有效果，運用的過程中，如果有不會的會再去學習，又增加了識字，如此良性循環，不但可以達到熟練文字的目的，更會增進識字學習的成效。但是如果只是沒有目的的教學生寫作，這樣的識字成效是有限的。本研究的目的是透過有計畫的識字轉運用的教學策略來進行識字教學。

　　以識字教學的目的考量，關於寫作教學而言，不同的文體書寫字彙需求種類和數量是不同的，所以教學者要透過教學來引導什麼樣的文體要先教，其中以抒情文的字彙需求數最廣也最多，因為抒情文要抒發心中所感，抒情文可以用各種象徵手法和譬喻法等等文學修辭方法來呈現，可以借景抒情，可以借物寄情，可以藉由想像力的馳騁來抒發情感，所以它的層面是廣泛的，需求的文字和種類是最多的。因此，關於識字的寫作教學可以先教抒情文寫作，尤其是詩的寫作教學更是適合。因為以兒童詩而言，詩可以啟發兒童的想像、觀察力，豐富兒童的情感和生活經驗，具有時空的交錯，帶給兒童健康的、善良的、有益的感受等等。（宋筱蕙，1994：142）尤其是詩的詞彙優美、豐富，詩的篇幅並不長，對於教學時數常常不足的小學課程來說非常適合。除了抒情文體的教學，再來就是敘

述性文體的識字教學，敘述性的文章描寫人、事、時、地、物，人物的性格、事件發生的情形，還有景與物的描寫等等，詞彙的需求都很多，也都很適合。論說文的教學可以在最後進行，因為論說文涉及字的層面較少。透過學習者寫作的學習，學習者的文字會更熟練，也能將文字靈活運用，對於識字教學是最好的方法。

我曾經帶小朋友認識童詩，並鼓勵他們寫詩，對於好的作品幫他們投稿，作品刊登出來後對他們來說是一個很大的鼓舞。有時候他們不需要被要求，常常就自己寫了很多的詩，還會彼此互相交換欣賞；在寫詩的過程中對於不會的字會查字典或者詢問他人，在無形中不但認識了很多的字，也體會了寫作的樂趣。

佟樂泉、張一清提到：

> 對於多數初入學的兒童來說，識字學習是一個新的任務，漢字不同於自然界的事物和其他平面圖形。其構成有自己的特點和規律，這種特異性首先就吸引了兒童的注意，希望探索這個圖形的奧祕。教師正可以利用這一點把兒童吸引到識字的任務上來。但接觸漢字多了之後，這種因新異而引起兒童無意注意的情形就趨於平淡了。此時，教師應當引導學生理解漢字構成的規律，理解漢字形、音、義統一的特點，體會漢字在生活實際中的用途，從而增強對漢字學習的興趣，提高注意的自覺性，亦即增加有意注意的份量。（佟樂泉、張一清，1999：61）

除了寫作的教學，還可以安排編輯採訪的識字教學。佟樂泉、張一清提到識字教學首先會促進兒童掌握書面語言，並且在兒童的

口語基礎和書面語學習之間架起一座橋樑。兒童在學習書面語言的同時也進一步錘鍊了口頭語言，發展了口頭語言，兒童的思維變得更有條理性、系統性，進而也促進了他們對客觀事物和現象間的主、被動或因果關係有更深刻的認識。兒童在識字過程中，培養了觀察、分析、綜合、記憶等能力，這些能力又增加了識字學習的能力。（佟樂泉、張一清，1999：7-8）因此，在識字教學的策略中，不能忽視編輯採訪的教學方法。透過學習者的發問，透過訪問者與受訪者之間的問答，文字的學習得到無限的擴大。編輯採訪的內容可以很廣泛，人、事、物都可以作為採訪的對象，編輯採訪的主題可以由學習者自己安排，也可以共同討論，所涉及字詞的層面將會更廣泛。另外，採訪活動不同於以往的識字教學活動，只是不停的重覆和練習，就像傳統的識字教學，部分教師只是請學習者利用反覆的抄寫來達到熟練文字的目的，這對學習者來說，實在是一件無趣的事情，也抹煞了學習的興致。但是編輯採訪的活動就不同了，事前的規畫和準備，還有採訪的進行，和事後的編輯活動，都是一件特別而且有趣味的事。透過學習者親自的參與採訪活動，對於學習者來說不但學習了識字，更是一個難得的體驗，必會激起學習的樂趣。教學者也可以設計相關活動，讓識字學習的層面更廣。

　　根據研究報告，普通一個人如果能認識四五千個國字，就差不多夠用了。（賴慶雄，1990：28）至於何謂認識一個字？賴慶雄提到認識一個字不像常人所想的那麼簡單，它必須具備三個條件：就是對於字形要寫得沒有錯誤，對於字音要念得準確，對於字義要懂得意思。但是中國字的字音常有變異，有些字還有破音字，對於字

義也常常隨著語詞不同而變化,只知道一個字許多解釋中的一個解釋,並不算認識這個字。一般人提到詞彙,往往只偏重詞義的認識,而忽略了詞音、詞形、詞性三方面的查考。其實詞義雖然是學習詞彙的重點,但是它必須經由詞音、詞形和詞性三方面的觀察,對於詞彙的意義才能更彰顯。每個詞都有自己的意義,詞義是社會的產物,常常有一定的應用範圍。詞義不但表達意義,也表達情感。詞音唸錯了,即使只是一點點的不同,意義也會產生變化。漢語裡有些可以直接從形式看出詞性,而從詞形有時候也可以讀出詞音和看出詞義。不同的詞有不同的功能,這就是詞性。對詞性了解越深刻,用詞就越準確。(賴慶雄,1990:75-76、123-124)中國文字的微妙,除了可以從大量的閱讀來增加對文字的認識,運用文字更是一個可以熟練文字的學習策略,這也是本研究建立的意義之一,透過識字轉運用的教學策略,讓學習者熟練文字。

第四節　為使學習者形構識字學

識字的教學,要教辨字的技巧,要教會學童舉一反三的策略,讓學童可以自己去研究和擴充,就像葉聖陶所說的:「凡為教,目的在達到不需要教。」尤其現在的教學時數越來越少,漢字的數量又如此多,《康熙字典》有四萬二千一百七十四個字,《國音常用字彙》也有九千九百二十個字。(黃瑞枝,2002)因此,如果學習者可以自己形構識字學,可以認識基本的筆劃數、筆順、簡單的六書造字原

理及其深層意涵的了解和歸類，相信對於日後識字的學習將會加倍的進步。

　　形構識字學，可以分成幾部分來說：依學習者的年齡，幼兒期和低年級的時期，要大量的接觸文字，可以從大量的閱讀開始，由大人唸書給孩子聽，多多閱讀視聽媒體，多接觸生活中文字的部分，將文字融入生活中，可以偶爾說一說文字的故事，讓孩子們對文字有概念，喜愛上文字，也讓孩子們多說，讓他們會打招呼，會到商店買東西，學會看商店裡的文字說明和介紹。到了中高年級的時候，才試著將文字作更多的分類，可以談談文字的起源和變革，可以從六書的構造來談，根據先前大量識字的舊經驗，將所有認識的文字作個歸納和整理，作更長期的記憶。

　　隨著識字量大幅度增加，漢字結構的內部規律越來越明顯，這時候只要給予學生適當的引導，學生很容易產生漢字表義與形聲系統的觀念。漢字的構造規律在識字中的作用很重要，在這一個階段，不能簡單地以識字的數量和速度為標準，還要看學生對漢字構造規律掌握意義的能力。（王莉，2008）

　　學習了識字策略，學童可以根據以下幾點來認字，並達到建立語義模式的目的：

(一) 根據字形的語音線索來推斷字的語音形式，借助語境的制約、字的語素義或詞義建立聯繫。

(二) 利用字形所提供的語義線索，借助語境的限定作用來推斷。

　　例如會意字，本身不具備語音線索，但是具備語義線索，兒童可以利用已有的知識，直接推斷字的語素義或詞義。這種推斷也要結合語境的制約來進行。(佟樂泉、張一清，1999：166)

　　世界上最古老的文字是：中國文字、埃及文字、美索伯達米亞文字，他們最初制字的方法大體上相似。但是埃及和美索語言在語法上富形式變化，而所有表示語義關係與語法變化的字都是無形可象的，只能假借同音的字來代替，由借音逐漸發展，終於變成了音節文字。中國語言是孤立語，很少用語法成分，在聲符之外添加形符來表示類別，使意義確定。例如，「青」是一種美好悅目的顏色，古人常假借「青」聲來表示許多美好的事物，加上「日」來表示美好的白天，就是晴天；加上形符「水」來表示美好的淨水；另外還有「菁」、「精」、「倩」、「情」等。因此，我們學習中國文字，如果能由六書著手，明其條理，就不必每個字都記，可以得到事半功倍的效果了。(林尹，1980：59-60)

　　字形是漢字的外在形式，是漢字存在的物質基礎，漢字的功能是藉由字形來實現的。不論是研究漢字的形義關係、記錄漢語的功能，還是研究漢字中的文化信息，都必須要從漢字的構形規律來研究。(王寧、鄒曉麗主編，1999：79)漢字的結構是指漢字的構成方式，包括了造字結構，二千多年來，大部分研究文字學的學者都認為六書是分析漢字結構，說明古人造字意圖的重要原則。茲將所謂的六書整理如下(林尹，1980：62-200；王寧、鄒曉麗主編，1999：79-90；賴慶雄，1990：83-98；林志強，2000：91-145；莊雅州，2008；梁東漢，1991：90-157)：

一、象形

　　象形的特點是「畫成其物，隨體詰詘」，就是把客觀事物大致形狀描畫出來。(王寧、鄒曉麗主編，1999：81)天地之間的東西，只要是能夠用簡單線條畫出輪廓，而且容易分辨，不會產生誤認的，都可以製成象形字來。包括了「天象」、「地理」、「人體」、「動物」、「衣服」、「器物」等等，都是象形字取類的對象。(林尹，1980：62-63)象形字是根據文字所要記錄的詞義，用直觀構圖的方式構造字形的一種造字方法。(王寧、鄒曉麗主編，1999：81)象形字的數量雖然不多，但是象形字在漢字體系中的作用是很重要的，它所記錄的大多是語言中的基本詞彙，也是構成指事字、會意字和形聲字的基礎。(林志強，2000：92)許慎《說文解字》九千三百五十三個字中，象形字只有三百六十四個字，還不到百分之四。(賴慶雄，1990：84)

二、指事

　　由於漢字形體的不斷演變，加上古老的象形字是一種表形文字，只是象物之形，這種造字方法有很大的侷限性，而且無窮的事物是畫不盡的，社會不斷的發展，新事物越來越多，也越來越複雜，有些事物也描畫不出來。因此，漢字就從「表形」，走向「表意」，

也就是指事字的產生。所謂「指事」，照許慎的解釋是：「把要說的東西，用簡單的符號標明，讓人家看了能夠認識、思考，以後能曉得它的含義。」（賴慶雄，1990：85）就是用符號來表示事象的意思，使人看見它可以識得它的事象；觀察它可以發現它的意思。（林尹，1980：87）例如，畫一條橫線表示地平線，上面再畫一個箭頭朝下的箭，表示箭到了地面了，這就是「至」字了。畫一棵樹，上有枝，下有根，在根上邊畫一短線，表示所指的就是這個地方，這就是根本的「本」字了。指事字是在獨體實物形象上再加指事符號，或者是純粹的抽象符號，或是局部的，不便單獨表示出來的。《說文解字》中，指事字只有一百二十五個字。（賴慶雄，1990：86）

三、會意

按照許慎的說法，會意是指把兩個或兩個以上的單體字會合起來，從它們的聯繫或配合上，表示出一種新的意義。也就是說，把兩個或兩個以上的字合併起來構成新字的字形，再把它們的意義融會起來以體現新字的意義，這樣的字就是會意字。（賴慶雄，1990：87）象形、指事是獨體的文，屬於圖畫時期的產物；會意則為合體的字，已進入表意文字的階段。（莊雅州，2008）例如，「奔」字，像一個人甩開兩臂，邁開兩腿，下面三個「止」（就是足）像人快跑的時候，腳步頻繁的樣子。「見」字，下邊是側面的人形，上邊是睜大的眼睛（目），表示看見。會意字描摹的對象大半是人或物件的形態和動作，比起只是描畫事物表面形狀的象形字進步很多，

造字的功能更強，《說文解字》共收會意字一千一百六十七個字，
比象形和指事字多出好幾倍。（賴慶雄，1990：87-88）

四、形聲

　　形聲字的特點是「以事為名，取譬相成」。形聲字是漢字構形
體系的最優結構，它的產生標誌著漢字進入了一個新的發展階段。
前面所講的三種造字法主要都是以具體的詞義造字，可以直接繪
形，但是對於抽象的意義則難以構形。形聲字利用形符和聲符相互
配合，構字方式靈活，能產性極強。形符和聲符還可以充當類聚漢
字的雙重線索，使漢字逐漸走向系統化。因此，形聲字迅速增長，
成為漢字發展的主導方向。（王寧、鄒曉麗主編，1999：85-86）許
慎的《說文解字》共有九千三百五十三字，形聲字有七千六百九十
七字，約佔百分之八十以上的比率。形聲字的結構位置，變化很多，
大致可以分為：（一）左形右聲：江河；（二）右形左聲：攻期；（三）
上形下聲：芬芳；（四）下形上聲：想裳；（五）外形內聲：固圓；
（六）內形外聲：聞問；（七）當中形兩邊聲：辨；（八）形符退居
一旁，聲符佔全字形體的大半：居病。我們可以根據形旁來了解字
義，可以從聲符，大致讀出它的讀音或意義。例如，聲符是「多」
的，大多有豐盛的意思；聲符是「勾」的，大都有彎曲的意思；「會」
大都有會合的意思。（賴慶雄，1990：89-90）趙天池提到有一大部
分的形聲字是由初文孳生出來的。例如，由「羊」、「示」組合而生
的「祥」字，及由「羊」、「食」組合而生的「養」字等等。「祥」、
「養」二字，非但聲本於羊，義也是由羊孳生而得的。他認為，先

民打獵得到羊，這正是吉祥的好兆頭；飲有羊乳，食有羊肉，這正是最好的營養。（趙天池，1991：47）

五、轉注

兩個以上文字，音通義同而形異，可以互相解釋，就是轉注。轉注字的形成，主要的原因在語言是發展變化的，文字的創造，不是一人一時一地所創造出來的，不同的時間和空間所創造出來的字，語根相同，意義相同，形體不同，已經普遍使用，不宜取消，於是就用轉注的方法使它們之間可以展轉注釋；有些是因為古今音變，方言流轉；或是避免字義相混，字形相混，又另造新字；或是因假借或依據已有的文字附加聲符，以表示其音讀；或是利用已有的文字附加形符，以表示其質地。（賴慶雄，1990：95-96）轉注不但可以溝通古今南北文字的不同，而且可以輔助文字的創造，在六書中，屬於輔助條例，不像前面四種屬於基本條例。（莊雅州，2008）

六、假借

照許慎《說文解字》的解釋，假借字就是「本無其字，依聲託事」。本無其字是指語言上已經有表示某種意思的音，而字形尚未造出。依聲託事是指紀錄語言的時候，字不夠用，依靠聲音相同的其他的字來寄託。例如，「我」本來是一種武器，借用為第一人稱代詞。假借字突破了表意文字的羈絆，使很多意義抽象的詞找到了書寫符號，節省造字數量，擴大了文字應用的範圍。但是仍存在著

表音不精確的毛病，而且用表意文字來表音，容易使人望文生義。另外，一字借成數義，也不容易分別。（賴慶雄，1990：97-98）

　　二千多年來，大部分研究文字學的學者都公認六書是分析漢字結構，說明古人造字意圖的重要規律。六書的造字理論說明了漢字的結構類型，識字教學如果可以掌握這些規律，就可以使學習事半功倍。（莊雅州，2008）

　　本研究識字教學策略建立的意義之一就是使學習者形構識字學。利用漢字六書的造字原則、漢字的結構分析，還有漢字的特性和演變等等，希望學習者經由這些學習，可以形構識字學，發展出一套完整的識字教學策略。識字教學的建立，還要包括對文字的後設認知，要引導學習者對文字有更多更廣泛的認識；除了認知文字的起源、文字的發展，還要引導學習者認知文字背後的意義和文化性等等。漢字是根據詞的意義構形的，漢字中所存在的文化信息比任何拼音文字都要更豐富。漢字的構形體系，可以成為探討中華古文化的信息載體，我們可以根據這個來考察中華民族古老文化的各方面。其中漢字構形系統對中國上古文史研究的價值，備受世人所矚目。（一）漢字構形可以知道史前的社會形態：這方面相關的詞彙相當豐富，體現了先民對客觀事物的觀察和認識。雖然隨著時代的變遷，許多詞逐漸消亡，但是這些詞語的意義固定在字形系統中，留下了史前社會形態。（二）漢字構形與古代的社會制度有關：在人類的社會中，人與人的社會關係產生社會制度。社會制度的發展和變化，必然會在漢字構形中留下痕跡。（三）漢字構形與中國古代的「神教」：漢族自古信仰多神，大自然中幾乎所有對人類生活有重大影響的事物都有一個神靈作代表，如風神、雨神、雷神；

還有自造神：玉皇、閻王、龍王；小的有家裡的財神、酒神、門神、灶王爺。在漢字系統中，凡是和神有關的都從「示」，示的構形和構義也反映了人們對天神的崇拜，祭祀是人類生活中最重要的事。

（四）漢字構形與上古的貨幣制度：貨幣是一個社會的經濟形態發展到一定階段的產物，是財富的抽象代表。漢民族早期的貨幣制度，除了史料的記載，在漢字構形中也得到印證。（王寧、鄒曉麗主編、1999：178-185）

漢字與文化的關係密不可分，漢字的後設認知教學可以從物質性、倫理性、審美性和文化性來談。沈清松對於文化的界定如下：

> 文化是一個歷史性的生活團體（也就是它的成員在時間中共
> 同成長發展的團體）表現它的創造力的歷程和結果的整體，
> 當中包含了終極信仰、觀念系統、規範系統、表現系統和行
> 動系統等。（沈清松，1986：24）

這個定義，包含幾個要素：（一）文化是由一個歷史性的生活團體所產生；（二）文化是一個生活團體表現它的創造力的歷程和結果；（三）一個生活團體的創造力必須經由終極信仰、觀念系統、規範系統、表現系統和行動系統等五部分來表現，並在這五部分中經歷所謂潛能和實現、傳承和創新的歷程。所謂終極信仰，是指一個歷史性的生活團體的成員由於對人生和世界的究竟意義的終極關懷而將自己的生命所投向的最後根基；所謂觀念系統，是指一個歷史性的生活團體的成員認識自己和世界的方式，並由此而產生一套認知體系和一套延續並發展他們的認知體系的方法；所謂規範系統，是指一個歷史性的生活團體成員依據他們的終極信仰和自己對

自身及對世界的了解而制定的一套行為規範，並依據這些規範而產生一套行為模式；所謂表現系統，是指一個歷史性的生活團體的成員用一種感性的方式來表現他們的終極信仰、觀念系統和規範系統等，因而產生了各種文學和藝術作品；所謂行動系統，是指一個歷史性的生活團體的成員對於自然和人群所採取的開發和管理的全套辦法。（沈清松，1986：24-29）

　　縱是如此，上述的設定並不是沒有問題。如（順著所援引論說者的說詞來看）五個次系統既分立又有交涉，要將它們並排卻又嫌彼此略存先後順序，總是不十分容易予以定位；又如表現系統所要表達的除了終極信仰、觀念系統和規範系統等等，此外當還有呈現它自身，也就是由技巧安排所形成的一種美感特色，而這都在一個「表現」（將終極信仰、觀念系統和規範系統現出表面來或表達出來）概念下被抹煞或擱置了。而這倘若真要勉為理出一個「規制」化的系統來，那麼重新把這五個次系統「整編」一下，它們彼此就暫且可以形成一個這樣的關係圖（周慶華，2007b：183-184）：

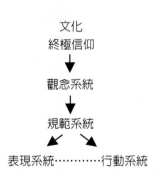

圖 3-4-1　文化五個次系統的關係圖

（資料來源：周慶華，2007b：184）

在這個系統中，終極信仰是最優位的，它塑造出了觀念系統，而觀念系統衍化出了規範系統，至於表現系統和行動系統，則分別上承規範系統／觀念系統／終極信仰等。漢字的物質性屬於行動系統，表現系統和行動系統彼此之間可以互通，所以在圖上以虛線連接。目前世界上現存的三大文化系統以觀念系統中的世界觀作為依據，可分為：（一）創造觀型文化：它的相關知識的建構根源於建構者相信宇宙萬物受造於某一主宰（神／上帝）；（二）氣化觀型文化：它的相關知識的建構，根源於建構者相信宇宙萬物為自然氣化而成，就像中國傳統儒道義理的構設和衍化；（三）緣起觀型文化：它的相關知識的建構，根源於建構者相信宇宙萬物為因緣和合而成，就像古印度佛教教義的構設和增飾。（周慶華，2007b：185）因為終極信仰已經內在於觀念系統中，所以觀念系統中的世界觀就成了各文化系統的文化性所在。

漢字後設認知教學可以從物質性、倫理性、審美性和文化性來談。從文化的五個次系統來看，物質性屬於行動系統，審美性屬於表現系統，彼此之間有相關可以互通。倫理性屬於規範系統，強調和人的互動，和社會的互動，在社會的規範系統中所展現出文字的特性。至於文化性則可以上推至觀念系統來看，因為不同的宗教信仰造成不同的觀念系統，在不同的文化系統中存在著不同的觀念系統。例如「氣」這個字，從物質性來說它的本義是饋贈客人小米，後來代替雲气的「气」字，就再造「餼」字來保存本意。從倫理性來說，這裡面蘊含了送東西給人，要像氣的流動那樣和順有禮，否則受禮的人心裡會不舒服。（周慶華，2010）這中間也涉及了審美性和文化性，因為以氣化觀型文化來說，做任何事都要講求和諧，

即使是要送東西給別人，也不能讓對方覺得有壓力，不能大肆張揚，不能邀功，要處處表現出客氣與和順的樣子。如下圖所示：

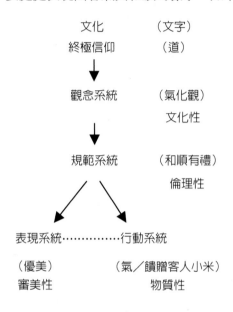

圖 3-4-2　文字與文化的五個次系統關係圖

　　漢字不同於其他拼音文字，在後設認知這個部分是大部分的人常常忽略的，也是本研究所要強調的。本研究關於識字教學策略建立的意義，包括了為使學習者強化認知文字；使學習者增加識字量；使學習者熟練文字，還有使學習者形構識字學，藉此使本研究能更完善，使學習者的識字學習能更有成效。

第四章　識字戲劇化教學策略

第一節　識字戲劇化教學的作用

　　戲劇是「不說教」的教育。鄧志浩提到戲劇對於老師是很好的教學方式，不論是小學老師、幼稚園老師，甚至是國中和高中老師。他曾經看過一部影片，有個到處旅行的演員，為了謀生假裝成老師去應徵教職，正好有一班很皮的學生令學校很頭痛，所以校長沒有經過求證就錄用了這位演員，沒想到他教得很好，學生對於歷史的年代、人物背不起來，他便帶領學生到操場，用戲劇的方式表演，結果學生的歷史考了高分。（鄧志浩，1997：161）

　　戲劇是扮演遊戲，而扮演遊戲（扮家家酒）是每個孩子生活中的一部分，既是遊戲，又像是生活的一部分，透過「假裝」的扮演過程，他們可以在虛構的世界裡加上自己的經驗。（林玫君編譯，1994：3）提到戲劇學習，主要是談戲劇的娛樂、互動、情緒、創意、心理成長等等。戲劇除了在戲劇課程實施各項活動之外，還可以應用在課程教學、輔導工作、社會活動（可為不同的團體進行有目標的活動，達到推展的目的）、矯正治療與戲劇演出等。（張曉華，1999：45-48）

　　戲劇是每個孩子都喜歡的，他們對戲劇充滿了興致與熱情，不論是大孩子或是小孩子；不論是參與演出或是欣賞演出，戲劇都是孩子們最喜歡的活動之一。可惜先前我們很少把戲劇列入課程中，忽略了戲劇是孩子們很好的學習方式，忽略了最接近孩子們心理的戲劇用在教學上的功效。創作性戲劇運用於語文教學最為寬廣。美國著名語言教育學家詹姆士‧摩菲特（James Moffett）認為：「戲劇，這種直接經歷的時刻，是幼稚園到大學英語課程的基礎與本質。」（引自張曉華，1999：413）近年來，開始有人將戲劇與語文作結合，將戲劇運用在語言上，出了很多相聲與語文的書。例如，馬景賢將相聲與語文作結合，出了《非常相聲》和《老馬相聲》等書。在本研究裡，我也將識字與戲劇化活動作結合，發展識字教學策略。

　　戲劇的形式有很多，包括舞臺劇、廣播劇、偶劇、歌劇、舞劇、歌舞劇、芭蕾舞劇、現代戲劇、兒童劇、創作性戲劇、京劇（國劇／平劇）、歌仔戲、話劇、相聲雙簧、默劇、假面劇、電視劇等。（邁可‧比林頓〔Michael Billington〕等編著，1989；張曉華，1999：63-64）在這麼多的戲劇中，哪些戲劇適合與識字作結合，可以運用在教學上？本研究以為廣播劇偏重的是聲音的傳遞，雖然可以認知文字形、音、義中「音」的部分，但對於識字教學的整體而言較不完整；京劇、歌仔戲、歌舞劇、芭蕾舞劇、電視劇等等則不適合小學在教學上的運用；偶劇包括了傳統的布袋戲、傀儡戲、影戲（王友蘭，1992：69-70）或是西方的偶劇等，雖然「偶」是小朋友很喜歡的東西，但是因為在「偶」的取得和製作並不容易，如果要作為普遍性的教學較不方便，也容易把焦點放在「偶」上，而忽略了

識字的學習。近年來，創作性戲劇與兒童劇受到重視，本研究並不特別細分這兩種戲劇，而是將相關的戲劇統稱為舞臺劇，並將這兩種戲劇的精神與特性融入在舞臺劇的教學上。

舞臺劇就是所謂的戲劇。戲劇是綜合的藝術，包括了音樂、舞蹈、繪畫、建築、光影、服裝設計等等，是在舞臺上將人生的故事由演員表演出來。舞臺劇的表演，除了表現劇中人的型態，最重要的就是言詞的表達了。演員的情感，情緒的變化，人物間的關係和情節的起伏等，都是依據劇詞逐「句」磋磨和斟酌的。兩個劇中人劇詞的相互回應，也跟聲音的表情和音調和情緒有關。（崔小萍，1994：35-37）戲劇的方式可以分為兩種：一種是有固定的劇本和角色選定，事先排練好，選定時間和地點來演出。動員的人力、物力和時間都過於龐大，演出較不易。（葉莉薇，1988：6-7）另一種表演方式是採即興式的表演。例如，要深刻體驗某個語彙時可以作具體的演示，讓學童用他們的想法來表演，然後再進一步摘取文中敘述句，並讓學童表演句中的含義。道具可就地取材或用代用品。敘述句的主角可以是風、樹、海等等，讓學童用擬人化的方式表現，興味十足，使教學情境生動活潑，可以提高學習興趣，啟發學童創意、語文表達力及與人合作的能力。（杜紫楓，1988：12-13）

語言的學習包括了聲音和文字，如果可以用角色的身分，與他人對話和溝通，便能在這過程中了解其中的意義。所以教師如果能在教學中將文章、詩詞或歌賦等作為題材應用戲劇的技巧作編輯，加入戲劇的表演或角色扮演等活動，將會使語文課程更有趣味與效果。（張曉華，1999：413-414）

根據文字形、音、義的特性及相關戲劇的特色，本研究在戲劇方面除了選擇舞臺劇來作為識字教學策略的建構，另外又選擇了相聲與雙簧劇。張湘君在《老馬相聲》一書中的推薦序中提到，相聲利用說學逗唱的方式可以大量呈現中國成語、諺語，將中文學習的產品做得這樣有趣。她提到學習中文的重要，而相聲是國語文說唱藝術中最容易學習的一種。聽相聲也是個加強中文程度的好辦法。孩子們可以透過聽來接觸雋永文辭，改善中文用字遣詞技巧等等。（馬景賢，2006：張湘君推薦序4-9）

> 相聲是一種具有喜劇的曲藝形式，是很早以前由民間的講故事、說笑話發展起來的。相是相貌，聲是聲音，所以相聲是相貌和聲音的表演，因此相聲要語言詼諧、幽默、風趣，表演的動作能引人發笑，所以相聲被稱為「笑的藝術」。（馬景賢，2009：2）

馬景賢還提到相聲的內容包括天文、地理、歷史、典故、戲劇、方言、民間故事。說相聲最重要的就是「說學逗唱」的技巧。說，要做到口齒伶俐，語言清晰，發語準確、洪亮，感情充沛；學，要做到學什麼像什麼，摹擬人物要維妙維肖，學方言土語要繪形繪聲；逗，要做到幽默、滑稽、風趣，挑起矛盾，引人發笑；唱，要做到優美不俗，聲並茂，字正腔圓。說相聲並不容易，不只是耍嘴皮子，主要表達的主題是思想，笑只是手段，不是目的。（馬景賢，2009：2-3）

相聲是一門以語文為主的幽默藝術，表現手法包括說、學、逗、唱，滑稽詼諧中蘊育著忠孝節義，寓教於樂，是中國精神文明凝聚

而成的藝術表徵。（王汝松，1997：葉佳雄序 4-5）相聲是學生學習
語言的基礎，初學相聲是先以五音教其吐字再以四聲正其聲調，後
用繞口令導之咬字，叼句，訓練唇齒喉舌的協調運用。（王汝松，
1997：12）利用相聲學習，除了認字的外形，可以正確的學習字音，
也是識字的方法之一。

　　相聲是以語言為主，屬喜劇性的說唱藝術。相聲的語言是由生
活中的語言加以修飾提煉來的。正確的使用語言是相聲的主要課
題，它不像戲劇可以有燈光、布景、道具等來襯托。相聲是以語言
描繪情境，交代情節，塑造人物，表達思想。因此語言的運用關係
著相聲演出的成敗。相聲是說的藝術，說話的技巧很重要，說得清
楚，發音標準，音調分明，聯詞變調弄懂，後字才能咬得準。相聲
練習除了練習咬字，也不能忽略語調的學習，語詞、口氣及高低音
等等，都會讓相聲表現得更好。（王汝松，1997：160-161）如果把
這些學習融入文字的學習，對於文字的學習相信也會有幫助。

　　「雙簧」在曲藝中規畫到相聲的範疇。雙簧前臉光表演不出
聲，只用面部表情及肢體動作，配合後身的語言操作，後身光說話
不表演。兩人合而為一，靈活的將笑料抖響。雙簧的演出是由兩位
演員擔任。一個表演「相」，一個表演「聲」，兩人聯合，又叫雙學
一人。前臉兒是撒頭賣相，根據後身的聲音，作口型及身段的搭配。
而後身兒是橫豎嗓音，出聲不露臉，兩人工作分配。（王汝松，1997：
54-55）最近，有很多相聲與語文的書，顯示人們開始重視傳統戲
曲，也明白了傳統戲曲與語文的關係。

　　舞臺劇、相聲與雙簧劇不論是形式、內容或是表演方式都很適
合用在教學上。對於識字教學更是一大突破與創新。根據第三章曾

介紹到漢字的特性、漢字學習的問題、漢字的結構等等，我們可以發現，漢字有很多相似的字，有些字可能只差一個筆劃或是左右組合不同就又變成了另一個字，漢字有很多同音的字，不同時候有不同的意思。另外，漢字從甲骨文開始，每一個字都有一個故事，這是不同於其他文字的。如果把這些特色運用在戲劇教學上，必能幫助學習者認知文字。可以利用戲劇來演文字的故事，利用戲劇感動人心的特色來讓學習者對文字有很深的情感，不但會幫助學習者識記文字，也讓學習者對文字有感覺，愛上文字；也可以將文字同部首、同偏旁的特色，利用戲劇效果來呈現，幫助區分二者的不同，增加識字。

依據第三章第一節及圖 3-1-1 識字教學策略圖，可以知道戲劇化教學的主要作用就是強化認知文字。關於認知文字，我們可以從認知文字的形、音、義三部分來看。

> 字形是漢字外部表現的書寫形式，是可以看到的；字音是漢字外部表現的口語形式，是可以聽到的；字義是漢字的內容和靈魂，雖然看不見、聽不到，卻是可以體會到的。所以，形和音是漢字的表現形式，義才是漢字核心和生命。漢字的形、音、義是相互依存的關係，如果失去了形和音，漢字就沒有了物質外殼，也就無法存在了；同理，如果抽掉了字義，漢字也就沒有了使用的價值。在識記漢字的時候，不僅要分別識記形、音、義三個因素本身，特別是字形的完整結構關係，同時頭腦中還要建立形、音、義三者之間密不可分的聯係整體。（王鐵昆主編，1994：182-183）

　　漢字最基本的構字單位是筆畫，漢字一字一形，數量很多，最基本的筆畫卻只有「丶（點）」、「一（橫）」、「丨（豎）」、「丿（撇）」、「乛（折）」五種。其他的筆畫都是這五種的變形。利用這五種筆畫的變形，也構成了我們所謂的偏旁、部件、部首等等。漢字是合體字，從字的組合方式，可以看到有上下、左右、上中下、左中右、全包圍、半包圍及品字形等。（王鐵昆主編，1994：183）

　　前面已經介紹了很多漢字的特性和獨特性。介紹了漢字的造字法則，以及許多專家學者提出的識字策略。在文字的形的部分，經由造字法則及相關的識字教學策略，可以分成幾個部分來看，包括部首、部件、字族文、形聲字和異體字等等。這部分在前面已經做了很多的介紹，在這裡就不再多談，僅就異體字的部分加以探討。

　　什麼是「異體字」？原則上是指形體不同，但是音與義完全相同的字，深入研究，則有不同的說法。異體字的定義如下：

表 4-1-1　異體字的定義

異體字定義	立論來源
異體字是指與正體字相對應的字	《現代漢語詞典》、臺灣教育部《異體字字典》網路版、《中國大百科全書》、曾榮汾等
異體字是書體不同的字，是指相對的今體字與古體字而言	蔣善國等
異體字是音義相同字形不同的字	周祖謨、胡裕樹、劉又辛、蔣善國、趙振鐸、曾榮汾、蘇培成等
異體字是音義完全相同，在任何情況下都可以互相替換的字	王力、郭錫良、王寧等
異體字是記錄語言中同一個詞，是功能相同而形體不同的字	李榮、劉又辛等

異體字可以分為音義完全相同和音義部分相同的兩種，稱音義部分相同的異體字為「部分異體字」	裘錫圭、李道明、劉志基等

（資料來源：盧國屏、黃立楷，2008：152）

　　有些異體字在生活中容易造成較多的困擾。尤其是在商標註冊權利、人的姓名和相關法律規範等。例如，先前有知名藝人就因為身分證上的姓氏和金融卡上的姓氏寫法不同，造成困擾。因為一邊寫的是「温」，一邊寫的是「溫」，雖然只是一個小小的筆劃的不同，但是卻有很大的影響。尤其是現在用網路檢索中文資訊時，因為異體字的不同，可能就會有不同的結果。對於世界各國學習中文，當然也會產生很多困擾。所以目前對於異體字，仍然必須好好的認識和了解。（盧國屏、黃立楷，2008：152-160）

> 漢字之所以出現這麼多異體字，原因是多種多樣的，其中最主要的還是來自漢字本身的性質和特點。漢字是表意文字，構字方法多種多樣，同一事物、同一意義可以從不同的角度，用不同的部件，按照不同的分合方式去表示；漢字不精確表音，使得人們在構字時不必受語音的限制，在示音部件的選擇上也有了很大的自由性，所選示音部件只要跟整字在讀音上近似就行，不必完全相同。漢字的這些特點，為異體字的產生提供了極大的可能性。再加上漢字使用的地域廣、時段長，每個地方、每個時代都可能根據自己的情況造出一些異體字來，經過長期的積累，異體字的數量自然十分龐大。（王寧、鄒曉麗主編，1999：118）

　　關於文字音的部分，可以分成聲母、韻母、聲調、同音字和破音字這幾個部分。認識文字，只認識文字的形不能算真的認識，還要包括文字的音和文字的義。字音的組合就是聲母、韻母和聲調，如果能讓學習者對於這三部分可以更認識，再加上中國文字一字一音節的特色，了解同音字與破音字的組合，認識更多的同音字和破音字，就能認識更多文字了。

　　　漢語音節的結構方式十分整齊，也很有規則。每個音節都有聲母和韻母，然後在整個音節上配以聲調。聲母、韻母、聲調是漢語音節的三個成素。

　　　音節開頭的輔音叫聲母。聲母要具備兩個條件：一是位於音首，二是輔音。（程祥徽、田小琳，2002：46）

　　　音節中除聲母以外的部分稱作韻母。根據韻母的三種結構方式，漢語語音學將韻母分作三類。單韻母：由一個元音構成。複韻母：由兩個或三個元音組成。鼻韻母：由元音（在前）與鼻輔音（在後）組成。（同上，52）

　　「聲」相當於西方的「輔音」，它是由於氣息從聲門發出之後，在口腔裡頭，受到某些部分的阻礙，是氣流受阻後的爆發或摩擦的作用，標注「聲」的符號，叫做「聲符」。（國立編譯館，1992：23）韻符是用來標注國音中「韻」的符號。「韻」可以說是一個字音中的母音，是有聲音的，它必須顫動聲帶，氣流到口腔裡，因為口腔的開合、寬窄、舌頭的升降等，引起共鳴而發出不同的聲音。（國立編譯館，1992：43-44）在我國的國語裡，每一個字音的構成，

除了「聲」和「韻」兩個要素之外，還有一個固定的高低長短的聲調，簡稱為「調」。國音裡的聲調，分陰、陽、上、去四種。（國立編譯館，1992：61）

音節的音高和音長不同，字的詞和義也不同。聲調是由音高構成，人類可以發出各種不同的音高和音長，這些都和聲調有關。（程祥徽、田小琳，2002：66-67）

談到文字的義，就必須談到中國文字的富含意義。文字可以分成本義、引伸義和假借義，還有字典義和脈絡義。介紹如下：

「本義」是指最初造字時經由形體和結構所呈現最開始的意義。一個字只有一個本義。其他的都是經由分衍和孳乳產生的。了解文字的本義很重要。我們可以更容易了解從本義延伸出來的意義。對於文字的書寫和運用，就不容易出錯。例如，「特」是由「牛」和「寺」組成。牛是指物。寺的本義是指王者宮室中有法度的前廷。其中法度是字義概念中心。「牛」和「寺」組合起來的本義就是指「有法度的牛」是可以當作祭祀禮儀中祭品的牛。是經過挑選的毛色純一的「犧」牛，也可以說是不同於一般雜毛色的牛，也就引伸出特別的意思。（盧國屏、黃立楷，2008：369）

「引伸義」是經由本義延伸，推衍和擴大的意義。引伸義和本義有關，例如「道路」的「道」，引伸出「道理」的「道」。引伸的類型有很多種，有具體引伸出抽象，例如，「首」（人頭），引伸「首要」；實義引伸出虛義，例如，「其」（簸米），引伸「其中」；專有名詞馬，引伸「龍馬精神」；還有擴大引伸；縮小引伸和詞性引伸等等。（盧國屏、黃立楷，2008：370-372）

　　「假借義」是指因為「依聲託事」而寄託、固定在漢字上的詞義，和字的本義或是詞的原義有間接的關係。例如，「而」的本義是指鬍鬚，鬍鬚和臉相連，所以語言中的連接詞便假借「而」字作為「而且」的義。（盧國屏、黃立楷，2008：372-373）

　　「字典義」在字典裡面所標示的義，字典裡的義項很多，包括了在古籍注釋中的義，可以作為辨析詞義、歸納義項的注釋，還有古代和現代意義和用法的不同。（趙振鐸，2003：120-133）

　　「脈絡義」是指在不同的文章脈絡中有不同的意義，有些還會隨著時間的流逝，不斷發展出新的意義。詞義的臨時變體，詞的修辭用法，詞的語法意義和功能，詞或字連同它的上下文一起產生的意義，都不能夠作為義項收列進辭書。（趙振鐸，2003：121）字典收錄各種字義，包括了古文的釋義、現代漢語的釋義、本義、引伸義、假借義和通假義等等。除了字典裡的意義，前面也提到，因為語法的不同，語境的不同，除了字典義，還會有脈絡義。在不同的字句裡，因著不同的情境和語法，產生了不同的脈絡義。（趙振鐸，2003：141-148）

　　字典義包含了本義、引伸義和假借義，本義、引伸義和假借義也存在於脈絡義中，彼此互有關聯，相互影響。

　　綜合以上所言，本研究認為戲劇化教學策略，可以強化認知文字，包括了文字的形、音、義三部分。關於識字戲劇化的教學作用，以下圖表示：

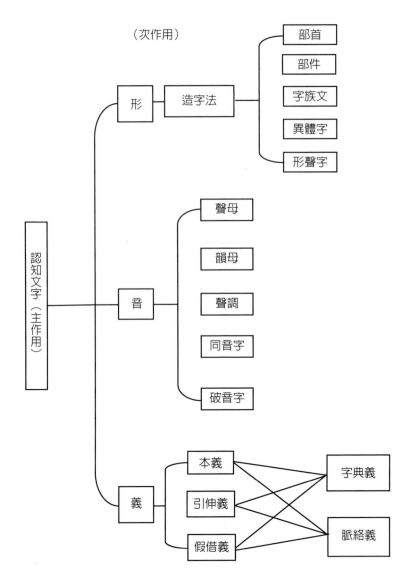

圖 4-1-1　戲劇識字教學化的作用圖

第二節　識字舞臺劇化教學

戲劇如何與識字教學作結合？這可以從幾個部分來談。

一、以文字本身來談

這部分可以分成文字本身的故事和文字的特性來談。

　　吳孟恬提到，利用字詞的故事，可以拉進小朋友和這些字詞之間的距離，讓你毫不奮力地記住這些字詞的意涵，豐富思想，精練語言，增加知識等。（吳孟恬編著，2004：9-10）表演文字的故事，使對文字有感覺，了解文字的演變，使對文字感動，了解文字的特性。我們看《文字的故事》中提到關於「望」這個字，是指有一個人站在高處，睜大了眼睛，怔怔看向遠方，也許是妻子正等著遠行的丈夫回來，也許是打獵的人正貪婪看著遠遠的麋鹿成群等等。（唐諾，2001：8）我們可以編一個劇，將故事的場景帶到遠古時代，沒有太多現代的東西，在那個時代裡，人們還沒有文字，借由圖畫來作為文字，這時就可以把象形的造字法則帶進故事裡來。甲骨文中很多象形的文字例如鳥、龜、魚、馬等字，其甲骨文的字形都跟物的形很接近，也很漂亮，在這裡也可以藉此讓小朋友認識甲骨文。也許是族人作為財產的登記，也許是族人作為祭祀的紀錄。

　　另外，也可以編一個故事：有幾個不愛讀書，不喜歡寫作業的小朋友，有一天在一間古老的房子的牆角中某一塊鬆動的磚頭裡，找到了一張類似用甲骨文製成的藏寶圖，幾個小孩子們開始到圖書館裡去找文字學方面的書，讀歷史的書，讀相關的書和資料。在這過程中，他們遇到了很多挫折，但是也因此認識了中國文化與中國文字。最後，他們成功的找到藏寶圖中的「寶藏」，人生有了另一種體悟等等。

　　我們可以利用遠古時代文字的故事來作戲劇的演出，可以藉此讓我們的孩子了解中國文化與文字的關係，也會對文字更有情感，不是只有被動的記住每一個字。透過戲劇，可以將戲劇的穿透人心的震憾力和強勁的感染力帶進文字裡。例如《文字列車》中有個故事是「第一隻野豬」，講的是遠古時代有個人叫阿忠，他已經十四歲了，學習了打獵的技能後，現在要自己一個人到山區裡獵取食物。黃昏時他帶回了一隻野豬，老祖父在洞壁上刻下「一」畫，表示阿忠已經獵到了第一隻獵物，又用記號「二」表示野豬肉埋在下面，「一」可以表示數量，也可以表示位置。（曾小英，1984：2-5）透過這樣的故事，孩子們可以想像遠古時代的生活，也對於文字產生的故事更有興趣，對於識字學習更有成效。陳正治在《有趣的中國文字》中也將中國文字的六種造字方法和文字的部首、引伸義等知識融入故事中，作為一個很好的學習素材。（陳正治，2002）如果把這樣的故事作為戲劇表演的內容，相信孩子們對於文字的學習一定是成效顯著。

　　關於文字的特性，在第三章第一節中已經談到很多，其他的章節裡也都有提到。在這裡，可以舉幾個部分來談，將它們與識字作

結合。當然，這些不是全部，教學者可以依據這樣的方式和原則，設計適合學習者學習的方式。我們簡單的分成幾個部分，包括：

（一）漢字的基本間架結構

漢字的基本間架結構主要有七種形式：

1. 上下結構，如吉、昌、思、雪、些等等。
2. 上中下結構，如莫、菖、葉等等。
3. 左右結構，如河、沖、和、知、休等等。
4. 左中右結構，如糊、樹、澎、倒、鴻等等。
5. 全包圍結構，如回、國、圍、圓等等。
6. 半包圍結構，如床、原、起、建等等。
7. 品字形結構，如森、晶、品、磊等等。（高文元，1991：52-53）

從以上文字的特性，可以編一個戲劇，有三個神奇的寶盒，三個神奇的箱子可以任意組合。只要在寶盒上寫上不同的部件，例如，寫上「雨」和「田」組合成上下結構時，會出現「雷」的字，這時天上會打雷；在寶盒上畫出「日」、「青」的部件，組合成左右結構時，會出現「晴」的字，這時天氣會變成晴天。有一群小妖精想要搶這三個神奇的寶盒，展開了一連串驚險的歷程。除了可以把這個變成一個舞臺劇之外，也可以把這個變成一個課堂上的戲劇小活動，仍然以劇情來展開，但是可以不斷的變化寶盒上的部件，讓學生可以認識不同間架結構的字，及認識更多的字。可以用大大的紙箱來做寶盒，讓效果更好。

（二）形聲字

　　從現代漢字的讀音來看，形聲字的聲符的表音功能主要有三種形式：

1. 聲符與形聲字的讀音相同，如台、抬、邰；太、汰、鈦；唐、糖、螗、醣、塘、搪等。

2. 聲符與形聲字的聲母和韻母相同而聲調不同，如廷、挺、鋌、艇、梃、霆、蜓、庭、筳、斑；搶、槍、蹌、嗆、鎗；青、鯖、蜻、清、情、晴、請等等。

3. 聲符與形聲字的聲、韻讀音不同，如台、答、治、冶、始、怡、鉛、貽、迨、殆；如喝、偈、葛、謁、竭、渴、羯、揭、褐、曷、猲、猲、喝、鶡、鞨；出、紬、拙、茁等。（高文元，1991：55-56）

　　可以事先分組，事先告訴每一組這次要演的聲符或形聲字是哪一個，請小朋友事先回家找好資料。只要教小朋友看字典的注音部分，加上小朋友先前已學過的一些字，他們就可以找出很多的字。再利用戲劇遊戲來進形分組比賽，高年級的小朋友可以教導他們練習做道具，並利用服裝與造型，不但可以增加小朋友的創造力，更會對形聲字有更深的認識。尤其會增加小朋友認識更多字，想要找出各種類型的字的興趣。如果能使這個活動變成風氣，小朋友彼此之間互相變成一種比賽，相信會激起小朋友主動學習的心，對於學習效果會更好，也會認識更多的形聲字。

　　可以利用上面的形聲字編一齣戲劇：有一位公主被惡魔抓到一座古老的城堡裡，要解救她的話必須經過城堡的三道關卡，第一道關卡必須找出聲符與形聲字的讀音相同的字；第二道關卡必須找出聲符與形聲字的聲母和韻母相同但聲調不同的字；第三道關卡必須找出聲符與形聲字的聲、韻讀音不同的字。完成這三道關卡的人就可以救出公主。可以讓各組事先找好資料，每一次請各組派出一個人進行 PK，找出最多字的人就可以過關，前進到下一個關卡，用過的字不能再重覆，最後看看哪一組可以順利救出公主。

　　也可以編一個戲劇是版圖擴大的故事：找一個聲符當國王，如果他能打敗另一個形符，他的版圖就會擴大，可以事先畫出一張地圖版圖，複製幾份，被打敗的話就可以在地圖上作記號，如此就可以明確的看出哪一位國王的版圖比較大。打敗對方的方式可以讓小朋友討論，每一次的方式也可以不一樣。例如，有時候是用猜拳的方式，有時候可以用擲骰子的方式，有時候可以用比賽看誰跳得比較遠的方式等等。請其他小朋友當形符，他們必須把形符用很明顯的方式展現出來，讓學習者可以加深印象。一樣可以事先告訴小朋友，請他們回去準備，每一個當形符的小朋友如果出場時，最好要介紹他可以跟聲符合在一起變成什麼字，並說說這個字的意思，或是用更有創意的方式來介紹這個字，也可以說說他有什麼厲害的地方等等。

　　依此類推，教學者可以利用形聲字的特性編出各種戲劇，讓小朋友來表演，對於高年級的小朋友，可以由他們來編戲劇，來一個劇本創作大賽，由全部的小朋友來當評審，獲勝的劇本就可用來作

為班上戲劇表演的劇本，或者頒一個最佳劇本獎。相信這種活動會增加小朋友識字的樂趣及強化認知文字。

（三）部首

認識國字要先從明瞭部首開始，因為認識部首是認字最基本的工具。（吳啟振，1993：1）部首是按字形所分的部類，因為放在一部的開頭，所以叫做部首。是漢字形體結構中重要的組成部分。一個字的形、音、義，一方面有賴部首獲得，另一方面也靠部首得到啟發。所以對部首的形義方位有深刻的體會和分辨，熟悉部首的變體、異體，多聯想和推想字義，對於一些較特殊的部首多花點時間強記，一定可以增加識字。（賴慶雄，1990：1-3）

部首如何與舞臺劇作結合？可以編排一部部首從甲骨文演變成現在楷書的戲劇；可以編排一部部首因為走錯不同的位置，變成了不同的字，造成了社會大亂的戲劇。例如，「阝」是我們常說的「左阜右邑」，可以編一個故事，「阝」因為跑錯邊了，所有的「都」字變成了「陼」字，造成了……等等；可以編一個利用部首的組合，造出更多的字，讓族人更團結的戲劇等。

又如，可以用一推車當道具，當作部首「辶」，每個小朋友當不同的偏旁，例如，「言」、「兆」、「軍」、「首」、「斤」等等，不同偏旁跳到部首「辶」的車子上後，就變成了另一個字。可以編一個故事，在一場正義與邪惡的戰爭裡，好人「言」、「兆」、「軍」、「首」、「斤」等不斷的被追殺，幸好有個正義之士就是部首「辶」來拯救大家，「言」、「兆」、「軍」、「首」、「斤」跳上的他的車子之後，就

變成了「這」、「逃」、「運」、「道」、「近」等，因此躲避了危險，完成了神聖的使命，拯救了地球。也可以編一個故事，有個小淘氣「且」，總是喜歡到外面去遊歷，讓爸爸媽媽都很擔心，他有很多部首好朋友，例如，「糸」、「禾」、「言」、「阝」、「馬」、「示」等，他遇到了「糸」，變成了「組」，他們一起組合了好多的玩具，將衣櫥裡的衣服分組等；他遇到了「禾」，變成了「租」，他們一起念《我有友情要出租》這本繪本（方素珍，2007），並且玩出租友情的遊戲等等，他遇到了不同的朋友，有了不同的組合，經歷了不同的故事，最後快樂的和爸爸媽媽回家吃晚飯了。如果是低年級，可以由老師主編故事，讓小朋友演出，故事內容可以可愛一點，加上動物和花草等，以適合低年級的小朋友；如果是高年級，可以讓小朋友自己來編故事及參與演出。給小朋友一些條件，讓孩子們可以自由的創作，孩子們創意無限，會有我們意想不到的成果。以此類推，我們可以發展出許許多多的故事，讓孩子們對於文字有更深更廣的認知。

（四）文字的詞性

我們也可以利用文字的詞性來進行戲劇化的識字教學。例如，可以用量詞、顏色詞、同義詞、數詞、顛倒詞等等。利用這些主題來編成舞臺劇，可以大量的認識詞彙和詞性。賴慶雄提到量詞是表示事物單位和行為單位的詞，可以分成表示人或事物單位的詞，如一棵樹、一雙鞋等，以及表示動作或行為單位的詞，如走一趟，看一眼，玩一回等等。（賴慶雄，1990：167-168）可以將這兩種量詞

當作二個村，這二個村長久以來一直不合，所以彼此不相往來。有一天，某一村的爸爸生病了，想要吃藥，但是沒有鄰村量詞的幫忙，就無法吃藥，經過了一些過程，兩村的人終於合好了。另外，也可以利用顛倒詞、形容詞、動詞、數詞、多義詞、反義詞等來編寫劇本，作為戲劇的演出。（賴慶雄，1990）

（五）字族識字

以部件為中心，加上偏旁發展出一串字群，我們稱為「字族」。字族現在成了識字教學的一個重要的方式，有些學者利用字族編成短文或是歌謠，利用有節奏的文字容易琅琅上口和記憶的特性來作識字教學。（羅秋昭，2006：2-3）

將文字中字族文的字編成有趣的故事來強化認知。例如，可以編成有個「兆」先生，有一天遇上了「扌」小姐，變成了……後來又遇到了「木」小姐，結果……也可以利用字族識字的歌謠來演戲，相信琅琅上口的歌謠加上有趣的故事，一定可以讓小朋友興趣盎然，印象深刻。例如羅秋昭在《字族識字活用寶典》中的「堯字歌」提到：

> 用火燒，用水澆。
>
> 太陽出來是拂曉。
>
> 小鳥尾巴翹得高。
>
> 用絲纏繞，用手阻撓。
>
> 物產充足才富饒。（羅秋昭，2006：146）

　　另外，文字如果能跟真實的物品或情景結合，就會更容易識記，所以識字時如果能加上表演，對於識字效果一定更好。利用文字的形來表演或者利用文字的音和義來表演，這可以當成一種戲劇的小遊戲。可以將希望學習者學習的字先教一遍，再利用比手劃腳的遊戲來加深印象，或者可以給每一個人一張紙，請小朋友上臺表演之後，讓其他小朋友將表演的答案寫在紙上，就可以練習書寫新教的那些字，也會透過比手劃腳的遊戲加深對詞語的印象。因為認識一個字不只是學習它的形，文字的音和義也很重要，所以比手劃腳的遊戲可以用字詞的形、字詞的音和字詞的意義來表演，事先可以先約定好。

二、以戲劇的元素來談

　　戲劇結構中的要素包括：

(一) **情節**（Plot）：情節是指戲劇動作進行的組合。按照故事發生的時間順序、事件之回憶或因果之關係所作的安排。有開始、中間和結束三部分。大部分會在事件中加入一些衝突、危機等等，讓事件變得錯綜複雜。

(二) **人物**（characters）：每一齣戲都會有人物，也許是動植物、物品、科幻人物或靈魂人物等，但都屬於擬人化的人物。透過人物的語言和動作可以表現劇中的各種事件。

(三) **主題**（Theme）：主題是指劇中的理念、觀點、整體的概
念與動作的意義。它不是直接說出來的，而是經人物間
各個意念的表達和衝突的結果。

(四) **對話**（Dialogue）：對話是劇中人物表達意見的媒介。可
用語音與肢體動作二種方式來進行。好的對話必須在語
態、語調與內容，十分切合劇中人的身分、特質與情況。

(五) **景觀**（Spectacle）：景觀是指視覺上所呈現的各種景物。
包括了布景、燈光、道具、劇裝、化裝；音樂、舞蹈等，
只要是能表現情境的，可以在戲劇創作上有所運用的都
是。道具是指演出中所需要的傢俱、裝飾物、用品及演
員手持的各種物品等。

(六) **衝突**（Conflict）：戲劇表現的是人的意志對某目標的追
求。當意志遇到阻礙時便產生衝突，衝突是戲劇的本質。
衝突使人產生如何解決與探究結果的樂趣。

(七) **幕**（Acts）、**場**（Scenes）**與情節段**（Episode）：幕可以將
戲劇分為幾個重要部分，一個幕可再以場來劃分為幾小
段以連接不同時空的序列事件。它的安排要使戲劇的進
行段落分明，動作統一，情節完整，節奏順暢。

(八) **序幕**（Proloque）**與收場**（Epiloque）：有些戲劇會在開始
前加上序幕或在結束後加段收場。一般多由敘述者向觀
眾說明或介紹相關內容。（張曉華，1999：57-63）

談戲劇，不能少了劇本，劇本告訴我們故事的內容及情節的開
展，因為要看劇本了解情節，所以就必須認識劇本裡面的字，不只
是認識字的形和音，還要了解字的「義」，因為你要了解故事情節

真正的內涵和隱藏的意義，才能真實的詮釋戲劇，表現出劇裡真正的精神。林玫君提到可以把簡單的故事與童詩用簡化的默劇活動表現出來。例如，用童詩來演戲，可以找一首適合演戲的童詩，就詩的內容讓小朋友來表演，表演的形式有很多種，可以用朗讀的方式，其他人扮演角色，配合詩的內容作動作，可以配上音樂效果更好；或者由表演者一邊演一邊朗誦，或者將詩的朗誦融入戲劇的劇情中。在這個過程中，詩被多次的朗誦，也就認得了這首詩上的字了，這也是一種識字學習。（林玫君編譯，1994：89-91）

　　戲劇屬於文學的一種，劇本裡的語言就是臺詞，而臺詞的寫法包羅萬象，可以非常白話，也可以是詩詞的寫法。很多劇本都是由文學名著改編而來的。例如《悲慘世界》改編自雨果的小說《孤星淚》。好的劇本不但具有優美的文辭，而且可以讓故事更有啟發和意義。例如京劇中都是押了韻的詩句，充滿了文字之美。（趙自強、徐琬瑩，2002：26-27）因為演出要背臺詞，所以就認識了劇本裡的對白，曾經聽過一些很小就開始演戲的知名演員談到，以前年紀太小，還不認識字，所以演戲的時候要看劇本、背臺詞很辛苦，常常要請人幫忙，遇到彼此競爭，沒有人幫忙的時候就很辛酸，所以劇本和劇本裡人物之間的對白很重要，也是識字的重要管道之一。我們也可以把要學習的字編成劇本或是融入對白裡，因為演員要記對白，要了解劇情的發展，要看劇本，就會從中學會很多字。

　　我們也可以利用主題式的方式來認字。例如，以各行各業為主題，可以認識各行各業的字，並延伸出相關的字。請每一個小朋友選擇一個行業，準備和各行業相關的表演，教學者可以準備大字

報，將各行業書寫於字報上，揭示於黑板上。抽中該行業的小朋友就要上臺表演，因為是以認字為主，所以表演的時間不用太長。也可以請小朋友上臺表演該行業，讓其他小朋友猜猜看是哪一個行業。或者請小朋友依據相關的行業準備各種語詞，寫成詞卡，上臺表演，讓其他小朋友找找看該詞語和哪一個行業有關。如此，不但認識了該行業，也認識了該行業相關的字。例如，以醫生這個行業，可以認識相關的詞語包括打針、聽疹器、醫院、吃藥等等。或者由小朋友即興表演，再將表演的詞語寫在黑板上，這也會強化認知文字。

《戲法學校（中級篇）》中單元七之一有個活動是「很幸運的，很不幸的」，活動的方式是每人只能說一句話，而且開頭一定是「很幸運的」或「很不幸的」……（趙自強、徐琬瑩，2002：126-127）有些類似我們常做的故事接龍。如果利用這個方法，我們也可以編一個戲劇，戲劇中每個人的臺詞都要先說一個什麼詞，或者要把一個什麼詞都用在臺詞中，或是用動詞、形容詞、名詞的限定來編戲劇，中高年級的小朋友可以自己編臺詞，孩子們的想像力無限，往往有我們意想不到的效果出現。

在戲劇中，語言表現常是比較弱的一環，有些小朋友在語言的表達上較不清晰，不容易把話說清楚，對於戲劇的效果會大打折扣。所以如何培養學生的語言表達力是很重要的，聲音和語言同樣也是識字學習中重要的一環，扮演重要的角色。在這裡我們可以舉例來談，如語言的節奏。語言的節奏可以從聲音的輕重、快慢、強弱來增加聲音的表現性。（陳麗桂、賴美鈴、林磐聳、張曉華主編，2007：48-49）還可以利用語言節奏的唸謠；利用朗讀的形式；利

用兒歌的演唱，透過不同的方式，增加對聲音的熟悉和敏銳，達到識字的效果。因此，我們可以利用音樂劇的方式來達到這個效果。像利用小朋友最喜歡的兒歌與唸謠來進行。例如陳淑文在〈基礎音樂戲劇教學與實務探討〉中的課程教學設計中就加入了很多的語言節奏，例如：

> 洗洗洗　刷刷刷
>
> 洗洗洗洗　刷刷刷
>
> 爸爸的襯衫（全體：爸爸的襯衫）
>
> 弟弟的 T shirts（全體：弟弟的 T shirts）
>
> 全部洗得乾乾淨淨（全體：乾乾淨淨）
>
> （陳麗桂、賴美鈴、林磐聳、張曉華主編，2007：56）

　　戲劇的呈現包括了舞臺、燈光、布景等。現在很多的舞臺劇都結合了多媒體，利用多媒體將文字投影出來呈現在舞臺上，所以利用這個方式融入劇情裡，相信對於識字，一定是印象深刻。我們也可以將文字的特色布置成背景，利用多媒體呈現甲骨文等和文字相關的東西，將文字的特色利用戲劇的方式來呈現，將文字的特色放進來，強化對文字的認識。要製作道具，可以將文字做成道具，做成背景，加深印象。例如，演文字的故事，背景可以設計成遠古時代的生活，將甲骨文繪於背景上，或者將相關文字的故事描繪成背景，加深印象。

　　基礎音樂戲劇是融合音樂、舞蹈和語言三個元素的戲劇，用歌曲敘述劇情，表達情境，以配樂來增強動作或舞蹈的效果，增加戲劇的功效。（陳麗桂、賴美鈴、林磐聳、張曉華主編，2007：44）

　　識字舞臺劇化教學，讓識字的學習更多元，讓識字的學習更生動，更有趣味，藉由戲劇中故事的推展，產生扣人心絃的感動和難以忘懷的記憶。藉由戲劇立體的表演和延伸，強化了文字的認知，讓識字學習達到最好的成效。

第三節　識字相聲與雙簧劇化教學

有人談到：

　　相聲是以「說」：細膩的說話、討論、說故事，為基本演出形式；通過「學」：對人性、人生的模擬；「唱」：表情、聲音、動作、態度的整體音樂性；形成「逗」：幽默的風格。（馮翊綱，2000：17）

　　所謂的「說學逗唱」不只是要嘴皮子，要表演受人歡迎，讓人聽了樂不可支，全要靠在表演時帶出來的笑料，也就是相聲裡的「包袱」。相聲的組成主要是「墊話」、「正話」、「收底」三部分。「墊話」就是開場白，目的是把主題拉到「正話」上，表達相聲的主要思想。相聲的結尾叫「收底」，而且要有畫龍點睛之妙，才能收到相聲笑的效果。相聲的墊話、正話、收底，從頭到尾用「包袱」串連起來，相聲演員在表演過程中，是從「繫包袱」、「解包袱」、到「丟包袱」。要達到相聲逗嗆、逗樂的效果，要看藏在「包袱」裡的笑

料，抖出來的「包袱」，是不是風趣、幽默。因此，相聲裡的「包袱」越多，笑料越多；相聲的長短也是看「包袱」的多少而定。

相聲利用「包袱」有很多寫法，可以用矛盾式、誇張式、岔說式、誤會式、解題式等。（馬景賢，2001：代序）

中國近代大文豪、思想家老舍，本名舒慶春，將相聲分為：

(一) 純粹逗哏的。

(二) 純粹技巧表演的。

(三) 諷刺的。

(四) 歌頌的。

(五) 化妝的。（引自馮翊綱，2000：29-30）

以表演人數分類：有「單口相聲」、「對口相聲」、「群口相聲」三種。以演員的分工分類來分：有「一頭沉」、「子母哏」兩種。對口相聲常見一個演員主講，稱為「逗哏的」（哏是笑話），也叫「使活兒的」，由一個人把十八般武藝全使出來，捧的人在旁邊撐腰助陣，一邊比較重的演法就是「一頭沉」。所謂的「子母哏」是指兩個人你一句，我一句，互不可分，多是對詩、對聯、俏皮話等。（馮翊綱，2000：29-33）

以結構基礎分類：可以分為「情節推演」、「主題雜談」、「即興後設」。整段相聲建立在一個故事上，就像是文學分類的「小說」就是情節推演類；以一個主題為主，製造笑料的是主題雜談類，就像是文學上的「散文」；至於即興後設則包括了將整個排演、討論過程作為演出的內容，將其中的出錯、批判、責怪與逗趣呈現在觀

眾面前，也內涵藝術批評的觀點。（馮翊綱，2000：29-33）把這三個結構基礎的方式教給孩子，孩子們對於如何來設計相聲就會比較容易。當他們對於設計相聲不會覺得困難時，他們就更可以接受它，也會更有興趣。因此，教會孩子們什麼是相聲，讓孩子們明白相聲的結構基礎，孩子們就可以自己製造出許多我們意想不到的相聲內容，利用這些內容來學識字，相信一定是事半功倍。不管是情節推演的「小說」，主題雜談的「散文」，或是即興後設的內容，相聲一定會是孩子很有興趣的活動。

> 雙簧：一人在桌前對嘴，比畫作狀，稱為「撒頭賣相」或「發頭賣相」；另一人躲在桌後，模擬各種說話、聲音，稱為「橫豎嗓音」。（馮翊綱，2000：43）

相聲與雙簧基本上同樣是屬於語言的說唱藝術，只是表演的形式略有不同。雙簧劇將聲音與動作分開來表演，增加了因為分開表演而產生的一些趣味。在這裡，將二者一併來談。

在各種戲劇裡，相聲與雙簧劇是屬於比較不需要很多人一起上場表演的戲劇，把它用在識字的教學上非常的適合。有些小朋友可以自己一個人上臺表演相聲，有些可以兩個人一組一起表演相聲或是雙簧；對於較害羞的，可以有另外一個人來帶他；或者教學者可以看學習者的情況來安排；也可以兩個同個性的人為一組，一同面對和激勵；當然也可以三個人為一組，或者多人為一組，有人負責相聲與雙簧的內容，有人負責上臺表演，各顯所長。又因為相聲與雙簧不需要多人一起排演，也省去了很多時間，只要小朋友學習了說相聲與雙簧表演，他們隨時都可以好好的運用。在教學時間的空

檔上，在很多時候的零碎時間中，很容易就可以來上一段，為識字教學添上一筆趣味。

　　本章第一節的部分，也談到了很多關於相聲與雙簧劇的特性及與語文的關係。相聲與雙簧非常適合語文的教學，它可以把你要表達的作為內容來展現；又融合了趣味，不會讓人有說教或是上課的感覺。還有把語文的東西融入相聲與雙簧劇裡，也不會讓人覺得牽強，不需要太多的道具和布景，很容易學習。例如《非常相聲》中〈學問〉這一篇講的就是文字學方面的事。在這個單元裡，直接將文字學的相關知識編進相聲的段子裡。例如，井水的井字兒，中間加上一點兒，這個字唸作「咚」，因為一個石頭子兒扔到井裡頭兒，發出「咚」一聲的水聲，這叫作形聲字。（馬景賢，2001：47-48）。透過相聲的方式來呈現，有聲調、有趣味、有逗趣，像是在看表演，但又同時吸收了知識。摘錄如下：

> 乙：就拿字的部首來說吧，加木字旁、草字頭、三點水，都要有原則。你看：松樹的「松」、杉木的「杉」、楊桃的「楊」，這都是樹，所以加木字旁。
>
> 甲：這我懂。
>
> 乙：你懂？那我用字頭、字旁部首來考考你。
>
> 甲：這簡單，你說「三木同旁『松杉楊』」，我就說「三木同旁『柱棟樑』」。
>
> 乙：欸！行啊，這「柱棟樑」也都是木字旁的。
>
> 甲：說吧，這難不倒我。

乙：耶！那這回兒呀，我說難一點兒的。第一句三個字部首的字頭要同部首，第二句要有三個字是同偏旁的部首的字。

甲：喔……那第三句、第四句？

乙：第三句和第四句嘛，要把前邊兒兩句解釋清楚。

甲：行，你說吧。

乙：行啊！我說這第一句是三個字，字首相同的：「三字同頭官宦家」。

甲：「官宦家」。這三個字的部首都是「宀」。

乙：對啦！這第二句是三個字同偏旁的。

甲：哪三個字？

乙：我說的是「三字同旁綾羅紗」。

　　……

乙：下邊兒要說清楚上邊兒兩句，是「要穿綾羅紗，除非官宦家。」

　　……

甲：這玩意兒太容易。（得意的）「三字同頭茉莉花，三字同旁姐妹媽」。

乙：對對對……後兩句？

甲：後兩句是這個：「不是姐妹媽，她就不戴茉莉花」。

　　……

（馬景賢，2001：46-59）

　　特別將這段相聲內容列舉出來，是想要告訴大家，即使是我們以為枯躁的文字學的內容，也可以變成有趣的相聲；同時也要告訴大家，相聲確實是可以跟識字教學作結合的，它的學習效果，將超乎我們的想像。孩子們因為要演出，就會把內容記熟，或者因為不斷的練習，就熟習了內容，也強化了識字的記憶；更何況如果相聲的內容是學生自己寫的，或者小組合作一起完成的，對他們來說更是記憶深刻呢！

　　對於低年級的小朋友，我們可以設計一個簡單的相聲段子讓小朋友模仿；或者相聲表演的內容由老師來編寫，由小朋友演出。對於中高年級的小朋友，我們就可以多設計一些跟文字有相關的內容，讓小朋友來編寫。小朋友在編寫的過程中，他就必須去找資料、翻字典。老師可以先將相關的參考資料告訴小朋友，引導小朋友如何去找資料，讓孩子們主動去學習，這才是學習的最終目的，才能達到最好的學習效果。另外，經由相聲的識字教學，我們也可以嘗試不同的識字教學方法。以前都是隨文識字法，以課文為主，教這課課文裡的生字，大部分的老師會讓小朋友寫這課的生字、圈詞、造詞和造句等，有些還會加上一些形似字和多音字的學習等等，但是經由相聲的識字教學策略，我們可以將識字學習的面向加深加廣，利用中國文字的特性，我們可以從不同的方向來作識字學習，而這個學習是有趣味的，是有挑戰的，會帶來學習成就的。綜合以上所言，我們會發現以前的相聲或是雙簧內容可能跟歷史文化或歷史故事有關，或是結合當時的社會現象，現在我們從馬景賢的兩本書《非常相聲》與《老馬相聲》和葉怡均與臺北市萬興國小 ART 創意教學團隊所著的《語文變聲 show》可以發現，相聲與雙簧絕

對是可以跟語文結合的，相聲與雙簧對於識字的教學，更是密不可分。在第三章第一節中，談到了很多文字的特性，與不同於拼音文字的地方，我們應該好好的利用這些文字的特性，配合相聲與雙簧的特性作為相聲識字教學策略。包括：

一、同音字

　　同音字也就是諧音字，是我們中國文字最奇妙的地方，也是最早就被發現的文字趣味。同音字產生了不少的趣味，在各種地方都可以見到，包括民俗：「歲歲（碎碎）平安」、「年年有餘（魚）」；語言：例如國語和臺語很像的音「吉普賽（一鋪屎）」；歇後語：「老頭子打呵欠──一望無牙（涯）」、「禿子打傘──無髮（法）無天」；對聯：「范司機吃雞絲飯──余牧師嘗虱目魚」；其他包括數字的諧音等，這些在相聲裡都是很好發揮的題材，也很適合作識字的學習。（愚庸笨，1995：9-55）因為相聲講究的是聲音，漢字裡有很多同音但是意思不同的字，可以作為相聲的內容，編成相聲，利用同音字造成的誤會，達到樂趣，更可以幫助記憶和區分不同的字，使人印象深刻。相聲裡有很多利用這樣的方式的。例如，《老馬相聲》中〈竹林七『嫌』〉。（馬景賢，2006：56-65）、例如《非常相聲》中〈二分之一〉。（馬景賢，2001：98-109）

二、同音不同調

　　跟聲音有關的還有聲調，從第三章第一節中可以發現漢字很特別的是「單音節，四聲表義」，同樣一個音可以有很多的字，因為聲調的不同，又可以變化出各種不同的字，利用這些特性，就可以衍生出許多不同的故事。

三、一字多音字

　　漢字雖然是一字一音節，但是並不是全部的字都只有一個讀音。漢字有很多破音字，或是所謂的一字多音字，不同的詞性有不同的讀音，例如「好」字作為形容詞時讀的是「ㄏㄠˇ」，如好朋友，作為動詞時讀的是「ㄏㄠˋ」，如「他好讀書」。作為姓氏、人名或地名的的讀音又不同，如「可（ㄎㄜˋ）汗」。在不同的情境或語境中的讀音也不同，有時候要根據上下文的意思來判斷要讀什麼音。如果能利用相聲和雙簧劇來作為一字多音的學習，學習效果一定加倍。例如，一字多音：《語文變聲 show》中的〈貽笑大方〉。（葉怡均、臺北市萬興國小 ART 創意教學團隊，2007：150-156）

四、短語、兒歌、順口溜、繞口令、歇後語

有個老頭本姓顧，

上街去買醋，

帶買布，

打了醋，

買了布，

抬頭忽見鷹叼兔。

放下我的布，

丟下我的醋，

去捉鷹叼兔。

回來不見我的醋和布，

飛了鷹，

走了兔，

少了布，

翻了醋。（敦善編著，1990：15-16）

到姑家

正月到姑家，姑家未種瓜；

二月到姑家，姑家正種瓜；

三月到姑家，姑家瓜發芽；

四月到姑家，姑家瓜開花；

　　五月到姑家，姑家花長瓜；

　　六月到姑家，姑家正吃瓜。（敦善編著，1990：25）

　　從上面兩段繞口令，我們可以發現中國文字迷人的地方，不但唸起來琅琅上口，內容也都詼諧有趣，很適合用在相聲的識字教學策略上，也很吸引小朋友；尤其中國文字源遠流長，前人留下了很多雋永的繞口令，其迷人的聲音變化，不但可以幫助識字的學習，也可以讓孩子們愛上自己的文化和文字。如果可以把學習繞口令變成一種風氣，孩子們可以去尋找更多的繞口令，有一個相聲繞口令的比賽，相信不但孩子們有興趣，對於識字學習成效也會加倍。

　　利用文字形似字的特性，可以編成短語、順口溜。例如，已、己、巳等。這裡介紹三套口訣：（一）堵巳不堵己，半堵是個已；己開口，已半口，巳不開口。（二）去掉田共不是戴，買棵樹苗拿去栽，要做衣服拿去裁，叫來車子把貨載。（三）有頭沒有尾，有尾沒有頭，有頭又有尾，沒頭又沒有尾，答案是由、甲、申、田。又例如有個書生叫成名，他有八子一女，為了怕子女們像自己一樣處世迂腐，他請人幫他的子女取名字，要求名不離姓氏之形，喊起來很有味兒。有個老先生按這樣的要求給他的子女取了名。分別是：「剜了心肝」的叫成戊；「空肚鈎」的叫成戌；「橫下心」的叫作戍；「橫腰劍」的叫成戎；「有點良心」的叫成戌；「雙十點」的叫成戒；「空心草包」的叫成茂；「背時哥（貝十戈）」的叫成賊；「舞衣女」的叫成威。（高文元，1991：60-61）也可以把一些形似字編成兒歌，幫助記憶和區分。例如，「四四方方一個口，一個十字在裡頭」，是田字；「大口裡面套小口」，是回字。「免兔好分辨，一點

好似眼，免字沒有眼，兔子才長眼。」這些兒歌都可以幫助孩子們
牢記字形、鞏固識字。（高文元，1991：77）例如，馬景賢在《非
常相聲》中也有提到數來寶和繞口令（馬景賢，2001：204-213、
132-143），非常適合學習。其他還包括諺語、歇後語、俏皮話等，
《非常相聲》中也提到「俏皮話」、打油詩，其中的〈祝壽記〉就
是以打油詩為內容。（同上，24-35、162-171）

五、字謎

漢字的特性是可以分成許多部件，可以拆成許多部分的。另
外，漢字有獨體字和合體字的分別。合體字可以拆成幾個字，不
同的獨體字可以合成一個字，這其中的變化，就可以編成許多的
字謎。（高文元，1991：76-77）除了這些變化，還可以利用漢字
音和義的特性來創造字謎，將字謎運用在相聲的識字教學中，相
信會引起孩子們的興趣，因為孩子們都很喜歡猜謎，猜謎帶給孩
子們成就感，再加上相聲裡的趣味，一定更是效果加倍。相關的
字謎包括：

> 一點一橫長，口字在中央，
> 大口張著嘴，小口裡面藏。
> （謎底：高）（高文元，1991：76）

> 怪物一口八個頭，雖然有水不能流。
> （謎底：井）（愚庸笨，1995：58）

六、標點符號

中國文字不同於西方文字，標點符號的位置不同，就成了不同的意思。這樣的變化和趣味，也很適合用在相聲和雙簧的教學裡，因為識字除了認識字的形，字的音，當然還包括了字的義。本章第一節提到，字的義包括了本義、假借義、引伸義，還有字典義和脈絡義，所以了解標點符號對字義的影響也是識字學習重要的一環，不容忽視。例如，我們最耳熟能詳的是：「下雨天留客　天留我不留」，「下雨天　留客天　留我不　留」；還有原本是警告的意思，「過路人等　不得在此小便」，竟變成相反的意思，「過路人　等不得在此小便」。（愚庸笨，1995：243-244）

七、成語

中國文字發展出許多有趣的地方，不管是字的形、音、義，或是生活中的許多事物和時事，還有中國文字長久流傳下來的許多寶貴東西，都很值得我們用在教學上。除了上面所提到的部分，還可以找到許多相關的東西可以用在相聲與雙簧的識字教學上；更可以利用許多的方法來引導孩子們對文字和相聲與雙簧產生興趣。像《戲法學校（中級篇）》中單元七之二的活動是「翻譯家」，有兩個人是外星人，其中一個人是翻譯家，翻譯家要把外星人的交談用國

語翻譯出來。（趙自強、徐琬瑩，2002：132-133）在這裡，我們也可以改成小朋友熟悉的動物的叫聲，另一個人假裝是翻譯家來作翻譯，或者利用一個作動作，另一個人來翻譯。《非常相聲》中有一段〈鳥言獸語〉裡也有類似的方式，利用聽得懂鳥的語言，而發展出許多有趣的故事。（馬景賢，2001：190-203）例如，《非常相聲》中的〈四字真言〉。（同上，80-87）《語文變聲 show》中的〈數一數二〉。（葉怡均、臺北市萬興國小 ART 創意教學團隊，2007：94-97）《老馬相聲》中的〈成語大餐〉。（馬景賢，2006：34-45）例如，以書為主題，在每一句話裡加上書名，先前在每一句話裡加上成語、顏色等等。（同上，56-65）

八、其他

中國字還有許多其他的特點可以作為相聲與雙簧劇運用在識字教學上的策略。例如，形似字的學習，《語文變聲 show》中的〈字的加減〉。（葉怡均、臺北市萬興國小 ART 創意教學團隊，2007：120-126）。對聯數字玄機：例如，《非常相聲》〈數字的玄機〉中的對聯──二三四五、六七八九、橫批南北，意思是少一少十，也就是少衣少食，橫批少東西，意思是無衣無食，缺東西；一二三四五六七、孝悌忠信禮義廉，意思是少八，也就是忘八，也就是王八，下聯少恥，也就是無恥，說人王八無恥。（馬景賢，2001：98-109）例如，反義詞、量詞的學習，包括《語文變聲 show》中的〈唱反調〉。（葉怡均、臺北市萬興國小 ART 創意教學團隊，2007：48-50、

68-71）我們還可以用比較的方式來學習，形、音、義的比較，很適合運用在識字教學上，不但容易分辨，更可以增加印象，強化識字學習效果。例如，《非常相聲》中的〈三多三少〉、〈洋狗與土狗〉的比較。（馬景賢，2001：88-97、56-65）

　　相聲與雙簧劇運用在識字教學上，對於現在的教學環境非常適合。以小朋友的學習心理學而言，以及對中國字的文字特性來說，更是一項很好的方法。如果我們能好好的運用，相信對於識字教學一定可以達到最大的成效。

第四節　　相關教學活動的設計

　　教學活動很重要，關係著學習者的教學成效。進行教學活動之前，我們應該先了解，我們是為誰教，因為不同的教學對象，有不同的學習方法。小朋友的識字學習和不同國家的人們對於第二語言的學習有所不同，從小失學的成年人的識字學習也都有不同。不同環境背景的人，不同年齡的人，不同民俗風情的人的學習也都有所不同。根據不同的對象，探討我們要教的主要是什麼，字音、字形、字義哪一部分是學習者迫切需要的，哪方面的字是學習者最常用到的。例如，嫁到臺灣來的新住民，對她們而言，她們可能需要知道如何到銀行和郵局去辦事，她們需要認識超市裡的食物名稱等等。對於不同的學習對象，我們要探討教什麼對他們才是最有用，最重要的。另外，決定了教什麼之後，我們還要研究要選用什麼樣的教

材，因為一份好的教材，會讓學習者興趣盎然，樂趣十足，對於學習成效事半功倍，所以教材的選擇是很重要的。綜合以上所言，「為誰」、「教什麼」、「選材」是從事教學活動時很重要的因素，探討了這些因素之後，再來決定要怎麼教。這些關係和概念，圖示如下：

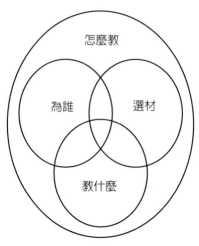

圖 4-4-1　華語文閱讀教學概念圖

（摘自周慶華，2011a：67）

　　識字戲劇化的教學策略主要是將文字與舞臺劇、相聲、雙簧結合，將中國文字形、音、義獨具的特色，利用戲劇的特性表現出來，使學習者強化認知文字。本教學活動設計就是針對這樣的特性來作規畫。

表 4-4-1　識字戲劇化教學活動設計

單元設計	戲劇與文字	教學對象	快樂國小二年 A 班
設計者	許彩虹	教學人數	27 人
教學時間	共二節（八十分鐘）	教學場地	二年 A 班教室
教材來源	教材：崔小萍《表演藝術與方法》、馬景賢《說相聲，學語文》、王汝松《嘿！大家來說相聲》		
教學資源	1.電腦。2.單槍。3.投影機。4.舞臺劇。5.相聲。6.雙簧劇。		
教學目標	1. 認識什麼是舞臺劇、相聲、雙簧。 2. 能欣賞戲劇的演出。 3. 認識文字的特性，並能與戲劇作結合。 4. 認識識字與舞臺劇、相聲和雙簧的向度。 5. 能利用文字的特性與戲劇作結合編寫劇本並演出。 6. 能欣賞表演並對文字的特性有更多的了解。		

能力指標	教學活動內容	時間	教學目標	評量方式
	一、準備活動 　(一) 教師 　　　準備《暗戀桃花源》、《並不太熟》〈八街市場〉的 DVD 以及網路上樊光耀、朱德剛在節目表演雙簧的影片。 　(二) 學生 　　　課前蒐集相關的題材。 二、發展活動			
4-1-1 能認識常用國字 700-800 字。	(一) 活動一：認識戲劇 　1.經由各組討論讓學生認識舞臺劇、相聲、雙簧並發表。 　教師提問： 　　　你們看過戲劇表演嗎？你們知道什麼是舞臺劇、相聲、雙簧嗎？請各組討論，並發表。	10	認識什麼是舞臺劇、相聲和雙簧。	能清楚說出什麼是舞臺劇、相聲、雙簧。

| | | S：舞臺劇是在臺上演戲，會拿
很多的道具在臺上表演。相
聲就是看了會一直笑一直
笑。雙簧劇我們沒看過。

S：舞臺劇就是演員在臺上演
戲，有時候還會唱歌和跳
舞。相聲表演的時候演員不
多，有時候會拿一把扇子。
雙簧就是在前面的那個人常
常會被打，後來他就生氣了。

S：舞臺劇就是演戲的時候會穿
很漂亮的衣服，臺上會有漂
亮的房子，像真的一樣。相
聲就是講的話都有押韻，聲
音聽起來都很好聽。雙簧就
是有兩個人在表演，後面的
那個人會躲起來。

S：舞臺劇就是演戲的時候會有
很多很亮的燈光，有些燈光
有很多顏色，有些燈光會跑
來跑去。相聲就是一直在講
話。雙簧就是很好笑的劇。

教師總結：小朋友說得都很棒，每一組
都有說到很重要的部分。有
些人可能沒有看過所以不清
楚，不過沒關係。就像大家
說的一樣，舞臺劇就是在舞
臺上演戲，搭配燈光、道具、
布景、音樂、舞蹈和服裝等。
相聲是以語言為主的幽默藝
術。最重要的就是說、學、
逗、唱的表現手法。主要表
達的是思想，笑只是手段， | | |

| 4-1-1 能認識常用國字700-800字。 | 不是目的。雙簧是由兩位演員擔任演出，一個光表演不出聲，只用面部表情及肢體動作，配合後身的語言操作，後身光說話不表演。

2.戲劇欣賞：讓學生看舞臺劇、相聲、雙簧的片段演出。教師播放《暗戀桃花源》、《並不太熟》〈八街市場〉、〈樊光耀、朱德剛在節目表演雙簧〉中的片段。看完後，請各組發表心得。

教師提問：
　　小朋友，看完影片後，你覺得哪一部片是舞臺劇、相聲和雙簧，並說一說你的心得。

S：《暗戀桃花源》是舞臺劇。因為有很多人一起演，服裝和道具都跟真的一樣。兩個劇在同一個地方排演互相干擾的地方很好笑。

S：〈八街市場〉是相聲。因為兩個人都有在說話。有時候會有唱歌，裡面有些話會有重覆，聲音很好聽，很有節奏。

S：最後一種是雙簧，因為只有一個人講話，另一個人作動作。前面那個受不了的時候，就會去找後面的那個人。後面那個人都故意讓前面那個人以為是要讚美他，一開始都很開心。

教師總結：小朋友都很認真的看影片，也說得很棒。舞臺劇的表演 | 10 | 能欣賞戲劇的演出。 | 能具體說出觀看戲劇的心得。 |

		形式是結合燈光、道具、服裝等。相聲和雙簧大部分是兩個人擔任演出。著重在語言的趣味。場上並沒有太多的道具和布景。演相聲和雙簧的口齒要清晰，說話音調要好聽，要有變化。			
4-1-1-1 能利用部首或簡單造字原理輔助識字。	(二) 活動二：戲劇與文字的結合 　1.分組討論識字如何與舞臺劇、相聲、雙簧作結合。 　教師提問： 　　小朋友，請討論識字如何與舞臺劇、相聲、雙簧作結合。 　S： 可以把不會寫的字編成戲劇演出來。 　S： 我們看過相聲裡有很多同音字，非常有趣，讓我們的印象非常深刻。 　S： 可以利用部件作道具來演戲，加深印象。 　S： 可以把容易混淆的字編成雙簧演出。 　教師總結： 每一組都想到了很好的辦法，真是太厲害了。我們在識字的過程中常常會有很多難寫的字、筆劃容易寫錯的字，還有容易混淆的字，用戲劇的方式來學習，可以幫助識字，加深印象。難寫的字可以和戲劇作結合，筆畫容易寫錯的字可以和相聲作結合，容易混淆的字可以和雙簧作結合。剛剛有小朋友	15	認識文字的特性，並能與戲劇作結合。	能明確說出識字如何與戲劇作結合。

| 4-1-1-1 能利用部首或簡單造字原理輔助識字。 | 提到可以把容易混淆的字編成雙簧演出，這真是一個絕佳的點子。

2. 分組討論識字與舞臺劇、相聲、雙簧作結合的向度並發表。
教師提問：
　　小朋友，請討論識字與舞臺劇、相聲、雙簧作結合的向度有哪些？並發表。
S：舞臺劇常常會加上很好聽的音樂或是歌曲。
S：舞臺劇都會講很多的臺詞，舞臺上的燈光很美麗。
S：相聲的動作和表情都很有趣，他們說話的樣子很好玩。
S：雙簧的兩個人一前一後很有趣，後面那個有時候會故意打前面那個。
教師總結：舞臺劇與識字結合的向度包括許多的媒體，因為舞臺劇有道具、布景、服裝和燈光，可以將難寫的字作成道具、布景，或是在服裝上呈現，編成戲劇演出。相聲的向度是口白和肢體動作。相聲與雙簧都有嘲弄與詼諧的趣味。 | 15 | 認識識字與舞臺劇、相聲和雙簧的向度。 | 能具體說出識字與舞臺劇、相聲和雙簧的向度。 |
| 4-1-5 能激發寫字的興趣。 | (三) 活動三：編劇本與演出
1. 分組討論編寫劇本，並演出。
教師提問：
　　小朋友，請各組從我們先前討論的內容與識字作結合，編寫出一個劇本並上臺演出。 | 20 | 能利用文字的特性與戲劇作結合編寫劇本 | 能合作學習編寫劇本和演出。 |

| | | **舞臺劇**
※人物：大野狼（○○○ 飾）、小美
　　　　（○○○ 飾）。
　場景：森林。
　劇情簡介：小美在森林裡迷路，
　　　　　　遇到一隻寂寞的大野
　　　　　　狼，大野狼說如果小
　　　　　　美不陪他玩就要吃了
　　　　　　小美，他們就一起玩
　　　　　　識字的遊戲。每個人
　　　　　　輪流說出一個字讓對
　　　　　　方寫，寫不出來的人
　　　　　　就輸了。（將字寫大
　　　　　　一些，讓臺下的人看
　　　　　　得清楚）

　小美：頭髮的髮。
　（大野狼寫「髮」）
　大野狼：野獸的獸。
　（小美寫「獸」）
　小美：懺悔的懺。
　（大野狼寫不出來，只好
　離開）

　　　　　相聲劇
※人物：甲（○○○ 飾）、乙（○○○ 飾）。
　場景：公園。

　甲：我昨天用積木拼了
　　　一個變形機器人。
　乙：你真是積木高手。可
　　　以借我看嗎？
　甲：但是被我媽媽折了。 | 並演出
。 | |

		乙：哇！你媽媽真是大力士。			

乙：哇！你媽媽真是大
　　力士。
甲：大力士？（疑惑的表
　　情）
乙：可以把積木折壞，當
　　然是大力士。
甲：不是啦！她是把拼
　　好的機器人弄壞了。
乙：拜託！那是「拆」。

雙簧劇
※人物：甲（000 飾）在後面說
　　　　話的人、乙（000 飾）
　　　　在前面演的人。
　　場景：醫院。

甲：今天的天氣真好。
　　（作伸懶腰狀）
甲：希望等一下的手術
　　可以順利完成。（作
　　祈禱狀）
甲：醫生說開刀前要「進
　　食」，所以我要多吃
　　一些食物，等一下才
　　有體力。（作吃東西
　　狀）（乙作驚訝的表
　　情）
甲：首先吃個麵包。（作
　　吃麵包狀）（乙作驚
　　訝的表情）
甲：再來吃個蘋果。（作
　　吃蘋果狀）（乙作驚
　　訝的表情）

		甲：然後再來喝個牛奶。（作喝牛奶狀）（乙作驚訝的表情） 甲：最後再吃…… 乙：你要害死我呀！開刀的時候要「禁食」，你還一直讓我吃東西。（乙站起來追打甲）			
4-1-1 能認識常用國字700-800字。	2. 檢討成效。 教師提問： 　小朋友，欣賞完各組精釆的演出，請說一說各組的表現如何？ S：舞臺劇那一組的大野狼表現得很好。 S：雙簧的那一組很好笑。「進食」和「禁食」是完全不一樣的意思，音卻一樣，真的很容易弄錯。 S：我現在知道有些字雖然只有差一個筆畫，但是字義完全不一樣，如果不仔細分辨，會鬧笑話。 教師總結：小朋友的演戲都非常精釆，可以將文字與戲劇作結合更是不簡單。看來，大家都明白文字的重要，以後可以認識更多相關的文字，把文字的特性弄清楚。	10	能欣賞表演並對文字的特性有更多的了解。	能具體說出欣賞表演的心得並知道文字的特性。

第五章　識字擴大閱讀範圍教學策略

第一節　識字擴大閱讀範圍教學的目的

　　語言的學習包括了聽、說、讀、寫，同樣的文字的學習也不能只有讀或是寫，應該是全方位的。前面提到中國文字和外國文字非常不同的地方，其中包括中國文字具有形、音、義的特色，而如何利用形、音、義的特色來作為識字教學策略，擴大閱讀範圍教學是其中很重要的關鍵。經由閱讀，可以讓學習者對文字更加熟練。

> 美國的醫學界曾經證實，如果為生下來超過六個月以上的孩子持續閱讀，孩子的頭腦就會變聰明。父母親為孩子閱讀每個單字，每個句子時，孩子就有數千個腦細胞會反應，如此一來，細胞間的連接構造會更加堅固，其間隔也會變得更加緊密，在增加新細胞的階段，就會自然增進言語認知能力。（李賢，2006：176-177）

　　專家學者們鼓勵人們讀書給孩子們聽，讀會吸引孩子們的故事書，唸孩子們會琅琅上口的童謠或兒歌，不管孩子們是不是聽得

懂，年紀有多小，經由大人陪著孩子們看繪本，讀給孩子們聽，孩子對於語言的學習效果非常好。當孩子們具有一定的基礎後，他們就會從「聽」的形式轉向「看」的形式，他們會想要學識字，想要自己看書、閱讀。經由閱讀，他們可以將字音、字形和字義結合起來，並自然而然的經由閱讀掌握基本的語法。心理學家發現「聽」是孩子語言學習發展關鍵的第一步，小小的嬰兒就能辨識聲音的差別和音調的不同。「聽」讓他們對語言更具有語感；透過「聽」，孩子們對音韻、聲調、情感和句法可以有直覺的掌握。將語言視為生活交流的一部分，孩子們透過豐富的語調和優美的音韻，對語言產生更大的興趣，樂於模仿和學習。經由閱讀，孩子們「一邊讀，一邊聽，一邊看」，讓孩子們對於識字學習有了更優的成效。（吳忠魁、曉潔、小陶編著，2000：44-52）

就閱讀的教學策略而言，朗讀是閱讀常用的方式之一，指的是將書面語言有聲化，將無聲的文字變成有聲的語言。朗讀對於閱讀理解有幫助，可以增加傳入大腦皮層的刺激渠道，讓人更了解語詞的含義和精神。朗讀可以提高語言的表現力，朗讀的聲調會幫助記憶和情感，朗讀要求咬字清晰，發音正確。透過朗讀，可以熟悉字、詞、句和段落等等。（王開寧、趙琴編著，1997：77-79）這些都對識字有很大的幫助；尤其對於初學識字的小朋友來說，如果有人為他們朗讀，或者教他們朗讀，他們的學習效果一定加倍。經由朗讀時的語音和聲調，也可以對這個字或詞的語義更明白。因此，朗讀成了閱讀識字教學不可缺少的部分；尤其是對識字量不多，正在大量學識字的低年級而言。

　　朗讀所收到的效果，比只用眼睛閱讀的效果多出一倍。朗讀的聲音可以增加記憶。一個字一個字清楚的唸出你所讀的資料，是學習的重要方法。有些學習者是屬於聽覺型的，所以讀出聲音，經由聲音學習是很重要的。(柯林‧羅斯〔Colin Rose〕、麥爾孔‧尼可〔Malcolm J. Nicholl〕，1999：156)

　　在朗讀過程中，發音練習也很重要，透過發音可以讓我們從字音的部分更加認識這個字。此外，識字和閱讀必須並重，才能相得益彰。閱讀會讓我們知道更多的背景知識，藉由背景知識會讓我們對於自己所看到、聽到和讀到的東西更理解。因此，常常聽大人唸書的孩子具有豐富的聲音、文句和經驗，所以當他們自己接觸書時，自然駕輕就熟。經由閱讀，增加背景知識；經由閱讀，增加字彙，讀起書來，更容易理解。讀得越多，字彙成長越多。可見「閱讀」是識字過程中一個重要的策略，因為「閱讀」是引起孩子們學習識字的重要關鍵，「閱讀」吸引孩子們學習識字，經由閱讀孩子們不知不覺學會了識字。(吉姆‧崔利斯〔Jim Trelease〕，2002：28-31)

　　透過閱讀也能豐富語彙。吉姆‧崔利斯提到，我們平常交流或交談大多平淡簡單，只使用了基本字彙的五千個字。另外，還有較少使用的五千字。其他的就是所謂的「生僻字」。語文的程度，取決了對「生僻字」了解多少。大人對三歲孩子說話時，每一千個字只用了九個生僻字，但是在兒童書的生僻字是三倍之多，報紙的生僻字達七倍以上。吉姆‧崔利斯在書中分析到，口語傳播、包含電視字彙，明顯不如印刷品，閱讀的重要可見一斑。(吉姆‧崔利斯，2002：35-36)

綜合來說，大量閱讀對孩子的識字及理解是非常重要的，孩子們經由猜測、分析、判斷的過程來認識字。經過多次的比對、分析和判斷，他們對文字更熟悉，更敏感，也更能掌握。累積了識字能力，也會縮短識字時間。（林世仁，2006：75）

> 如何製造大量的認讀機會？就是要大量多樣的閱讀，讓孩子有機會大量認字。從文章裡認字，不單單可以認識字形與字音，還可以認識字詞運用的不同意義與用法；大量閱讀的過程，可以讓孩子發現，這個字在這個脈絡裡是這個意思，在那個脈絡裡是那個意思，幫助孩子不會陷入一字一義、一詞一義的侷限裡。（臺灣省國民學校教師研習會，1997：8-9）

> 一個人懂的字彙越多，讀起書來就能更加勝任愉快而且容易舉一反三，這是顯而易見、不可否認的事實。當你不確定某個字詞是什麼意思時，便會開始試著從其他內文去猜測，因而降低閱讀速度，而且還可能猜錯。人人都曾因為想先接著讀下去而暫且瞎猜一番。我就常做這種事，但猜測字義的命中率常低於想像。此外，一旦你學會某個字詞，就開始常看到這個字，甚至在短時間內持續出現，那就表示其實這個字你一直以來都下意識忽略。（史帝夫‧李文〔Steve Leveen〕，2006：91-92）

> 語文學習就是讓孩子有大量讀寫的經驗，從閱讀中學認字，從寫作中學用字，孩子才能放膽的認字、畫字、識字、寫字，

以螺旋式的逐漸累積攀升，最後才能讀會寫，真正學到精確
的用字。（臺灣省國民學校教師研習會，1997：10）

推廣這些策略的立足點，便是大量的閱讀和大量的寫作。大
量閱讀碰到同樣字機會就多，也增多機會認識到字有不同的
用法（意義最小單位是詞而不是字，字的使用變化大，詞的
用法在不同文章中也不盡相同）。大量寫作在於鼓勵孩子從
小寫話，寫出他心裡的想法，寫錯也沒有關係。教他們學會
字，不是考他們，而是要讓他們學會如何運用文字來表達思
想。（同上，18）

　　雖然有些家長以為不需要閱讀，只要教孩子識字就可以了，但
是卻發現光教孩子識字而不重視閱讀，孩子很快就忘記了生字，或
者對於文字無法靈活運用。在閱讀中，孩子的大腦對文字信息進行
感知、判斷、推理、分析、綜合、比較、想像等等處理。（吳忠魁、
曉潔、小陶編著，2000：112-113）

　　透過閱讀，孩子們豐富了他們的想像力和聯想力。把某件事情
和我們已經知道的東西連結起來，對我們更有意義，也會更容易記
憶。（柯林‧羅斯、麥爾孔‧尼可，1999：206）

　　想像力「無遠弗屆、無所不能」。透過想像力，我們可以把無
形的東西變成有形，把虛無的東西變成具體；透過想像力，我們可
以把平淡化為神奇，只要我們「勇敢的去想像，具有決心，相信自
己可以做得到」。世界級的五項全能運動選手瑪麗蓮‧金恩（原名
未詳）躺在病床上，奧林匹克運動會即將來臨，但是她因為受傷而
無法練習。她在病床上利用想像來代替肉體的練習，她在腦中一再

重複動作，想像自己正在田徑場上受訓。結果等她真的回到田徑場時，教練發現她的體能達到巔峰狀態。金恩把她的想像力發揮到極致，以致她的身體真的變強健了。（柯林・羅斯、麥爾孔・尼可，1999：108）閱讀正是可以帶領我們進入想像世界的途徑，而想像力可以增加我們的記憶。

　　除此之外，學習歷程中，真實的東西比抽象的東西容易記憶，人們比較容易記住圖畫的東西，而對於文字較不容易記憶。視覺記憶有很強大的效力，因此視覺的學習非常重要。至於文字的學習如果能搭配上圖畫或影像，相信對於學習會很有幫助。（柯林・羅斯、麥爾孔・尼可，1999：203）因此，我們也可以利用現在的科技媒體來幫助孩子們識字，諸如電腦、電視、音響、影音光碟、互動遊戲機等，除了可藉由孩子對聲光效果刺激的高度興趣，增加孩子的學習動機，也可以利用媒體特效將更多抽象的物件轉成有形的圖像來作為識字教學媒材，使識字學習更容易記憶。倘若再搭配想像力的運用，就可以更有助於孩子學習識字。下面的兩項研究更加證實了朗讀、故事與想像力的學習成效。

　　　第一項研究中，研究員要求三組學生，每人背誦十個生字，第一組學生只閱讀生字，第二組學生將生字分門別類，第三組學生則利用這些生字來造句。結果如何？第三組學生所記憶的學生是第一組的二・五倍。

　　　第二項研究中：研究人員要求學生學習一些成對但不相關的字，例如 dove（鴿子）和 car（汽車）。第一組學生只是默讀這些字，第二組學生則大聲朗讀含有這些單字的句

子，第三組學生則自行造句，並大聲朗讀，第四組學生則在心中形成鮮明的畫面，用以描述這些成對生字的互動性，例如：那隻鴿子差點被一部急馳而過的汽車壓到。結果顯示，後面一組比前一組的記憶效果更好，而最後一組的成績是第一組成績的三倍。（柯林‧羅斯、麥爾孔‧尼可，1999：204-205）

透過閱讀，孩子們豐富了他們的情感。吉爾‧奈馬克（Jill Neimark）曾經說過：「記憶一旦與帶有強烈情感的訊息相結合，就可以烙印在人腦上。」科學家的研究指出，當人情緒波動時，就會興起「迎戰或逃避」的反應，腦細胞中會產生兩種強烈緊張的賀爾蒙──「腎上腺素」和「正腎上腺素」。加州大學爾灣分校的教授詹姆斯‧麥高（James McGauh）也表示情緒波動所釋放的賀爾蒙會調節儲存記憶的強度。他們做了一個情感、記憶力和學習能力關係的實驗。實驗的方式是：有兩組大學生各服用一種會抑制腎上腺素和正腎上腺素的藥物，然後讓他們看十二張幻燈片，這些照片描述一個男孩跟著媽媽穿越馬路，或到醫院探望一個人。其中一組被告知平凡的故事：男孩和媽媽到醫院探望當外科醫師的父親。另外一組則被告知一個非常戲劇性的悲劇：那位男孩被車子撞到，而外科醫生則試圖將孩子被撞斷的雙腿重新接上。兩週以後再來測驗這些學生的記憶，結果聽到戲劇性故事的那組學生對照片內容的記憶遠比另外一組為佳。奧勒岡大學的教育學教授羅伯‧席維斯特（原名未詳）強調情感在教學中的價值，他認為情感在教學中可以加強注意力，而注意力可以增進學習和記憶。我們不曾真正了解情感，我們總是忽略情感的學習，有些人以為感情用事是不守規矩，或它

是屬於體育、藝術、度假和課外活動的範圍，這些我們常常很輕易的就忽略了。（柯林・羅斯、麥爾孔・尼可，1999：76-79）

　　因此，如果我們可以從廣泛的閱讀中來學習。利用廣泛閱讀各種文本，包括文學性的、邏輯性的、懸疑、刺激、感動等等的閱讀素材來學習識字，不但豐富情感，也會增強識字學習的記憶和成效。透過情感學習的記憶不是短暫的，而是長期的記憶。

　　李家同在《大量閱讀的重要性》這本書中提到，他曾經送一本福爾摩斯偵探小說給小朋友，但是小朋友卻表示看不懂，他看不懂書中敘述人稱的不一樣，不了解作者、主角和敘述人稱的不同。不明白書中對話的對象是誰，不知道書中的「他」指的又是誰。（李家同，2010：22-25）可見我們不能只是單純的認字，認字的過程不能脫離閱讀，而閱讀和認字都是我們要教給小朋友的，而不是以為他們應該懂，這些不用教。有個朋友說，她的班上有個孩子認了很多字，才小學二年級，很多老師還沒有教的字，筆劃很難的字，不常看到的字他都會寫，識字量非常大，但是他卻常常寫別字。例如，心裡很難受的受，寫成了祝壽的壽。有些孩子，他可以把一篇文章唸給你聽，因為上面的字他都認識，但是你問他這篇文章在說什麼，他卻沒有辦法說明白。因此，我們知道，識字不能離開閱讀；閱讀是識字最好的途徑之一。

　　在第二章第二節的識字教學的策略中，舉了很多識字教學的相關研究，及介紹了很多的識字教學策略。根據前人的研究，證實了這些教學策略具有成效，可以達到識字效果。歸納這些教學方法，包括了部件識字教學法、字源教學法、字根教學法、基本字帶字教學法、字族文識字教學法、中文一般字彙知識教學法、部首識字教

學法、注音識字教學法等等。其中也談到王瓊珠認為目前的識字教學研究都有不錯的成效，但是遷移效果和效率都不夠，她表示他們做的都只是識字和寫字方面，但是放在閱讀上的成效如何就無法得知。由此可知，識字與閱讀是不可分割的，二者相輔相成。孩子們廣泛的閱讀報紙雜誌、課外讀物，以及閱讀視聽媒體，可以增加識字量，包括偏旁識字量、部首識字量、注音識字量、字理識字量、字根識字量等等。以下圖表示：

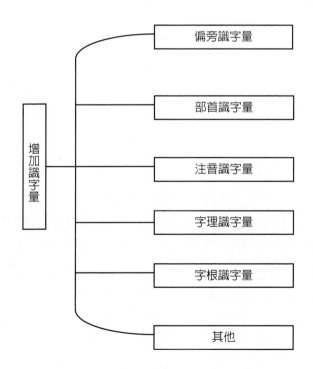

圖 5-1-1　擴大閱讀範圍教學目的圖

第二節　識字透過閱讀報紙雜誌教學

　　報紙是提供消息、資訊的來源，幫助我們理解國際、社會、縣市、產業、文化、藝術的大小事，甚至可以從某些事件中，判斷社會未來的發展趨勢和走向，對於求學、就業、工作、休閒、生活、旅遊，都有相當程度的幫助。（王樵一，2008：162）

　　雜誌的優點是讀起來輕鬆，文章沒有專書難，但是又比報紙的報導有深度，對於某些新興現象的介紹與掌握，是非常好用的切入媒介。再加上有許多可看性高的專欄等因素，對於吸收資訊來說，閱讀雜誌助益頗大。（同上，84）

　　雜誌的出版速度快，掌握流行趨勢。話題新鮮專業，時效性與敏銳度足夠。雜誌的分類完整，有時事新聞、財經企管、語言學習、流行時尚、娛樂、資訊、文學、運動、兒童等等，種類繁多。（王樵一，2008：142-144）馬驥伸也提到，雜誌的種類很多，包括：營養、育嬰、園藝、烹飪、服裝、工藝、旅行、戶外運動、歷史、地理、藝術、文化等等。（馬驥伸，1984：11-12）不同種類的雜誌，就有不同種類的詞彙可以學習。雜誌的文章較短，很適合孩子們閱讀，有一些精采的連載小說或是漫畫，更是讓孩子們很期待。同一份雜誌又有不同類型的文章，甚至綜合型的雜誌裡包括了不同領域的文章。雜誌不同於一般的課外讀物，雜誌可以分成月刊、季刊、週刊等等。孩子們會期待每一期雜誌出刊的日子。

　　除了這些雜誌，目前更發行了很多適合孩子們閱讀的雜誌，這些雜誌是專門為孩子們編排的，內容活潑有趣，圖文並茂，並且依照年齡的不同，有程度不同的雜誌。有些雜誌則是專門為幼兒或是低年級的孩子們設計的，內容程度的深淺與編排的型式都有所不同。還有不同類型的雜誌，有自然與科學類的，有文學的等等。《新小牛頓雜誌》、《少年牛頓雜誌》、《小太陽幼兒雜誌》、《巧虎》、《國語週刊》等是專門為孩子們編排，適合孩子們的雜誌。可惜的是，目前專門為孩子編輯的雜誌好像有越來越少的趨勢。

　　報紙與時事結合，掌握最新消息，並對各種時事與人物發表評論。報紙有許多版面，有新聞版、社會版、娛樂版、廣告版、綜合版、影劇版、運動版、財經版、藝文版等等。

　　報紙以新聞報導和新聞評論為主要內容，提供快速的最新消息和分析，才能充份表現其特色。報紙有篇幅限制，雜誌沒有。雜誌可以就其設定的目標和主題，自由選擇，內容可以千變萬化，具有寬廣範圍，可以專業、可以綜合。（馬驥伸，1984：6-8）現在的教育，強調與生活結合，希望孩子們不是只有死背教科書，對於時事與生活也都能有所關心，因為教育離不開生活，而生活就是教育。從生活中學習識字，更是重要的關鍵。報紙和雜誌則是與我們的生活最息息相關的讀物，很適合孩子們閱讀。閱讀報章雜誌的識字教學策略，可分為以下幾種。

一、短篇文章閱讀

　　研究顯示一般人容易記住開頭和結尾的東西，所以對於學習我們可以有適當的休息，讓學習課程有很多的開頭和結尾。（柯林・羅斯、麥爾孔・尼可，1999：199-201）因為大多數人的注意力並無法持續太久，尤其是對小孩子而言更是如此。所以對於識字學習，我們可以每天花小部分的時間，也許五分鐘，也許十分鐘，孩子們的記憶會更好。報紙雜誌的文章並不長，很適合注意力無法持續太久的小孩子們學習，尤其報紙雜誌上的文章跟現在的潮流和社會較有相關，也會更容易吸引孩子。

　　孩子們的詞彙量不足就不能完全消化書的內容，孩子對對閱讀就沒有興趣。豐富的詞彙量可以增加想像力、批判力、推理與解決問題的能力。書中提到，只是概略的閱讀或是粗略的大量閱讀是無法熟悉詞彙的，略讀無法讓孩子們熟悉更多或是更高級的詞彙。（南美英，2008：29-31）在教學現場因為還有學校教科書的進度，如果老師可以讓孩子們每天或者每週進行一篇報章雜誌的文章閱讀，可以選擇孩子們有興趣的主題或專欄，持續的進行閱讀，因為文章並不長，老師可以有較多的時間帶領孩子們作深入的閱讀，反覆的閱讀，讓孩子們可以完全的熟練文章中的詞彙等等，學習效果會更顯著。

二、主題式的閱讀

　　有些書籍對孩子們來說有些冗長，或是文字太多，內容太深奧，讓他們提不起興趣來閱讀。有些孩子喜歡看雜誌，因為大部分的雜誌每一篇的篇幅都不長，很適合他們閱讀；尤其是有些雜誌的內容既新穎又有趣，非常吸引他們。雜誌裡有他們最感興趣的主題，甚至雜誌裡的廣告版還有介紹最新流行的玩具、最新開發的電腦遊戲和軟體，或是最新潮的文具等等，這些都吸引著他們。他們喜歡到便利商店買最新出版的雜誌，因為那代表著流行和跟得上時代。他們會期待每一期雜誌的出刊，享受收到訂閱雜誌的喜悅。閱讀雜誌對他們來說比較沒有壓力，因為雜誌通常由很多篇文章合編而成；有些綜合型的雜誌裡，還有不同的主題，並且穿插許多有趣的內容，對孩子們來說，不懂的文章、不感興趣的文章可以先跳過不看。就好像我們看報紙一樣，我們常常會挑選我們喜歡看的版面來看，不一定會每一個版面都看。每個人也都會先看自己喜歡的版面。

　　學習成就較高的孩子，也許可以一口氣就讀完一整本雜誌，但是對於學習成就較低的孩子實在有些困難。雜誌的特點是雜誌的主題較明確，科學的、天文的、地理的、文學的、藝術的……如果是中低年級的孩子，可以由老師或全班票選一個主題，利用這個主題閱讀。如果是中高年級的孩子，可以讓每個人選擇自己喜歡的主題。首先，由老師或讓孩子們讀一遍，讓孩子們找出不懂的詞彙，

由會的小朋友或老師解釋，也可以請小朋友查字典或上網查。帶領孩子們對這些新認識的詞彙作一番整理，久而久之就會認識很多詞彙。當孩子們對於這個主題產生了興趣，他們也許也會讀一讀其他的主題，或找更多相關的書籍來閱讀。讀完後也可以讓小朋友作報告：可以是口頭報告或是書面報告；可以個人或整組口頭報告。因為報告可以幫助他們弄懂文章的意思，學會更多的字；而當他們真正的了解後，他們就能報告的更好。由於雜誌的主題通常較顯明，孩子們要找比較容易，也較有成就感。

三、掌握關鍵字詞閱讀

有些人看完電影後，可以清楚的說出電影的內容；有些人長篇大論，聽的人卻一頭霧水，其中的關鍵就在於有沒有掌握關鍵字。抓住關鍵字可以正確閱讀，閱讀理解能力較好，對於長篇文章也能有效閱讀。（南美英，2008：166）

有些孩子們在閱讀的時候找不到關鍵字，就會不懂整篇文章的意義；尤其是雜誌的文章與時代接軌，常常有較新穎的詞彙出現。因此，老師要幫助孩子們先了解這些詞彙的意思，再幫助孩子們學習新詞彙，讓孩子們的詞彙量擴大。可以請孩子們說一說這篇文章的關鍵詞是什麼，有什麼想法，大家一起討論。將這些關鍵詞寫在黑板上，讓他們作聯想，引導孩子深入認識這些詞，並作廣泛的學習。持續的閱讀，孩子們不但認識更多的詞彙，對於閱讀理解力也會增加。

四、猜測閱讀

　　雜誌的內容新穎又有趣，常常有很精采的圖片和豐富的內容。雜誌和一般的課外讀物不太一樣的地方是雜誌常常會結合時事，配合時令與時節作相關的報導和介紹。不但增加知識，又滿足好奇心，更富有樂趣。以 1996 年 4 月 1 日發行的《小牛頓兒童科學園地》，內容就包括了兒童節特輯、海外特別報導、自然欣賞、小百科、科學漫畫等等，內容五花八門，相當吸引人。因為是特別為兒童設計的，所以裡面附上了各種照片和活動剪影，以及有製作各種童玩的流程圖和實物拍攝。此外，還有海外的照片、動物的照片、風景照片，以及小朋友的投稿文章和設計圖，真的相當豐富。（高源清發行、吳惠潔總編輯，1996）

　　識字的策略包括了預測和確認，在閱讀的過程中，我們常會利用上下文或是字形、圖畫來預測作者的意思。讓小朋友常常玩這種遊戲，鼓勵他們大膽、有信心的預測。而對於他們猜測的對錯不要太重視而頻頻糾正，然後教導他們確認正確的答案。（吳敏而，1998：29-30）小朋友都很喜歡玩猜測的遊戲，在猜測與答對的過程中，他們享受到了充分的樂趣。

　　在這麼多樣的雜誌裡，可能有很多不熟悉或是不認識的字或詞彙，這時老師可以引導孩子們猜測的技巧。

　　　　對於不認識的詞彙不要放棄，如果不懂的詞彙不是很多，它
　　　　們反而會成為閱讀的催化劑，增加閱讀的樂趣。雖然沒有生

詞的書讀起來很容易，但是並沒有樂趣。閱讀的樂趣來自於「語言推測遊戲」。如果 100%理解書中單詞就不會引起這樣的語言推測，閱讀也就變得索然無味。所以，最好讀那些生詞佔約 20%-30%左右的書，這時對待生詞的方法就是推測，使用這個方法後孩子會發現閱讀變得更加有樂趣。（南美英，2008：158-159）

推測後再透過字典來確認，如果正確，孩子們會非常開心；如果不正確，也會激勵孩子再努力。師長和父母對於孩子們詢問不懂的詞彙時，也可以先不要給予正確答案，讓孩子自己進行推測，再一起找正確答案。（南美英，2008：159）進行閱讀時，如果孩子遇到不懂的字，不必急著告訴他們，可以讓他們看看前面寫些什麼，後面寫些什麼，再配合整個的畫面。他們看了以後，通常可以推斷這個字是什麼意思，老師再教他們怎麼讀這個字。如此一來，孩子對於自己可以慢慢練習，讀書會愈來愈有自信，這便是很好的閱讀策略之一。（天下雜誌教育基金會策劃編著，2008：63）

五、圖像閱讀

善用雜誌裡五花八門的圖片或是照片，這些具體的圖片或是照片可以幫助孩子們的記憶。老師帶著他們讀圖和照片，會讓他們對裡面的詞和字印象更深刻，更容易記憶，當然也會吸引他們閱讀。

孩子們生活中常出現的字，例如孩子們吃的餅乾包裝盒上的字，喝的飲料、玩的玩具上的名稱和相關說明，因為常常接觸，孩子們較

容易記憶。反過來意思抽象的字，他們就很難記憶。報章雜誌裡除了內文會有很多照片和圖，還常常有很多的廣告，這些廣告的東西很多是孩子們生活中常看到的，如果能善加利用這些廣告、照片和圖來作為識字教學的材料，相信對小朋友來說會增加學習的成效。

> 遺忘是大腦的一個重要特徵。所以，一種技能或一種聯念，必須繼續練習，直至成為機械的反應，始能停止。倘若沒有達到純熟的程度而遽然停止，一定會前功盡棄的。一些重要的教材和經驗，經過認知作用，成為知識，例如語文的字彙詞彙、優美的文章句法等，不但是溝通和日常生活必須，而且是構成高層學習如概念、原則和理解思考的素材。這些理念的知識，亦需反覆練習，使之強固，以加強記憶和應用，防止遺忘。（周漢光，2000：204）

所以我們知道，不斷的復習和練習是很重要的，不然就很容易遺忘。但是對於小朋友來說，要讓他們把學過的字、認識的字不斷的唸或者不斷的寫很多遍，對他們來說都是不喜歡的，也會降低他們的興趣。如果可以透過閱讀有趣的故事，閱讀他們有興趣的報章雜誌，閱讀報章雜誌裡面很多的圖和照片，他們就不會覺得枯燥，反而會被裡面的照片和圖吸引，主動的問你那張圖是什麼東西，圖下面的字是什麼。也可以透過閱讀報章雜誌裡的一篇文章，尋找他們學過的字，新學的字，他們也會覺得很有趣。這樣他們不但對於新學的字重覆練習了，對於已經會的字也多了練習的機會。如何在反覆的練習中仍讓孩子們擁有濃厚的興趣是很重要的。

本章第一節我們已經談過「真實的」東西比「抽象的」概念更容易記憶，因為前者很容易在你心中形成一幅圖畫。人們對圖畫的印象比對文字的印象強過數倍。視覺印象非常強烈。就好像古諺所說的「百聞不如一見」、「一幅畫勝過一千個字」。（柯林・羅斯、麥爾孔・尼可，1999：203）利用報章雜誌裡的圖像學習識字是很重要的。

六、標題閱讀

有人以為閱讀必須從注音開始，其實不一定，中國字有些是很容易認的，它的筆劃雖然多，小朋友習寫不容易，但是它的字形卻很容易認。例如烏龜的「龜」。有些幼兒，雖然還不會寫字，不認得注音符號，但是已經認識了一些國字。（吳敏而，1998：21）第三章第二節也提到老志鈞說到有些字雖然筆劃繁多，但是因為常常出現，所以會的人也很多。

> 近年來，專家們對閱讀有新的看法，稱為「讀寫萌發」
> （emergent literacy）。他們發現幼兒閱讀不一定是成人教
> 的，而是一種經由操作圖畫書、觀察與模仿成人閱讀以及親
> 子共讀等經驗中產生的行為。有上述經驗的幼兒，在嬰兒期
> 間學到逐頁翻書，進而「假裝閱讀」（依記憶和根據圖畫的
> 線索，逐頁覆述故事）；然後開始把所唸的和文字拉上關係，
> 利用背得滾瓜爛熟的故事認出單字；而最後，能夠從沒有故
> 事或上下文線索的狀況下，認出常用的單字，而且會認的字
> 包括了「的」、「是」等不方便學習的字。從這個觀點來看，

幼兒不僅先「讀」再認字，而且學得更輕鬆愉快。（吳敏而，
1998：22-23）

　　報紙的字對於年紀小的孩子來說實在太小，內容對他們也有些
難，這時可以讓他們利用標題字來識字。標題字顯目字又大，句子
簡短，一句話就掌握了整篇文章的主旨，可以作為識字學習。老師
可以對標題作解釋或讓小朋友說一說可能的內容是什麼。但是作標
題字教學時老師一定要先選擇過，因為現在的報紙有些標題太過聳
動，用詞不適合孩子們閱讀。有些報紙的內容也不適合小朋友，所
以老師必須先告訴小朋友相關報紙的訊息，讓他們知道報紙的內容
不一定全部是事實，必須加上自己的見解和評論。

七、剪貼學習閱讀

　　一般的課外讀物文章較長，裝訂成一本，並不適合用來作剪
貼。報章雜誌的文章篇幅較短，編排方式很適合作剪貼學習。剪貼
的方式可以是字的剪貼，老師設立一個目標，讓小朋友找出這些
字，例如手部的字、鳥部的字、三拼的字、上下拼的字等等，將這
些字剪貼下來。可以是內容的剪貼，如果能全班有共同的文章就太
好了，可以全班一起共讀、大聲的朗讀。因為文章不長，老師可以
作為上課之餘的學習教材，比較不會耽誤學校課程。現在最適合孩
子們閱讀的報紙可能是《國語日報》了，但是《國語日報》的字實
在是太小了，所以如果要找字的剪貼，可能比較不適合用《國語日

報》，以免影響孩子們的視力。除了字的剪貼，還可以是句子的剪貼和內容的剪貼。利用剪貼下來的文章作閱讀和討論。可以教小朋友在文章上面重要的地方、關鍵的地方或是優美的句子上畫線。

> 閱讀過程如果發現好的段落，腦子裡邊想著「這段真好」，同時內心會有感動。在畫線的時候等於腦子裡再加深一次印象。（南美英，2008：169）

　　因此，我們可以多多引導孩子們找出優美的句子和段落，讓他們剪貼下來，有一本屬於自己的剪貼簿，可以常常的去翻閱它。還可以辦一個剪貼簿大展，讓孩子們有機會看一看別人的剪貼簿，學習別人如何製作剪貼簿，更可以學習別人剪貼簿的內容。剪貼的內容除了字、詞、句子和文章，當然也可以是圖畫和照片，甚至可以讓小朋友剪貼他們喜歡的廣告，請他們把這些圖畫或是照片貼下來後，將相關的介紹也剪下來，或者可以自己加上相關的介紹。利用這些內容來學習識字，相信對孩子們來說更有趣，更會激發他們主動學習的心。對於中高年級的孩子們來說，還可以教導他們作更有系統的編排，學習效果會更完整。

八、作心智圖閱讀

　　報章雜誌上有很多的訊息，有很多的時事，老師可以帶孩子們作相關的心智圖。對於中高年級的孩子，老師可以藉由心智圖的練習，幫助孩子們認識相關的字，如果孩子們對於某些字不了解，老

師可以給予解釋，並帶孩子們練習書寫。藉由心智圖的製作，讓孩子們認識更多的字，幫助孩子們的學習更有系統。老師更可以藉由心智圖，幫助孩子們擴展他們的閱讀範圍，告訴孩子們除了這個主題，他們還可以找哪些相關的書來看；當他們到圖書館時他們可以找哪一部分的書，他們可以看哪些相關的雜誌。老師也可以介紹他們哪一天的報紙有些什麼樣的報導，引導他們找到更多相關的報導，讓孩子們對這些內容有更深入的了解，更有興趣，進而達到主動學習的目的。

　　善用報章雜誌的特性，作為識字教學的策略，相信是我們的孩子們迫切需要的。學習不應該是填鴨式的，不應該是不愉快的。找到孩子們有興趣的報章雜誌，利用相關的識字教學策略，相信除了可以讓孩子們認識更多的字，還可以讓孩子們喜歡上閱讀，感受閱讀的魔力；並且可以關心生活，望遠世界，作更多的學習。

第三節　識字透過閱讀課外讀物教學

　　說故事有助於學習，因為它將文字連貫起來，而且透過故事，我們容易在心中留有畫面，對於記憶更有幫助。（柯林・羅斯、麥爾孔・尼可，1999：205）

　　　　每個人最初的閱讀，幾乎都是從故事開始。
　　　　在科學家眼中，故事決定了我們思考及行為的模式，是人類智慧最基本的構成元素。

　　前耶魯大學人工智慧實驗室主管享克在《告訴我一個故事：真實記憶和人工記憶的新貌》中解釋：「故事會賦予過去的經驗生命，使發生過的事件令人難忘。」因為人類的大腦每天接收數以千計的訊息，有的訊息我們在幾分鐘內就忘光，有的卻多年後仍深印在腦海中，而容易記得的資訊往往是因為與故事相連結，故事就像標籤般附在訊息上。（齊若蘭，2002）

　　課外讀物的種類繁多，很適合各種的孩子閱讀。前面提到，洪蘭曾說主動閱讀的成效最大，如果我們能透過各種類型的讀物，讓孩子們找到他們最有興趣的讀物來閱讀，當他們在閱讀中獲得樂趣，找到成就，在強烈的動機趨使下，他們會不斷的閱讀，不斷的閱讀增加了他們的識字量，也提高了閱讀理解力。吳敏而提到，識字不足以提高理解力，但是理解能力越高的人，詞彙越充實。經由閱讀，可以從文字獲得知識，從文學的欣賞獲得樂趣。（吳敏而，1998：24-25）課外讀物的種類包括了故事繪本、兒童小說、歷史故事、音樂故事、自然、兒歌、傳記、數學、藝術、地理、百科全書和科技與人文等等。人們對於閱讀越來越重視，臺灣的出版業非常發達，每天都有各種書籍不斷的在出版，對於適合孩子們閱讀的書更是琳琅滿目，不管是地理、歷史、數學等等領域的書，都有適合孩子們閱讀的童書，對於不同年齡的孩子，又有不同程度的書。有字較少、詞彙簡單並反覆出現的，有適合中年級閱讀的橋樑書，有給高年級閱讀內容較深澳、用字優美的書。有這麼多的選擇，可以滿足不同需要的孩子，讓他們都找到有興趣的書來閱讀，

從中得到成就和樂趣。在不同類型的課外讀物中，不同種類的字會出現，孩子們可以學到更多的字。其中，在敘述上常用到的字會一再的出現，孩子們對於這些常用的字也就會更熟悉。

關於閱讀課外讀物的識字教學策略，可以分成幾個方面來談。

一、自主性閱讀

自主閱讀就是讓小朋友自己選擇想看的書來讀，目前推行的運動「晨讀十分鐘」就是用這個方式。讓小朋友在每天早上閱讀自己想看的書，因為是自己選擇的，他們可以選擇自己有興趣的，適合自己程度的，閱讀起來特別有樂趣和順利。同儕之間還會互相借閱，彼此交流，不管是書的交流，或是書中內容的交流，都可以達到很好的效果，因為同儕的力量，有時候比老師還大，尤其是對於年紀較大的孩子。在閱讀的過程中，老師不加以干涉，也不多作指導，時間雖然不長，但是持續的進行，得到了很大的效果和迴響。（南美英，2007）孩子們在不斷的閱讀中，當然接觸了很多的詞彙，並認識了很多的字，達到識字學習的效果。

自主性的閱讀讓孩子們學會做自己的主人，他們可以自己選書，不受限制，不會有大人說這本書不好，娛樂性太強；那本書不好，太不切實際了，太暴力了等等。對於較大的孩子來說，這是很重要的，他們可以放心的看自己喜歡的書，大人們應該給予絕對的信任。另外，可以善用同儕的力量，年紀越大的孩子，受同儕的影響越大，如果朋友都在閱讀，談論閱讀，無形中也會受影響。另外，

打造閱讀的環境也是很重要的，布置一個到處都有書的環境，布置一個很適合閱讀的環境，讓孩子待在一個隨時可以拿到書、隨時可以更換想讀的書、隨時可以找到自己想看的書的環境裡。在這個環境裡，你可以感受到閱讀的氛圍，會讓你不由自主的想看書。另外，善用圖書館也是一個很好的方法，在圖書館裡，任何種類的書都有，適合各種年齡層。在這裡，有同樣喜歡書的朋友，有最適合的閱讀環境。不用擔心有不適合孩子們閱讀的書，可以盡情閱讀。

二、指導性閱讀

指導性的閱讀是指由老師來選擇教材，設計相關的教學目標，在閱讀前、閱讀中及閱讀後作相關的指導。指導性的閱讀又可以分成幾個部分來談：

1.閱讀教材的選擇

閱讀教材的選擇是很重要的，要把握的原則包括了必須是孩子們有興趣的和閱讀教材的難易度必須適中等。一篇裡面有太多小朋友不認識的字的文章，對小朋友來說會太難，他們無法完成閱讀，也沒有成就感，但是太簡單的文章對他們來說又沒有挑戰性，也無法得到學習的成就。或者一本書，裡面的字雖然小朋友大部分都學過了，但是因為故事的內容太深奧了，小朋友不容易理解，對他們來說這樣的書也不適合。

2.主題式的閱讀

　　由老師來選書，老師訂定要給孩子們閱讀的目標，並設計相關的內容來幫助孩子們完成。例如老師的目標是利用文字學的知識來幫助小朋友識字，那麼就可以讓小朋友看《文字列車》這本書。這本書透過故事，介紹圖畫般的國字，將古文字形用最簡約生動的方式介紹給小朋友，不但讓小朋友了解中國的文化，也對文字產生興趣；而且這本書有注音，很適合小朋友閱讀。（曾小英，1984）還有《有趣的中國文字》，這本書利用一個老師和四個小朋友的對話，介紹文字的創造、演變和應用知識。內容有趣，具有吸引力。（陳正治，2002）此外，《有趣的文字》也是一本很棒的書。（林惠勝，1990）另外，可以和現在很多的識字教學法結合，老師可以先介紹字根和偏旁，舉一些例子作講解，然後帶領小朋友讀相關的字族文的書，或是像《識字兒歌》這樣的書：

　　　　小珍珍，起紅疹，
　　　　吃不下，睡不穩，
　　　　媽媽帶她去看診。
　　　　小珍珍，怕打針，
　　　　趁著醫生不注意，
　　　　邁開腳步往外奔，
　　　　醫生說：快回來，
　　　　不然我就打兩針。
　　　　小珍珍心頭一震，
　　　　乖乖進門來就診。（李光福，2005：94-95）

　　透過押韻的兒歌，孩子們讀起來琅琅上口，兒歌的內容又非常有趣，書中對於較難的詞彙附有註釋，也設計了組字遊戲，還有文字大會串的活動，讓讀者可以一邊閱讀，一邊識字，對低年級的小朋友來說，會很有興趣。老師將這樣的書帶給小朋友，小朋友產生了興趣，他們也會自己去找類似的書來閱讀，達到更大的效果。年級越小的孩子，孩子們在閱讀的時候，老師在一旁給予適當的說明和帶領，小朋友學習起來會更有成就，而學習的成就關係著學習的成敗和動機。

　　另外，部首識字是認識漢字其中一個重要的方法。經由部首，我們可以知道這個字大致上屬於什麼類的字，和植物有關的字是木部，和手有關的字是手部，和水有關的字是水部等。當我們上課認識生字，講到形似字，孩子們會猜測不同的部首可不可以組成另一個字。因此，如何讓孩子們深入的認識漢字的部首是很重要的。經由部首，可以擴展孩子的識字量，幫助孩子們識字。而這可以介紹《有趣的中國文字》讓他們閱讀。這本書內容分成天文篇、人文篇、動物篇、植物篇、器皿文物篇及其他，分別介紹古文字形的演變及圖畫，並有清楚的解說，文中還附上衍生詞及相關字，簡明易懂，也非常有趣。（羅秋昭，2002）

　　可以介紹文字的由來，介紹古時候的生活型態，讓小朋友對文字有更多的感覺和了解。如我任教班上的小朋友，對於古文字形都非常有興趣，每次介紹古文字形時，他們常常自動的把它抄下來，當我因為時間不夠要上下面的課程時，他們還會發出抗議聲。有時候我一邊上課，還看到他們拿剛剛抄得比較快的同學的圖偷偷的抄。其實他們真的很有興趣，但一直以來，我們沒有把這些文字學

相關的知識介紹給他們，真的是太遺憾了。為他們介紹了手部的古文字形，他們可以查字典找出很多「手」部的字，從他們閱讀的文章中圈出手部的字；經過討論，他們就認識了擺動的擺，抄寫的抄，攤販的攤，披風的披，批評的批，掉下來的掉等等。下次閱讀的時候，他們就會特別注意有沒有手部的字，也會對相關的字作聯想。孩子們的記憶力是很強的，常常上課在討論生字時，他們都會搶著說這個字跟什麼字很像，或者這個字是我爸爸的名字等等。

　　其他包括利用第二章的識字教學策略，在進行國語每一課教學時，都能帶入相關的字形教學方法。例如部首的教學法、部件的教學法、字根與偏旁的教學法等。然後，找相關的課外讀物來讓小朋友學習。例如可以找字族文的歌謠；還可以找相關部首的字的圖畫書，或者請小朋友就所讀的文章中尋找相關的部首、部件和字根與偏旁等等。

　　主題式的閱讀，還包括讓孩子們挑自己有興趣的主題來閱讀。例如一個男童對車子有興趣，就讓他玩車子的種類、形狀的遊戲，讓孩子熟悉車子；然後從關於車子的一些簡單書籍開始依序讓他閱讀；等閱讀完車子的書之後，可以進入搭乘的交通工具，例如，火車、船、飛機等等；接下來可以閱讀有關機械方面的書，如此孩子們的好奇心和思考會無限的延伸和擴大。（李賢，2006：188-190）同樣以車子為主題的擴大和延伸，會出現很多同類型的字。例如跟車子的種類有關的字會重覆出現或介紹車子的性能相關的字會重覆出現，如此就會集中式的學會了這些相關的字。不同的主題也會有類似的效果。例如以昆蟲為主題，和昆蟲有關的字會重覆出現，還可以學到更多和虫部有關的字。以動物為主題，會有相關的字重

覆出現。以植物為主題，會有相關的字重覆出現。孩子們選擇自己有興趣的主題的書來閱讀，學習起來特別快樂，也特別有成效。而認識了更多的字，有了很好的基礎，他們就可以再認識更多的字，學習更有成就。利用主題式的閱讀，對於學習更有系統，相關的字不斷的重覆，同部件或同部首的字出現的頻率也會比較多，識字的學習成效更佳。

以句子為主題，介紹各種句子，包括描述風景的句子、描寫物品的句子、敘述事件發展的句子、抒發心情的句子等。經由句子認識詞彙，利用課外讀物的內容或是老師的引導來了解詞彙的意思，並進而認識字。以詞性為主題，介紹反義詞、相似詞、形容詞、名詞、動詞等等。老師可以分析課外讀物中的詞性，經由閱讀，讓小朋友不但了解詞彙的意思，更認識詞性，並懂得舉一反三。

除了認識詞性，還要指導孩子們認識字義。在第四章第一節中提過文字可以分為「本義」、「引伸義」、「假借義」三部分，所以我們應該要讓孩子們知道：一個字在不同的地方有不同的意思；和不同的字組成不同的詞，也會有不同的意思；即使是同一個詞，在不同的情境出現，可能就代表了不同的情緒和意義。但是這些東西不是每天抄一大堆在黑板，再請小朋友抄下來，然後要小朋友背起來。這些東西，應該在故事裡讓小朋友自然而然的理解和明白。孩子們除了會讀出這個字，認得這個字，還要能讀出故事裡蘊涵的意義。也許也要能看出所謂的「絃外之音」。這時候，廣泛的閱讀課外讀物就變得非常重要了。有些孩子們對於這些絃外之音真的無法領會，老師可以在孩子的閱讀過程中給予解釋和引導，幫助他們更快理解文章的意思，學習閱讀。

文學作品比較講究遣詞用字，對現在普遍欠缺文字能力的孩子們來說，也提供了很好的參照和學習的機會。（李家同，2010：98）

對於高年級的小朋友，可以介紹他們看經典的文學作品。這些雋永的文學作品，可以帶給孩子們深遠的意義和優美的詞句，更可以提升孩子們的境界。對於中高年級的小朋友，可以帶他們讀一系列的書；除了文學作品以外，可以帶他們讀歷史的、地理的、自然的相關主題的書等等。他們對於相關主題的詞彙會有更多的認識，對於學習更深入，更有系統。

三、大聲朗讀

前面第一節中曾經提到朗讀的重要，朗讀就是透過聲音的學習方式。大聲朗讀的學習效果本章第一節也談了很多，它確實是一個很好的學習方法。在孩子們還沒有認識很多字的時候，由大人們唸書給他們聽，透過大人的念書，他們對於字音和字義有了很深的認識。有一天，他們接觸到字形的時候，他們會很容易的和先前的形象和字音與字義結合，認字的速度變得很快，成倍數成長。

我們可以選用有注音的課外讀物唸給孩子們聽，或者讓孩子們大聲的唸出內容，先不用管他們對於內容是不是懂。提醒孩子們在朗讀的時候要看著字。有些孩子在朗讀時容易分心，只有嘴裡跟著別人唸，而「心」並沒有跟著唸。所以可以運用輪流唸、分組唸的

分式,也可以一組小朋友到臺上輪流唸,可以讓孩子們練習膽量,學習上臺的經驗和感受。

對於年紀較小的孩子,可以選擇有注音的課外讀物來閱讀。目前我國的語文教育,小學一年級的前十週都是學習注音符號,選用有注音符號的課外讀物來閱讀,孩子們除了可以鞏固注音符號的學習,也可以利用注音符號來學習識字。吳敏而提到,注音可以幫助我們在閱讀的時候,拼出字音,聯結字義,增快閱讀的速度。(吳敏而,1998: 51)

> 注音符號是一種拼音系統:運用三十七個符號,記錄口語發出的聲音,是以「音」為主的語文工具。也就是說,孩子看不懂的國字,用聽的也許能了解意義,藉著音的媒介,可以提前閱讀,幫助認識國字。(吳敏而,1998:41)

因此,透過老師的指導和閱讀,可以幫助孩子們識字;尤其是對於年齡較小、個性較被動或是低成就的孩子,這個方法可以幫助他們更快的認識更多的字。

四、善用閱讀工具——字典

> 多動手查字典,讓學生廣泛的學習生字、新詞,無疑的可以訓練他駕馭文字的能力,提高他的語文素養。(周漢光,2000:25)

　　對孩子們來說，如果他們能養成查字典的好習慣，有不懂的馬上能尋找答案，這樣的印象是最深刻的。對於學過的字，可以教導小朋友利用這些字來造詞，讓小朋友查字典，或說一說他們所認識的詞，讓小朋友廣泛的認識這個字。低年級的小朋友很喜歡上課的時候查字典，遇到不會的東西，他們就會很想拿字典出來查，如果能養成這樣的好習慣，對於他們來說一定會受用無窮。

　　勤查字典是多記字彙的方法之一。語言學家將字彙分成二種：被動字彙和主動字彙。被動字彙是我們平常運用不出來，但是聽到或看到仍然能懂它的意思。主動字彙是指我們在說話和寫作上會運用的字彙。每當我們學會了一個字，我們一定要常說常寫，設法多多利用，熟能生巧，自然能提升成效。另外，認字不能只單純的將字死記下來，必須要用句子來作為學習。（麥思，1998：96）

五、討論式的閱讀

　　閱讀學習可以分為字、詞、句的學習，可以帶小朋友多認識這些字。大致上，一直不斷的讀很多的書也能達到識字效果，但是如果讀完一本書之後，可以帶小朋友作一些討論，內容的討論，還有字、詞、句的討論，不但可以加深小朋友的印象，還可以藉此讓小朋友更了解，或者趁此機會釐清弄錯的部分或是誤解。句子的討論，包括了介紹物品的句子、描述風景的句子、對話、心情的抒發等等。詞的討論，包括了以詞性來分有形容詞、動詞、名詞、代名詞、副詞、量詞等等；可以討論同樣的意思還可以用什麼詞來說，

有什麼詞可以替換。詞還包括了成語、同義詞、相反詞、疊字詞等等，可以讓小朋友讀一些因為用詞的不同所造成的趣味故事，增加樂趣和印象。字的討論，包括了多音字、多義字、同音字、同義字、形近字、押韻的字等等。也可以以部件來分或以字根、偏旁、部首、字理等來分。閱讀後，讓小朋友利用這些特性來作討論，甚至玩個小遊戲，會引起小朋友熱烈的討論和熱情的參與。可以和小朋友討論漢字的規則，讓他們對漢字的結構和規則自己作一番整理和歸納。經由這樣的方式，他們會主動的學習，印象更深。此外，可以引導他們做一本漢字歸納表。自己發現有哪些規則，老師也可以加以提示和說明。

內容的討論也會提高小朋友的識字。透過討論，他們對這個故事或這篇文章的內容會更熟悉，讀起來會更容易；遇到不認識的字要進行猜測時，也會比較容易猜對，也就是容易透過上下文的意思來預測不認識的字。而透過內容的討論，對這本書或文章有了更多的想法和情感，他們會再一次的閱讀；而再一次的閱讀，就達到了練習的成效。也許透過討論，產生了興趣，他們會去找相關的書來閱讀。當然，這所有的討論都會增加孩子們的閱讀理解能力；而閱讀理解能力越好，越能幫助識字。

好的閱讀習慣是孩子們一生最受用無窮的；而透過閱讀課外讀物來學習識字，更是孩子們最有興趣，最喜歡，也是最自然的方式。課外讀物的範圍很廣，每一個孩子一定都可以找到他們喜歡的、有興趣的，適合他們程度的課外讀物來閱讀。而透過以上的識字教學策略，老師再依實際教學現場的情況作調整，相信孩子們一定可以享受愉快的、有成效的閱讀識字學習。

第四節　識字透過閱讀視聽媒體教學

　　網路和資訊帶來了便利，多媒體的運用和盛行，雖然縮短了時間，但是卻將文字與這個時代更緊密的結合。今天，文字的閱讀無所不在，辦公桌的電腦、手機、公事往來要寫 email，網路上的文章發表和訊息，還有電視節目等，都需要文字。（郝明義，2007：96-97）

　　如何結何網路和資訊，成了識字學習一項重要的事，因為影像閱讀很重要，影像可以彌補文字的不足，文字又可以發揮影像無法呈現的。二者之間，可以相輔相成，各有不同的樂趣和收穫。（郝明義，2007：146-147）

　　　　可以因應學生不同的學習性向，運用不同的方法來呈現課程。

　　　　它的呈現方式可以利用文字、圖解、卡通、立體電影、虛擬實境、視覺、聽覺和音樂。它可以透過遊戲和活動來測量學生的了解程度，可以向學生挑戰，並且給得勝的學生加分。

　　　　可以讓學生依自己的速度學習，可以記錄每位學生所花的時間以及所得的成績，可以讓學生透過虛擬實境來「體驗」歷史，「訪問」古跡或在莎氏比亞的戲劇中與劇中人物「互動」。（柯林‧羅斯、麥爾孔‧尼可，1999：526）

　　學習是多樣的，有些孩子是視覺型的、聽覺型的、動作型的，他們需要的是視聽媒體，因此不要忽略了這個方法。雖然過多的電視和網路會影響孩子們的學習，但是看電視、玩電腦不一定就是不好，因為不同的學習方法產生不同的學習效果，而不同的學習方法是可以並存的，並不是只能單一存在的。如果我們能針對不同孩子的特性和興趣加以引導，善加運用不同的視聽媒體教學，相信會有不一樣的學習成果。透過不同的學習方法相輔相成，可以達到加倍的效果。尤其是對於一些學習較低落的、閱讀理解力較弱的孩子，善加利用視聽媒體的方法對他們可以有很大的幫助，讓他們更有興趣也更容易學會，變得更有成就感。視聽媒體的教學不是放任式的，而是要有方法和有限制與規範的。

　　微軟總裁比爾·蓋茲（Bill Gates）曾說：「目前每位老師，不管他的教法和教材如何優異，每年也只有幾十位學生可以受益。而電腦網路，則可以讓老師分享彼此的教材和講義，使最佳的教學內容廣為傳播。而互動性的網路，也可以讓學生隨時測驗自己而不感覺任何外在的壓力。『自我測驗』就是『自我探索』，是學習過程中具正面肯定作用的一部分。學生即使犯了錯誤，也不怕受責備，反而可以幫助學生克服許多誤解。」（引自柯林·羅斯、麥爾孔·尼可，1999：305）

> 電子媒介的出現，令人類「感官知覺使用率」（sensory ratio）重新分配。例如，一本書只刺激人的視覺，但是電影或電視，則同時刺激人的視覺、聽覺及中樞神經等多種器官。新電子媒介有如排山倒海地把人類緊緊包圍著，令我們（感官）極度參與。（彭家發等，1997：112）

隨著科技的進步，數位時代的來臨，我們再不能漠視視聽媒體的學習。視聽媒體的運用越來越普及，而各種視聽媒體的教材也愈來愈豐富，包括了電腦、CD、DVD、電視、電影、網路、廣播等等。在這裡將視聽媒體的識字教學策略，分成以下幾個部分：

一、電視節目

電視和電影本身就是一個媒介，具有影響力，有些人本身就對這種媒介具有偏好，他們不管什麼樣的節目內容，百看不厭。電視和電影的內容又是另一種媒介，具有另一種影響力。（彭家發等，1997：114-115）

> 電視已是兒童生活中不可缺少的好伙伴，可以說從廣告、動畫片到體育節目、影集他們都無不喜歡觀看。「看」似乎是人們談到電視時最直接的反映。其實電視是一種集視、聽於一體的綜合節目，「聽」也應是人們觀賞電視時一種重要的途徑。而且，由於各種節目的性質、內容不同，其語言風格也豐富多彩。無論是精采球賽的解說，還是廣告片中琅琅上口的廣告詞，還是其他妙趣橫生的畫外音，都使我們在觀看精采畫面的同時，也給予我們「聽」的享受。（吳忠魁、曉潔、小陶編著，2000：66）

電視節目一直是孩子們最喜歡看的；尤其是卡通節目，很多孩子每天花在電視節目的時間實在太多了，影響了學習。但是不可否

認的，電視節目的聲光效果不只吸引孩子，也吸引大人，如何善用這樣的特性，作為識字學習的最大助力，是重要的關鍵。首先，是字幕的選擇，選擇有字幕的節目，透過節目的進行，孩子們無形中會認識很多字。再來是節目的選擇，電視節目很多，有適合孩子的，當然有些節目非常不適合孩子學習，甚至會造成不好的影響，所以節目的選擇是很重要的。選擇好的節目，不但孩子們學習了識字，也學習了更多的知識、技能和情意等。另外，不同性質的電視節目具有不同的字詞，例如公視的「下課花路米」和「Discovery」頻道就呈現出不同性質的文字，也會帶給孩子們不同的學習內容。有些教育性的電視節目，內容就跟識字或是語文學習有關，很適合孩子們學習。透過電視的學習在時間的安排上不宜太久，以免影響孩子們的視力；或者孩子們沈溺其中，而忽略了學習的主要目標。老師可以找一些目前正在放映的好節目，請孩子們回家觀賞；或者剪輯某一片段讓孩子們在課堂上觀賞。觀賞後，讓孩子們參與討論。透過討論或者老師的提問，讓孩子們更熟悉；老師也可以把討論的內容寫在黑板上或者請小組合作紀錄下來，加深學習效果。

二、CD（MP3）和 DVD

對教育程度較低，或閱讀能力較差者而言，聲音媒介可能比印刷媒介記得更久、更多。至於內容複雜而又冗長者，則視覺效果又比聽覺效果來得大。（彭家發等，1997：125）

　　因此，CD 和 DVD 在我們的生活中扮演著重要的角色。當然現在還有所謂的 MP3。我們把這些合在一塊兒，簡單稱為 CD 和 DVD。

　　CD 和 DVD 在孩子們的學習路上，一直扮演著重要的角色。市面上也有為孩子們量身打造的各式各樣的 CD 和 DVD，可以作為老師教學的教材，更可以作為孩子們自學的材料。而這可以分成幾個部分來談：

（一）歌曲學習

　　歌曲一直是孩子們的最愛，在孩子們還不太能清楚的將話說清楚的時候，他們就已經會唱兒歌了。歌曲的旋律和歌詞的創作，常常讓他們很快的就記住並且琅琅上口。會唱一首歌，對孩子們來說，是一件開心又有成就感的事。很多人學習外語，很多外國人學習國語，也都是從歌曲學習，歌曲旋律優美，讓人喜歡唱，對於歌詞也記得起來。透過歌曲是很好的識字學習策略；尤其有些歌詞優美，像詩一樣充滿意境與哲理，孩子們可以學到更多的詞彙。「天青色等煙雨，而我在等你；炊煙裊裊升起，隔江千萬里，在瓶底書漢隸仿前朝的飄逸，就當我為遇見妳伏筆……」 這是方文山為周杰倫〈青花瓷〉填寫的歌詞，有種含蓄溫柔的古典韻緻，畫面感強烈，詞風在華語流行樂壇獨樹一格。（李翠卿，2011）現在的出版品和網路都很方便，歌曲和歌詞都很容易取得。市面上也有很多專門為孩子們編排的兒歌教學 CD、唐詩教學 CD 等等。有些歌曲還附有 DVD，畫面上直接就有歌詞，孩子們一邊聽歌曲，就可以一

邊看畫面和字幕。畫面和歌曲配合，更增添了情境，學習效果更好，很適合孩子們學習。

（二）故事學習

有些孩子你要他們自己看書來學習識字，對他們來說真的很困難；尤其如果他們的識字量不多，閱讀理解力不好，叫他們自己看書真的是一件很痛苦的事。這時候如果又沒有大人可以唸書給他們聽，或者老師和父母真的無法花太多時間為他們說故事的時候，不妨善用故事 CD 和 DVD 來學習。目前出版了很多有聲書，尤其是孩子們喜歡看的繪本，也常常附上故事 CD 或 DVD。讓孩子們一邊看故事書，一邊聽故事 CD，是一個不錯的學習方法；或者在睡前聽故事 CD，長久下來他們的語文能力一定會進步很多。他們會在 CD 中認識很多詞彙和句子，經由聽故事，閱讀理解力也會更好。當然，他們還學會了很多的知識。故事 CD 有一個優點，因為沒有畫面，有時候反而不受畫面干擾，可以很專心的聽，也可以在一邊等車、一邊做家事的時候聽。DVD 也有它吸引孩子們的地方；DVD 的生動的效果，可以幫助孩子理解和加深孩子們的印象，達到故事學習的效果。

侯文詠提到，他曾經在孩子很小的時候，強迫他們每天聽錄音版的「吳姐姐講歷史故事」，每天寫一份心得報告，結果造成反效果，孩子討厭歷史。後來，當他在做「歡樂三國誌」有聲書時，因為內容有趣，孩子主動聽，一聽再聽，把四十卷聽完，變成了三國專家，而且孩子覺得歷史很有趣，開始找漢朝、成吉思汗、康熙、

施琅的書來看。(李雪莉，2002)可見透過 CD 和 DVD 是一個很好
的學習管道。

(三)電影

> 電影教學同樣具有電視的共同價值，如具體性、真實性、顯著
> 性，可以重複放映、靜畫放映，使學生詳細觀察獲得了解。可
> 以使抽象的事物形象具體化，可以把內容經過適切的設計和巧
> 妙的安排後，較直接經驗更易了解。(張霄亭，1993：76-77)

> 電影能夠使學生們建立最低限度的共同經驗：學生欲獲得書
> 本內的知識，必須具有適當的閱讀能力，但是電影可以使不
> 識字的人，同樣可以得到知識並且能夠參加討論。由此可知
> 電影雖然因學生的智力不同而有差異，但是每一位學生即使
> 智力最低者，都可以獲知電影裡的故事概要和簡單的意義，
> 所以說不論學習快的或慢的學生，都可以從電影中獲得最低
> 限度的共同經驗。(同上：347)

每一部電影都是集合了各種藝術，包括了音樂、畫畫、戲劇等
等。曾經聽過李偉文的演講，他認為閱讀很重要，只是對有些人來
說，直接透過文字來閱讀有些困難，有些較艱深的內容一般人無法
很快的直接從文字的閱讀中理解。然而，電影是每個人都看得懂
的，不論大人還是小孩，電影劇情和畫面的營造，讓人們很容易進
入情境中，受到影響和感動；電影撼動人心，深入人心，沒有人不
喜歡。電影裡的詞句常是精煉有哲理的，透過電影，孩子們會喜歡

裡面的對話，也會喜歡上文字。老師可以將電影裡的某些好的對話或文字寫出來，讓孩子們練習彼此對話，增加趣味性和熟練度；也可以在看完電影後，讓孩子們作討論和寫學習單，作更深入的學習。

（四）其他

CD 和 DVD 還包括了相聲、繞口令、戲劇、地理、歷史、旅遊、自然等等，都很適合孩子們學習。

三、網路

網路是目前孩子們生活中不可缺少的一部分。網路的影響力不容我們小覷，更值得我們去善用這股力量。網路的學習包羅萬象，應該好好的引導孩子們學習。

（一）網路文章

網路上的文章很多，包括了網路新聞及不同網站上的文章，還有部落格裡的各種文章。另外，還可以透過 e-mail 閱讀相關文章。有時候，透過網路文章，讀者可以很快的找到作者，用留言版、電子郵件或討論區的方式，很快的和作者互動，也可以很快的和其他的讀者互動。網路文章可以在文字之外再加上聲光影音的效果，還可以利用電腦和網路的技術作出各式各樣的效果。透過網路，每個

人都可以是作者，每個人都可以感受當作家的成就。（侯吉諒，
2002：72-73）網路的文章很多，除了更容易和作者互動，還可以
在網路上看到其他人對這篇文章的看法，互相討論和分享。這時可
以找到喜歡同類型文章的同好，透過同儕互相激勵和學習，擁有另
一種力量和動機。現在很多人都有部落格，在部落格裡不但可以抒
發自己的想法和心情，也可以看到別人的想法和心情，更可以閱讀
到很多很精采的文章。在網路上，你可以透過搜尋，輕鬆的找到相
關的文章，一一閱讀學習。

（二）網路上的對話與交談

> 加拿大皇后大學教育學教授魯斯凱卜樂（原名未詳）指出，
> 兒童具有在不同形式語言之間轉換的能力。因此，所謂讀寫
> 能力（literacy）的定義，應該不再僅限於平面的閱讀和書寫。
> 「學生上網時，還是需要讀和寫，但他們也會利用圖像、聲
> 音、動畫與其他數位形式溝通。」（吳怡靜，2007）

　　很多學生的主要閱讀對象是網站、電子郵件和聊天簡訊；最主要
的寫作也是電子郵件和簡訊。新科技改變了年輕人閱讀、寫作的方
式，興起了短句與縮寫體，而有越來越多的老師認為年輕人對這些新
語言有興趣，只要引導得當，對於學習是有幫助的。（吳怡靜，2007）
　　在網路上，你有很多機會和別人對話與交談。例如臉書和 MSN
及 e-mail 等。網路上的對話是大一些孩子們生活中不能少的一件
事，透過這樣的交流，孩子們對文字有了另一種學習。網路盛行的

年代，火星文的出現，讓人又愛又怕，有些人擔心它會影響孩子們識字的學習，造成孩子們語文能力的低落；但是那是一個時代的產物，有著另一層更深的意義，我們應該正視它，不要排斥它，誰說它不可能變成另一種創意？

（三）線上學習網與電腦學習輔助教材

隨著科技的進步，目前網路上有很多線上學習網，有的跟文字有關的，有的是語文方面的，都很適合孩子們學習。透過線上學習網，孩子們可以感受聲光效果，享受學習的樂趣，也可以自主學習，相信未來會有更多的線上學習網。

電腦學習輔助教材。有文字、聲音、圖片和影片，可以反覆學習，有互動，可以做評量，可以在網路上交換意見和分享想法。（彭家發等，1997：328-329）

四、電子書

電子書是指數位化的書籍，可以透過數位產品閱讀，並能輕易的傳送。電子書攜帶方便，可以作即時的更新和數位化的編輯。電子書可以用多媒體的型式出現，可以是圖片、動畫、影像、聲音和文字等。具有快速檢索和聯結的功能。（國立彰化師範大學圖書館，2011）

　　電子書使知識更普及，知識的獲得更快速。電子書節省成本，可以把聲音、影像和文字結合在一起。

　　美國著名的恐怖小說作家史蒂芬・金（Stephen King），2000年3月14日將他的新作《騎上子彈》《Riding the Bullet》，用純粹的電子書方式，沒有紙本，由網路直接下載出版，在短短三天內賣出六十萬本。這在傳統的出版社來說是非常大的挑戰，這次的成功，引起高度的關注。（侯吉諒，2002：83-85）現在相關的數位產品越來越普及，透過電子書的學習是一個很可以嘗試的管道。

　　最後，要談的是心智圖的學習。本章的第二節已經談過可以將心智圖運用在閱讀報章雜誌的識字學習，在這裡要再加以強調，因為心智圖普遍受到各界重視而被廣泛運用在教育體系和企業上。不論年紀大小，它成為記憶、思考規畫、寫筆記、日記、讀書報告等等的重要媒介，是被廣泛應用的學習方法。許多學習障礙的學生使用心智圖學習後，成效良好。現在它被移用到企業界，作為知識管理、問題解決、創意、學習潛能開發的工具。已經有許多電腦軟體將心智圖電子化，在使用、展示與分享上都更為方便。（盧金鳳、田耐青，2007：38）在閱讀視聽媒體教學上，我們可以善加利用相關的電腦軟體，讓孩子們利用電腦軟體來作心智圖。現在網路上有許多的網站都很適合孩子們閱讀，可以依照孩子們的興趣，閱讀相關文學、科學、自然、地理等網站，也可以給孩子們一個主題，讓孩子們去搜集相關的資料，並教導孩子們作成心智圖。例如以「青蛙」為主題，讓孩子們上網尋找相關的資料，再透過電腦軟體作成心智圖。因為利用電腦軟體製作，孩子們不用自己抄寫，有些較難寫的字不會造成他們的負擔，或者因為抄寫困難而阻礙學習的興

趣；但是因為反覆閱讀跟青蛙有關的文章，裡面會有很多重覆性的文字和句子，透過反覆閱讀的機會，他們對這些文字和句子就會認識和熟練。閱讀後，他們必須理解，並找出主概念和關鍵字等等，再經由關係的聯結完成心智圖。在這過程中，他們找到成就感，也無形中認識很多字。最末可以讓每個孩子上臺介紹他們的心智圖並作報告。一開始，可以用同一個主題，等孩子們熟悉了心智圖的學習方法，就可以讓孩子們利用自己有興趣的主題作學習，增加學習的興趣和成就。

> 心智圖強調主概念、關鍵字、關係聯結、清晰程度及個人風格。畫心智圖時，要將主概念寫在紙的中央，其餘的訊息則依照與主概念之間的關係，組織成由中心向外擴散的樹枝狀結構，愈重要概念離中央愈近，愈細節的概念則離中央愈遠。心智圖的關鍵字不僅只是單純的文字，也可以結合顏色、符號、圖案、意象等方式來表達關鍵字。心智圖強調關係聯結，以彩色的連線與圖形強調概念間的連結，或透過箭頭，將不同分支間的觀念連結起來，形成新的統整與比較。心智圖強調清晰程度，以色彩區分不同類別的概念。心智圖強調個人風格，以視覺的韻律感、圖畫、符號與獨創想法來強調個人特色。（盧金鳳、田耐青，2007：36-37）

透過視聽媒體的多樣性和普及，還有孩子們對它的喜愛，並結合心智圖等方法，將會帶給孩子們不一樣的識字學習成效。

第五節　相關教學活動的設計

識字擴大閱讀範圍的教學策略主要是透過閱讀報紙、雜誌、課外讀物及視聽媒體達到增加識字率的目的。利用擴大閱讀範圍接觸更多的文字，並讓學生明白不同的文類會出現不同的文字。希望能利用比賽及主動尋找閱讀教材的方式引起學習的興趣，並主動學習，達到增加識字率的成效。本教學活動設計就是針對這樣的特性來作規畫。

表 5-5-1　識字擴大閱讀範圍教學活動設計

單元設計	閱讀與文字	教學對象	快樂國小二年 A 班
設計者	許彩虹	教學人數	27 人
教學時間	共二節（八十分鐘）	教學場地	二年 A 班教室
教材來源	教材：《黃金夢想號》、劉玉琛《寫作指導》、《國語日報》週刊、《兒童的雜誌》、繪本《紅公雞》、漢聲《小小目擊者》		
教學資源	1.電腦。2.單槍。3.投影機。4.壁報紙。5.ppt。		
教學目標	1. 認識增加識字量的方法。 2. 能分辨什麼文類會出現更多不同的字。 3. 能認識增加識字量的資源。 4. 能運用實際的資源增加識字量。 5. 能利用閱讀及部首的造字原理增加識字量。		

能力指標	教學活動內容	時間	教學目標	評量方式
	一、準備活動 （一）教師 　　準備《黃金夢想號》ppt、朱自清《春》、朱自清《綠》、國語日報週刊、兒童的雜誌、繪本《紅公雞》、漢聲《小小目擊者》DVD。 （二）學生 　　課前蒐集相關的題材。			
4-1-1能認識常用國字700-800字。	**二、發展活動** （一）活動一：增加識字量 　1.經由各組討論讓學生思考如何增加識字量。 　教師提問： 　　你們認識很多字嗎？你們知道要用什麼方法認識更多的字嗎？請各組討論，並發表。 　S：要多看書。 　S：要認真寫功課。 　S：要常常查字典。 　S：遇到不會的字可以請教別人。 　教師總結：小朋友說得都很棒，這些方法都可以增加識字量。多看書更是增加識字量的好方法。	5	認識增加識字量的方法。	能清楚說出什麼方法可以增加識字量。
4-1-1能認識常用國字700-800字。	2.請小朋友具體舉出增加識字量的例子。 　教師提問： 　　小朋友，請舉出你常常作什麼活動，而這個活動可以幫助你增加識字量。	5	能認識增加識字量的方法。	能具體說出增加識字量的方法。

	S： 我最喜歡看電視，電視裡面可以認識很多字。 S： 我們家有巧虎，裡面有很多很棒的字。常常看可以認識很多的字。 S： 我常常看姊姊上網買東西，裡面有很多字我都認識了。 S： 媽媽都會和我一起去圖書館借書，看書讓我認識很多字。 教師總結：小朋友作這麼多有意義的活動，實在很好。剛剛小朋友提到看書、看課外讀物、看電視、看巧虎雜誌，這些都是閱讀的一種，閱讀可以增加識字量，但是最重要的是小朋友要常常閱讀。			
4-1-1 能認識常用國字700-800字。	(二)活動二：識字量比賽 1.分組討論報紙、雜誌、課外讀物、視聽媒體哪一種會出現更多不同的字。 教師提問： 　小朋友，你們每一組的桌上都有報紙、雜誌、課外讀物、視聽媒體等相關的閱讀資料，請找一找並比較看看哪一種閱讀資料裡面出現各種不同的字最多。 S： 報紙的副刊版裡面有很多的字。 S： 課外讀物中文學性的作品裡的字非常多。例如，朱自	10	能分辨什麼樣文類會出現更多不同的字。	能清楚說出什麼文類會出現更多不同的字。

195

		清的作品〈春〉、〈綠〉。			
		S： 網路上有很多的文章，裡面有各種的字。			
		S： 繪本裡面有很多不同的字。			
		教師總結：小朋友的觀察都很敏銳。多閱讀可以認識很多種不同的字，如果能多閱讀文學性的作品，裡面有更多不同的字，如果閱讀自然方面的書，裡面就會有較多專門的詞，會認識很多的知識。現在視聽媒體很方便，小朋友可以閱讀網路上的文章或是觀看很棒的故事，不要只是打電動，這樣就能認識更多的字。			
4-1-1能認識常用國字700-800字。	2. 教師提供學生可以增加識字量的教學資源，包括《國語日報》週刊、《兒童的雜誌》（挑選其中的一部分）、繪本《紅公雞》、漢聲《小小目擊者》。每個小朋友都拿一份，DVD 播放則一起看。請小朋友將閱讀時認識的字記下來，比賽看誰認識最多的字。	10	能運用實際的資源增加識字量。	能從閱讀資源增加識字量。
		教師提問：			
		小朋友，等一下閱讀的時候要認真，看看誰認識最多的字。			
		S： 我有五個字不認識。			
		S： 我全部的字都認識。			
		S： 我有十幾個字不認識。			
		S： 我有八個字不認識。			

4-1-1-1 能利用部首或簡單造字原理，輔助識字。	教師總結：每個人都認識了很多的字，只有少部分的字不認識。有的人平常有閱讀的習慣，認識的字比別人多，有很多字都不認得的人以後要多閱讀，養成閱讀的好習慣；遇到不會的字可以查字典或者請教別人，一段時間以後，大家都可以認識很多字。			
	3. 教師播放繪本《黃金夢想號》ppt，讓小朋友一起閱讀。閱讀後，請小朋友找出書中「木部」的字。和小朋友一起分享這些字，討論它們的意思，並分組比賽哪一組可以寫出最多木部的字。	20	能利用閱讀及部首的造字原理增加識字量。	能從找出木部字的活動認識木部的字並會寫出來。
	教師提問：			
	（1）小朋友，看完《黃金夢想號》的故事後，請找出書中跟木部有關的字。			
	S：「森姆的森」、「一棵的棵」、「枝葉的枝」。			
	S：「大樹的樹」、「一樣的樣」、「根本」、「排檔桿的檔桿」、「機器的機」。			
	S：「橋樑」、「森林」、「大概的概」。			
	S：「橫跨的橫」、「器材的材」。			
	教師總結：書中木部的字共包括：「森、棵、枝、樹、樣、根、本、檔、桿、機、橋、樑、林、概、橫、材」。小朋友			

	聽故事的時候都很專心，從大家踴躍舉手發表跟木部有關的字就可以看出來。每個人都可以找到跟木部有關的字實在太棒了。 （2）小朋友，請寫出和木部有關的字，比賽看哪一組寫得最多。時間只有八分鐘，請把握時間，寫過的字不要重覆。 S： 我們這組總共寫了 30 個字。 S： 我們這組總共寫了 20 個字。 S： 我們寫了 37 個字。 S： 我們寫了 18 個字。 教師總結：小朋友在這麼短的時間內可以寫出這麼多木部的字實在太棒了。小朋友以後可以學習更多不同部首的字，讓自己認識更多更多的字。查字典也可以認識很多的字，小朋友要養成多查字典的好習慣。			
4-1-1 能認識常用國字 700-800 字。	（三）活動三：閱讀資源找一找 　1.請各組討論可以增加識字量的資源。 　教師提問： 　　小朋友，我們剛剛討論了很多可以增加識字量的資源，請各組討論在學校裡我們可以到哪裡找到這些資源。	5	能認識增加識字量的資源。	能明確說出可以增加識字量的資源。

	S： 可以到學校的圖書室。 S： 可以到學校的電腦教室。 S： 可以到閱讀室看報紙。 S： 教室的圖書角裡面也有很 　　 多的書。 教師總結： 小朋友都說得很棒，學校裡 　　　　　 有很多地方可以找到閱讀 　　　　　 的資源。小朋友應該要多多 　　　　　 利用。也可以多和別人討 　　　　　 論，一起分享閱讀的經驗， 　　　　　 學習效果會更好。回到家 　　　　　 裡，小朋友也可以多多利用 　　　　　 社區的資源，常常到社區的 　　　　　 圖書館閱讀，裡面有更豐富 　　　　　 的資源可以利用。			
4-1-4-6 能配合識 字教學， 用正確工 整的硬筆 字寫作 業、寫 信、日記 等。	2. 到圖書室閱讀，找相關的資源。 　 在 20 分鐘內，比賽看哪一組可 　 以認識最多的字，小組可以討 　 論，最後將認識的字經過整理後 　 寫在壁報紙上，比賽看哪一組認 　 識的字最多。寫過的字請不要重 　 覆，並把握時間。最後請每一組 　 上臺介紹他們所認識的字。 S： 我們這組總共寫了一百個 　　 字。 S： 我們這組寫了一百二十個 　　 字。 S： 我們這組只寫了八十個字。 S： 我們這組寫了一百五十個 　　 字。 教師總結： 剛剛看到各組分工合作，很 　　　　　 有秩序的完成這個比賽，表	25	能運用 資源增 加識字 量。	能經由 閱讀增 加識字 量並寫 出來。

		現得非常優秀。經由這個比賽，相信小朋友認識了更多的字。對於不太熟悉的字，小朋友還要多多練習喔！			

第六章　識字轉運用教學策略

第一節　識字轉運用教學的考量

識記漢字是學習語文的一個重要內容，因此必須注意遵循學習語文的規律。學習語文的規律，一是體現在知識的聯繫上，即字、詞、句、篇之間的內在聯繫；一是體現在訓練的聯繫上，即聽、說、讀、寫之間的內在聯繫。

我們常說識記漢字要「字不離詞，詞不離句，句不離篇」，這「三不離」便是遵循學習語文的規律來識字的方法。具體講，識記漢字要與詞統一起來，要字不離詞；識詞要聯繫句子，做到詞不離句；學習句子，要把它放到段裡去理解，進而把段融合到篇裡去認識。實踐證明，強調在具體語言環境中識記漢字，識字效果確實好得多。這樣的道理很簡單，因為掌握任何一種語言的人說話總要一句一句的說，閱讀總要一句一句的讀，寫作要一句一句的寫，而不是一個字一個字的進行的。（王鐵昆主編，1994：185-186）

由上述可知，學生只會默記很多字是不夠的，他們必須知道如何去運用，因為中國字的每個字可以創造出很多的詞，而不同的詞

則用在不同的情境和句子。如果只知道這個字如何寫，怎麼唸是不夠的，還要知道如何運用。在第五章中提到了閱讀的重要，經由閱讀，我們熟悉了很多字、詞在句子中的運用；也經由閱讀，我們看到了文字的最好典範，吸收了文字的菁華，以及因應不同的情境、不同的內容，用不同的詞彙和句子。我們在閱讀中，學到了不同字詞的不同含義，體現了閱讀的重要。在本章中，則要談到識字與寫作的聯繫，因為閱讀結合寫作是識字策略的重要關鍵。學和用有機的結合，充分創造「用」的機會，包括寫日記、文章、信件，以及日常生活中的交談、生活中對字的接觸等等。學過的字運用得越頻繁，使用率越高，識記的效果越好。（王鐵昆主編，1994：185-186）

漢字的書寫有利於鞏固識字，在識記漢字的時候已經對漢字的形體作了分析和記憶，但是這時候大腦並沒有很深刻的印象。書寫漢字的過程中，會對漢字的形作分析，會幫助字形和字音的記憶，還有對字義的了解。（王鐵昆主編，1994：211-212）

現行的教育體制，以低年級剛開始學識字來說，大部分都著重在字的筆畫的書寫，老師的回家功課可能是生字一行或者是圈詞幾遍。有些人以為太小的孩子不適合寫作，那是因為他們把寫作看成太狹隘了，寫作不一定是指寫一篇完整的文章，一個句子、一項想法、一篇短文、一個故事等都可以是寫作。如果我們的識字教學可以更多元，可以讓孩子們有更多的嘗試；那麼年紀小的孩子，在他們的生活中一定會充滿了寫作和閱讀的興趣。我們以為孩子還小，看不懂，不了解，而錯過了幼小的孩子最佳的黃金學習時期，這是非常可惜的。如果能在孩子們一開始學習識字時，就讓他們大量的

閱讀和給予寫作機會，讓他們有最好的教材和環境，相信他們的識字學習效果會更好。

> 書寫的文字比起口語使用的文字結構更複雜。口語用字是不精確的，常只是閒聊，沒有任何文法也可以，也比書寫的文字缺乏組織性，這就是為什麼公開演說的人會使用稿子，而政治人物總有專門替他們寫演講稿的人。因此，事實上，那些喜歡和大人對話而且常聽故事的孩子，比起那些只有和同伴對話的孩子，浸潤在一個更豐富的語言環境裡。（吉姆‧崔利斯，2002：67-68）

寫作是內心得到發洩的一種方法。而閱讀可以幫助我們接觸各種東西；透過閱讀，我們激盪出更多的想法和情緒。我們經歷的內容都存在我們的大腦裡，而這些經歷都是寫作的材料。但是人的一生不可能每一件事都親身經歷；有研究發現，人的一生可以親身體驗的不到 20%，其餘 80% 都是從書本上間接得到的。（南美英，2008：59）經由閱讀和寫作，開拓我們的視野，接觸更多的文字，不是只知道文字怎麼寫，而是更了解文字中蘊涵的文化意義。

> 寫作力，不該只是附屬於國文課後的「作文」能力。世界各國都開始將「寫作力」當成涵蓋各科目領域的基本能力。因為寫作是思考的工具，也是思考的成果。美國國家寫作委員會（National Commission on Writing）在推動美國各級學校改革的報告書中強調，學生必須「學習寫作」（learn to

write）與學會「透過寫作學習」（write to learn）：「如果學生要能自我學習、自我發展知識，就必須有能力將一堆瑣碎資料、數據消化重組，並透過語言的表達來跟人溝通。簡而言之，學生要能學習，必須學會寫作。（何琦瑜，2007：12）

透過寫作學習，其中當然包括了識字的學習。有些字，我們常常看到，會以為自己已經認識它了；有些字，你覺得你明明會寫，怎麼會寫不出來？透過寫作的實際運用，常常寫，常常用，我們會知道更多字的寫法，也比較不容易出現錯別字。在寫作中，孩子們學習運用更多的字彙，學習不同的字彙用在不同的情境中。

在魯賓達瑞爾中學任教的史拉特蔻的重點之一就是在文學與寫作課裡教字彙技巧，請學生將他們在書籍、報章、雜誌上看到的生字紀錄下來，作成「活字典」。另外，也整合文學和字彙的學習，一起製作童書。（周慧菁，2007：84）

　　陳銘磻在教導「寫作」之前，會先建立孩子們對文字的「感覺」。「要把文章寫好，你必須先『喜歡』字。」陳銘磻表示，文章的構成是文字，文字其實各有其不同的色彩和韻律，但多數孩子們並沒有意識到這些美感，為了建立孩子們對文字的興趣，他會透過各種遊戲。例如要孩子們從報紙不同的標題上，找出自己比較「看對眼」的字，一一剪下來，拼貼組成合適的句子。（李蓓潔，2007）

　　陳銘磻認為，作文本來就是用字遣詞的遊戲，「就好像是樂高，你的『積木』（詞彙）愈多，而且夠熟悉這些『積

木』，自然可以運用自己的創意，組合出漂亮的作品。」（同上，2007）

寫作應該包括各種學科，它是各種學科的基礎。寫作的方法有：

(一) 有一個目標：讓學生將在課堂所教的知識和個人經驗運用巧思和創意結合。

(二) 概念的解釋：將一個概念用淺顯的語言或方法說明。

(三) 具有爭論的議題抒發己見和論點。

(四) 給學生原始資料，包括數字和圖表等等，請他們作分析和抒論或整理摘要等。

(五) 文章接龍，給予一些開頭，請學生完成後面的部分。（周慧菁，2007）

透過寫作策略的安排和規畫，可以讓學生學到你所希望他學習的字，也會讓識字學習範圍更廣或更熟練。

　　我國文字中，很多單字已經能夠表現特有的意義，如「家」、「走」、「熱」等等，這些單字如果與其他語素組合起來，就會成為不同的詞。如「家」：家人、家風、家道、家鄉。「走」：走失、走廊、走味、走運。「熱」：熱心、熱血、熱鬧、熱愛。這樣子，有系統的從一個單字到詞語、詞組到完整的句子，其實可以像蹲馬步一般，厚實學生最基本的能力，一步一步的建立學生的文字基地。

　　在這樣的基礎之上，再進一步開發雙聲字和疊韻字、同義詞與反義詞、主動句與被動句、順序句與倒裝句、否定句與雙重否定句、整齊句與參差句、以及散句與駢句的交錯運

用、長句與短句的搭配應用等等。練習方法可以用照樣照詞、照樣照句等仿寫手法，或者詞語接龍、成語接龍、短文續寫、片段銜接，有條不紊的打好基本句型，循序漸進的有效學習。長此以往，引領學生具備正確甚至精準的措辭造語能力，應該可以看得到應有的學習成就。（林明進，2007：7-8）

一篇文章是由許多句子組成的，一個句子是由許多字組成的。要想學習寫作，必須先學造句，學造句必須先懂得用字，所以「用字」是寫作的最基本工夫。

在我們實際運用上，複音詞比單音詞佔的地位重要。很多單字，本身的效用很小，但是和其他的字結合成詞，效用就大了。如「犄」字，不大常用，但是和「角」字結合成「犄角」就常用了。「枇」和「杷」都很少用到，結合成「枇杷」就常用到了。「鬼」字不大常用，但是「鬼話連篇」「鬼鬼祟祟」就常常用了。還有一個字有好幾個意思，運用不當，意義就含混了。因此，也促使單字和單字結合成詞，以便消除這種困難。

詞是在說話或作文的時候，用來表情達意的最小單位。（劉玉琛，1990：112）

因此，我們知道學習寫作必須學句子、詞和字。同樣的道理，利用寫作的學習，可以認識更多的字，可以將字與詞的關係作更好的運用，達到更好的學習成效。

> 《教育百科辭典》對於「作文教學」有非常清楚的定義：語
> 文教學的重要組成部分。作文是學生運用語言文字，反映客
> 觀現實，表達思想感情，培養寫作能力的綜合訓練，是體驗
> 學生文字表達能力的一種形式……（引自葛琦霞，2006：8）

　　寫作是孩子們將文字學習運用與表達的方式之一，更是孩子們
識字學習的重要策略。

　　前一章提過閱讀的識字策略，本章談的是寫作識字教學策略，
但是閱讀與寫作密不可分，透過閱讀，你有更多的內容可以寫；透
過閱讀，你有更多的思想和見解；透過閱讀，你有更多的情感……
這種種都能幫助寫作。也就是從閱讀中，可以學習別人的寫作技巧。

> 前臺大校長孫震先生在一場演講中，提到一個讓人感動的觀
> 念。他說他在讀《西遊記》這本古典小說時，一定每一字每
> 一句都不漏過，在讀的過程中，還是會遇到他不了解的詞，
> 他仍然要查字典，才能完全理解；理解後，讓他能驚嘆作者
> 的文學功力以及創造力。（葛琦霞，2006：23）

　　從閱讀中，我們可以認識很多的詞彙和句子，閱讀好的文學作
品，對於詞彙的幫助更大。

　　潘麗珠相當推薦教師平時多利用聯絡簿，進行「擴大字詞庫」
的連結與練習。她觀察發現寫作能力好的人，都擁有龐大的字詞量
可以替換與挑選。（引自李佩芬，2010）我們平時就應該多引導孩
子們養成觀察生活細節的好習慣。譬如在聯絡簿上，可以從紅色開
始，逐漸增加細節的描述。（同上）擴大孩子們的字詞庫，除了講

解意義，還有列舉足夠多的示範例句，讓孩子明白這個詞彙應該用在什麼樣的位置比較適合，是字首還是字尾，如何運用。另外，還要讓孩子們試著寫作，讓他們的語感更好，學習識字更事半功倍。

文章可以分成各種文體，包括抒情性文體、敘述性文體、說理性文體、應用性文體等。抒情性文體是指抒發作者情感的一種文體。也就是對於任何事物，為了抒發自己的情懷所寫的文章。抒發我們對事物的感傷、憤怒、難過等情懷。引發情感的原因，可以分成懷人、感事、寫景（所謂的觸景生情）等。敘述性文體是指記敘人、事、物的性質、狀態、效用、變動和發展的文章。寫作時必須是真的事實。它必須具有以下五個要素：事件的主體、事件的情節、事件發生的時間、事件發生的地點和事情的演變。有人把議論文和說明文合併起來討論，叫「論說文」，指的都是讓讀者用理智判斷。也就是說明、議論一件事物，提出自己的主張和發表自己的意見。它要拿出理論依據並解析說明，使人信服。這種論說道理，也就是所謂的說理性文體。應用性文體是指在生活中為處理各種事物所作的文章等。應用性文體在目的上是求實用的滿足。它有三個特質，包括有一定的目的、有特定的對象、有一定的格式和用語。應用性文體有特定的格式和用語，只要仔細的研究並不難。（劉玉琛，1990：14-16、28-30、38-41、46-48）

將學習加以運用，絕對是學習的最好方法之一。而對於識字學習來說，如何將識字轉運用，更是識字教學策略不可缺少並要考慮的。至於識字學習如何運用？文字是我們生活中不可缺少的，在生活中我們有很多書寫的機會，舉凡交談、對話、工作中的文字溝通和交流以及孩子們在學校課程中的寫作教學等等，都是將文字運用

在識字學習的部分。在這裡，我將識字轉運用教學策略分成兩部分：第一部分是識字轉運用在寫作教學策略；第二部分是識字轉運用在編輯採訪教學策略。寫作包含了各種文體，而不同的文體孩子們接觸到的詞語和文字也會有所不同。透過不同文體的寫作，孩子們會接觸到不同的文字，除了對於寫作的能力增加外，對於識字學習的效果更好。有了好的成效，增加寫作的動機和興趣，形成良性循環，對於識字學習效果加倍。

　　關於識字轉運用的教學策略，主要的考量是熟練文字，次要的考量分成兩部分：一是教學寫作各種文體，而所教的文體又可分成抒情性文體、敘述性文體、說理性文體及應用性文體；一是教學編輯採訪，而所教的則包括編輯、採訪、編輯採訪及採訪編輯。編輯採訪是指為了編輯而採訪。例如我想編輯一份和運動有關的刊物，所以我去採訪相關的人物或事物。採訪編輯是指為了採訪而編輯，如採訪了某位運動選手或是某個運動的比賽，將採訪的內容編輯成刊物等。以下圖表示：

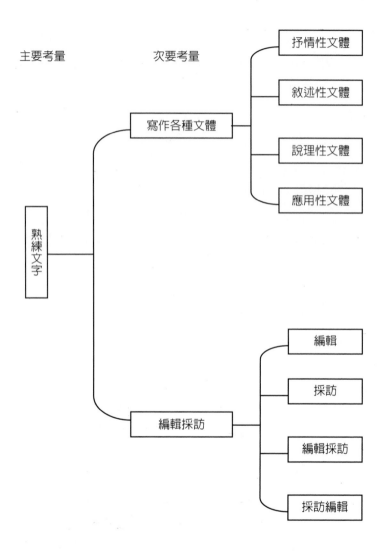

圖 6-1-1　識字轉運用教學考量圖

第二節　識字轉運用在寫作教學

當你離開學習的環境，能夠獨立地學以致用，學習才算真正
大功告成。「展示所知」是不可或缺的重要步驟。設法多方
應用、發展、改進你所學的東西，才能真正掌握它。（柯林・
羅斯、麥爾孔・尼可，1999：235-236）

識字學習的最好策略之一，就是轉運用。識字學習包括了說、
讀、聽、寫、作，而寫作就是其中最好的應用。應用可以達到識字
學習的效果，相輔相成。只有可以真實的運用在寫作上，才是真正
達到識字學習的效果。透過寫作，可以知道是不是真的學會了。透
過真實的寫作，更可以清楚的知道這些字和詞的真正用法和涵義。
識字轉運用在寫作的教學策略，可以分為以下幾部分：

一、寫摘要教學

生活中隨時隨地都在運用摘要的手法。聽別人講話的時候，閱
讀的時候，或在學校學習的時候，都應該把有關的內容縮短、摘要
儲存在腦子裡。摘要是要求具有羅列或對立的內容統一，整合出一
個精練想法的綜合思考能力。綜合思考能力強的人可以用一句話把
一本書的內容摘要出來。（南美英，2008：172-173）因為聽別人說

話，閱讀相關的文章再作成摘要，在這過程中，有了聽與閱讀的學習，再經過綜合思考運用出來，對於識字學習上，效果更好。

二、人、事、時、地、物的寫作教學

創作一個什麼樣的人，想像發生了一件什麼事，在什麼地方有什麼特別的風景或民情，有什麼東西是很特別的，老師可以給予一個主題，讓小朋友創作。有些孩子對於一次就要寫一篇完整的文章，覺得很困難，如果可以以小部分的主題來練習寫作，寫作的題材讓他們可以發揮想像力，對孩子們來說既有趣又容易完成，比較不會產生排斥。小朋友在寫作前，可以讓他們先閱讀相關的文章或故事，講一個《魯濱遜漂流記》的故事，以故事中的某一個部分為主題。例如以島上的風景為主題，請小朋友想像假如有一天，他們漂到一個無人島上，那個島可能是什麼樣的島；那個島上可能藏有什麼樣的寶物；請他們設計一艘適合到處旅遊的船；設計一種魯濱遜在島上會很好用的工具等等。老師可以採不同的項目設計不同的寫作情境，透過人、事、時、地、物等的寫作，對孩子們來說寫作變得有趣又好玩。因為有趣又好玩，就增加了寫作的興致，達到更好的識字學習效果。

三、命題式作文教學

　　命題式作文是指由老師訂出一個題目，孩子們依照這個題目發揮。不限定寫作文體和方式，讓孩子們就自己所長發揮。

　　作文一般分成抒情文、敘事文、說理文（論說文）和應用文等。

> 作文的內容主要可分為記敘文——寫日常生活中的所見、所聞，或是敘述一些現象；抒情文——寫自身在生活中得到的感動，或表達對人、事、物的特殊情懷；論說文——寫本身對某種觀念的見解、評論或闡述某種觀念對人類社會的影響。（方淑貞，2007：86）

　　透過不同文體的命題作文練習，孩子們學到了不同性質文體常用到的字，對文字更熟練；利用不同的題目和不同的寫作文體，常常練習寫作，增加孩子們對文字的熟練，讓寫作更熟練。

四、評析式寫作教學

　　讓孩子們不再只是被評論者，而是可以用老師的角色來評析別人的作品，對孩子們來說是一個很特別的經驗。評析不一定只是批評缺點，評析包括了評論和分析，分析出這篇文章的優點和架構主題等。（吳忠魁、曉潔、小陶編著，2000：145-150）讓孩子們練習

找出文章中很美的詞和句子，或者找一篇文章說一說文章中的觀點及提出自己的觀點，並寫下來。

五、給予固定詞語寫作教學

老師可以根據課本上學習的詞語，或者閱讀一本書、一篇文章後，從中討論到的詞語，讓孩子們利用其中的詞語寫成一篇文章或短文。這種寫作教學以下圖表示：

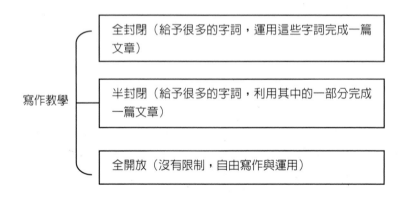

圖 6-2-1　寫作教學圖

六、造句的寫作教學

　　造句教學是教育現場中常常用到的教學方法，也是孩子們基礎的寫作練習。透過造句，孩子們不但更加認識字詞，也學習運用。教師可以將角色、時間、地點、事件等要素作為造句的題材。將基本要素按順序排列，包括什麼時間、什麼地點、發生了什麼事等等。例如學校的操場上，每天早上都有阿公、阿嬤在運動。透過更多的造句練習，讓小朋友更理解這些詞的意涵和意義，認識更多的字。

七、看圖寫作教學

　　對於低年級的小朋友而言，如果能配合圖畫，他們的寫作會更有意願，看起來更生動活潑。（方淑貞，2007：98-100）老師可以利用提問法，多多引導孩子們注意圖畫上的細節，包括動作、表情、背景，想像圖畫中的人物可能有哪些對話、發生事情的原因和經過；想像過程中可能還會發生什麼問題，讓內容更生動。在寫作之前，讓孩子們先用說的，引導他們參與討論，並將其中的關鍵詞先寫在黑板上，供他們參考和學習。（吳忠魁、曉潔、小陶編著，2000：145-150）看圖說話與寫作——可以利用圖畫激發他們的想像力和已有的知識，為寫作奠定基礎。老師可以先帶學生學習圖畫中的關

鍵詞彙，先利用這些詞彙作聯想，擴充詞彙練習；再利用這些詞彙寫成句子，完成短文。（吳忠魁、曉潔、小陶編著，2000：145-146）

八、寫書信、日記教學

　　同學們要想文章作得好，最好是寫日記，或寫書信。日記、書信最容易寫，人人都能寫，是練習寫作最重要、最有效的方法。寫日記不但可以練習寫作，而且也可以培養觀察的能力和體驗生活。寫日記還可以養成一個人做事有毅力、有恆心。

　　日記是給自己看的，沒有顧忌，如果寫錯了，沒有人恥笑。可以隨自己的意思，願意寫什麼就寫什麼，可以哭，可以笑，可以憂，可以恨，可以高歌，可以低吟；願意怎麼寫就怎麼寫，可以記事，可以抒情，可以寫景，可以發表議論；而且字數多少都可以，沒有絲毫的限制。（劉玉琛，1990：144-145）

　　書信和日記可以作為抒發自己想法的方式，可以作為和別人溝通的或自我紓解的方法之一。可以寫信給實質的人、虛擬的人、朋友、家人和作家等等。（方淑貞，2007：98-100）

　　許多成功的人物都有寫日記和寫信給家人和朋友的習慣。他們在日記、書信和詩詞中寫出他們的思想和情感。像愛迪生就寫了三

百多萬頁的筆記和書信。日記和筆記可以培養更優質的智能，更是一個很好的學習方法。（柯林‧羅斯、麥爾孔‧尼可，1999：189-190）

　　第五章提到網路中書信的往來，也是一種孩子們的學習方式，可以增加同儕的互動，引起更大的動機，又具有便利性。老師也可以給予一個主題讓孩子們利用書信討論。

　　北一女英文老師白琇實讓兩班不認識的學生利用網路寫日記，老師的任務是將學生最容易犯的文法、拼音、用字的錯誤，貼在公開版讓學生學習。活動的高潮是最後讓兩班學生會面。白琇實認為寫日記刺激學生的觀察力，也讓學生對寫作更有動力。（李雪莉，2007）

　　日記可以幫助孩子提高寫作水平，但是如果寫日記只是應付了事，變成一種形式，就沒有意義。甚至會讓孩子對寫作失去興趣。日記的指導很重要，例如觀察力和分析能力的指導，包括要養成主動觀察的習慣、在生活中處處留心隨時觀察；除了大範圍的觀察，還要注意細節的觀察，顏色、外貌、言行等。對於事件描述的能力也很重要，也就是人物和景色的描寫和心理的描述都是日記學習重要的部分。透過不同內容的學習，相對的，也學習到不同的字彙。（吳忠魁、曉潔、小陶編著，2000：154-169）

九、透過想像力寫作教學

　　想像力很重要。前面提過，透過想像力可以把抽象的東西變成具體的。而具體的東西和圖像的東西又有助於記憶。想像力更是孩

子們一生中重要的能力。老師可以在閱讀中透過想像力來學習，更可以利用這樣的學習增加想像力。例如閱讀一個故事，請孩子們想像這個故事的畫面，並把它畫下來；將這個故事反覆的閱讀，並將圖上畫的東西寫下來，或者在圖上寫下簡短的故事內容或你畫的圖的內容。閱讀一篇歷史故事，請孩子想像他是故事的主角，正在做什麼事，或者想像如果他是書中的某個角色，他會怎麼做。閱讀一個旅遊的故事，請孩子們想像在旅遊中他會看到什麼風景，遇到什麼樣的事情，並把它寫下來。

培養想像力有個好方法，就是每天早上唸一首詩給他聽。我發現唸詩給他聽和沒有唸詩給他聽的孩子，他們之間的想像力差距非常大。詩就像是語言的圖畫一樣，當我們聽詩的時候，腦海中就會出現詩的影像，也因此能夠提升孩子的想像力。（天下雜誌教育基金會策劃編著，2008：47）如何讓想像的翅膀變成與眾不同的創意是很重要的。（黃秋芳，2005：43）

十、擴寫、縮寫、改寫教學

孩子們對於寫作覺得很困難，除了他們想不出內容，不知如何架構和組織；另外的困難就是他們對於正確的用字和詞語都不甚熟悉。太多的錯字也會造成他們對寫作沒有興趣。這時候，我們可以利用擴寫、縮寫和改寫的方法，讓他們先有一段範文可以參考。這篇範文也可以作為他們的學習的內容，不管是字、詞、句或是內容的學習。有了基本的範文，對孩子們來說就沒有那麼困難；而且好

的範文可以作為學習的典範，增加他們寫作的功力。老師也可以把要讓小朋友學習的字先寫成範文，作為學習。

> 所謂「縮寫」，就是在不改變原有文章主題的原則下，將完整的文章內容，作高度凝煉的濃縮，以簡潔扼要的文字來概括文章的菁華，將豐富詳細的文字化為精潔簡要的語文表達能力。
>
> 過去同學們閱讀經驗，大多停留在籠統的認知、模糊的記憶，有堆積材料的能耐，卻沒有將資料作整合摘要的經驗。縮寫訓練是資料整合的基本工夫，同學們要仔細推敲、琢磨，培養剪裁、組織、概括、銜接、楬櫫主題的能力。（林明進，2006：39）

除了語詞的縮寫、句子的縮寫，還有將文章閱讀後，寫出文章主旨的方式。另外，還有摘要的方式，寫出大意的方式等。（林明進，2006：43-44）

縮寫是指將較長的文章寫成字數較短的文章，基本的內容和主旨不可以改變。孩子們必須學習找出主要的中心思想。擴寫則是相反，要將原文作深入細緻的敘述和描寫，讓文章內容更生動豐富和完整。擴寫的內容必須合理，不能改變原來的內容和中心思想。改寫是不改變原文的中心思想，用不同的體裁和敘述方式進行改寫。（吳忠魁、曉潔、小陶編著，2000：187-194）

> 擴寫是培養中小學生能夠具備擴張句子、段落的基本語文能力；進一步達成擴展篇章內容，使故事更充實、情節更豐富的語文表達能力。

　　　擴寫就是在不違背原文大意的前提下，按照所提供的句子、短文添枝加葉，發揮想像空間，增加必要的文字，合理的擴充內容，使得原文由簡單變成豐富的表達方式。（林明進，2006：26）

　　擴寫的方式包括了詞語的擴寫，包括名詞、形容詞和動詞的擴寫，及句子與短文的擴寫，另外還有故事性的擴寫。（林明進，2006：26）

　　改寫也可以用小朋友最有興趣的故事改寫，帶領小朋友認識基本的要素，如角色、時間、地點、事件、物品等，讓小朋友將其中的一些要素改變，將故事改寫。老師可以先就其中一項要素作改變，例如將地點改變，先經過討論，引導小朋友說出更多特別的地點，作為故事改寫的內容。憑空想像的地點，或者是孩子們生活中常見的地點等。也可以是發生事情的改變，請小朋友改寫另一個故事發生的經過等等。還可以一次改寫兩個基本要素等。（方淑貞，2007：98-100）故事的改寫包括了部分的改寫和全面的改寫。先利用部分的改寫讓小朋友作練習；等熟練了最後再以全面的改寫方式，讓孩子們更容易心有所意。

　　除了一個故事，也可以給予一首詩、一首兒歌、一篇文章，或是一個句子，進行改寫。對於低年級的小朋友，可以給有限制的改寫，讓孩子們不會覺得困難，又能培養興趣。

十一、主題式的寫作教學

利用主題式的教學，中高年級的小朋友，可以選擇範圍較廣較深的主題；對於低年級的小朋友可以用單一主題，或者較簡單的方式。此外，也不妨設計較有延展性的主題。例如：

（一）以作家為主題

結合繪本教學，以作家為主題進行寫作。「不知道要寫什麼」，常常是很多小朋友覺得寫作很痛苦的原因之一，如果能給孩子們方向，協助他們蒐集寫作的內容，他們會表現更好。透過閱讀作家資料，經過討論、整理後寫出來，對於識字學習更有成效。

（二）以店為主題

可以寫如何開一家店的經營計畫和規畫等等。而這可以上網蒐集資料，讓小朋友將自己開店的想法和相關的資料作一個比較和整理。（黃錫培，2005：55-56）

寫作不一定是指寫一篇文章，也可以是一句話，一篇短文，尤其是對低年級而言。低年級的寫作以造句、看圖說話、擴句等等為主。（吳忠魁、曉潔、小陶編著，2000：145-146）

（三）以提問為主題

可以利用提問的方式讓小朋友將答案寫下來，這也是另一種寫作；寫作不一定是完整的一篇文章，回答問題的寫作方式，同樣可以讓孩子們學習識字。提問技巧方面需要注意的有：儘量問開放性的問題，少問封閉性的問題；尤其是只需要回答是或不是、要或不要的問題更不適合。而這可以和第五章提過的閱讀識字教學策略一起使用，先讓孩子們閱讀繪本，再從書中找問題讓孩子們寫作，這樣孩子們比較不會茫然不知所措。這時候也要避免使用記憶性的問題，例如閱讀《巨人與春天》這本書，問孩子們：「巨人最後有沒有放走春天？」這樣的問題對孩子們的幫助是不大的。可以提問需要孩子們思考、分享、感受的題目。讓小朋友可以將書中傳達的觀念，融合在生活中，產生聯想、同理和運用。這樣孩子們寫出來的內容會更豐富。（方淑貞，2007：51-55）

（四）以繪本為主題

利用繪本為主題，還可以將故事中的角色、主題、背景、修辭等作為寫作的內容。以角色為主，可以作角色的重點式摘要，角色的聯想，對於角色的建議和感想。以主題為主，可以將書中的主題敘述出來，提出自己的看法及跟這個主題相同的生活經驗；或者也可以試著利用這個主題編一個短篇的故事。

此外，可以在閱讀後，問孩子們有沒有什麼想法；有什麼話想告訴寫故事的人。如果他們想介紹這本書給好朋友，他們會如何介紹；他們最想跟書中的哪一個角色對話。利用「心智圖」的方式，畫出這本書的故事內容，讓孩子挑出關鍵元素。（李佩芬，2010）

（五）以修辭為主題

可以用修辭為主題，找出形容角色的形容詞、形容背景的形容詞、描述角色動作的動詞以及疊字詞、數量詞等等。請小朋友作成一份圖表或者寫成一個網絡圖，不但條理分明，更可以增加記憶。（方淑貞，2007：109-124）

（六）以詞語為主題

黃秋芳提到，如果我們經常捕捉想像和創意，我們就有千變萬化的材料，素材和素材之間藉各種聯想方式串聯，透過各種聯想方式，我們累積豐富的詞語。聯想方式可以分成三種：

接近聯想：很多東西常常在接近的地方或時間裡一起出現。例如茶杯和茶、洗澡和水、星星和月亮等等。

相似聯想：有些東西表面上是不一樣的，但是具有相似的特質和功能等等，在不一樣中又給人相似的感覺。例如太陽和檯燈以及從珍珠聯想到眼淚。

對比聯想：完全相反、對比的東西，給人強烈的感覺和力量。例如大象和老鼠；石頭和羽毛等等。（黃秋芳，2005：24-25）

好的內容還必須借助詞、句來表達，選詞用句所包含的諸多
文字技巧和手法，也必須讓他們領悟、掌握，這也都需要親
自的實踐摸索。（吳忠魁、曉潔、小陶編著，2000：151）

以詞語為主題，還可以包括詞語的修辭。例如讓小朋友練習用
誇飾法，給小朋友一個主要詞彙，可以是聲音的、動作的、表情的
等；讓小朋友經由討論，寫出相關的誇飾練習。例如爸爸生氣時的
聲音像打雷一樣很嚇人；媽媽的嗓門很大，一說話三條街外的人都
可以聽得到。（顏福南，1999：28-30）可以用形容詞為主題，讓小
朋友在每一個句子上加上形容詞，請小朋友寫下春天的形容詞有哪
些；描寫樹木的形容詞有哪些；描寫人物身高的形容詞；描寫蛋糕
的形容詞；形容東西好吃可以用什麼詞；形容動作的形容詞有哪
些。老師可以經由討論後，將這些詞彙寫在黑板上，讓小朋友可以
更進一步認識它們；並利用這些詞彙完成一段短文。對於年紀較小
的孩子，可以請他們只將這些詞彙整理寫下來即可。除了以形容詞
為主題，也可以用動詞為主題等等，讓小朋友認識更多的動詞，並
經由寫作的運用更加熟練。此外，還可以用感覺的詞彙來寫作。（顏
福南，1999：44）讓小朋友設計一個情境，或是利用小朋友在學校
生活中普遍發生的情境，請小朋友說一說當時的心情和感覺。小朋
友如果說得不夠多，老師可以適時的給予提示和引導。例如班際躲
避球賽輸了的心情，運動會大隊接力賽得冠軍的心情等等。除了寫
自己的心情，也可以讓小朋友想像對方的心情、老師的心情、家長
的心情等。請小朋友利用討論出來的詞彙練習寫作，老師可以先將
討論出來的詞彙先作解釋，讓學習較低落的孩子有多一次的學習；
或者請小朋友先利用這些詞彙作造句練習，讓其他小朋友學習，帶

領小朋友習寫沒有學過的字，使他們對於這些字更熟悉。關於寫作很重要的能力就是觀察和感受，藉由這樣的練習，也可以加強他們寫作的能力，經由寫作學習，讓孩子們認識更多的詞彙和句子，他們的寫作能力將會更好；好的寫作能力又會幫助他們學習更多的詞彙，相輔相成，表現更佳。

（七）以人物為主題

可以由老師或請小朋友作裝扮，也可以用照片或影片中的人物為主題，或是閱讀某一段文章中描寫人物的句子，讓小朋友進行猜測：猜一猜這個人物的職業是什麼，可能是警察、小偷、老闆、祕書等。也可以請小朋友寫一段文字來描述這個人物，讓小朋友學習察顏觀色，紀錄人物的外表特徵，練習用具體事物描述等。（顏福南，1999：25-27）

十二、小組合作式的寫作教學

對於中高年級的小朋友，可以 2-4 個人一組，一起討論寫作大綱；或者有人負責找材料、有人負責寫；或者一起完成某一段等等。分組的時候，必須注意學生程度的安排，避免同組中有些人的能力較強，或者較強勢，以致於弱勢的小朋友完全無法參與。小組合作的方式，也可以應用在報導式的寫作上，有人負責寫人物；有人負責調查事情發生經過；有人寫周邊的人的想法等。

一直以來，孩子們都很怕寫作，不喜歡寫作，如果我們可以考量不同年級的孩子、不同特質的孩子及不同程度的孩子，給予多元的、有趣的、有效果的識字轉運用在寫作的指導，讓孩子們愛上寫作，並且在愉快的方式下認識更多的文字，就可以達到極佳的識字學習成效。

第三節　識字轉運用在編輯採訪教學

說到編輯採訪，孩子們也許比較陌生；而在我們的教學現場裡，作文教學的時間已經不足了，運用編輯採訪的教學方式更是少見。比較常見的可能是因應某些節慶做的相關宣導海報，或者是布置教室後面「我們的園地」等。有時候，因為某些考量，「我們的園地」的編輯和製作也是老師一手策畫，孩子們並無法參與。編輯採訪的能力對孩子們而言，其實是很重要的，他們可以運用在日常生活中。例如他們會轉述別人說過的話，抓到別人話裡的重點和真正的意涵；看完一部影片，他們會將相關的重點編輯起來；對別人陳述事情、辯論一件事或是一個論點，他們能找到相關的資料及有力的證據，旁徵博引，得到別人的認同和信服。往後發表文章、申請文件、做大學推甄的資料等，都可以有更好的表現。還有透過編輯採訪的教學，他們懂得如何與人交談；如何發問；如何找到自己想要的答案。或者他們知道這樣的問題要問誰；這樣的主題可以從哪裡找到答案。這些對孩子們而言，都是非常重要的。如果他們有編輯採訪的相關知識和技巧，他們將會更容易達到目標。另外，對

孩子們來說，編輯採訪其實也是一個有趣好玩的學習方式。他們常常看電視，常常看到記者的採訪；他們常常閱讀，也看到了雜誌、書籍等的編輯，看到了各種宣傳海報的編輯和採訪。對他們來說，如果可以親自體會和製作，是非常吸引人的學習方式。透過這樣的學習，增加了學習的興趣及學習的意願；而經常的參與編輯採訪，接觸不同的人、事、物，增加了識字的廣度，也增加了文字熟練度，更容易達到識字學習的效果。

　　在這個知識爆炸的時代，人們上網只要輸入一個關鍵字，就可以得到很多資料，可是，如何從這些龐大的資料中找到有用的，需要的資料，就需要孩子們編輯統整的能力。編輯能力越好，越能展現自己的才華，幫助自己快速的吸收新知。因為知識的獲取，不再只是單向的、線性的進行，它需要的是多方面的、網絡式的學習。藉由這樣的學習，也能讓孩子們的識字更全面與多元。在這個多元開放的世界，學習的來源不再只是單方面的由學校老師在課堂上的講授。學習的來源很多，除了網路、書本、各種媒體、教師的講授，還包括人與人之間的交流及互相學習。個人的學習、群體之間的學習、不同種族與不同文化之間的學習，都很重要。如何面對不同的人群、如何從不同的層面和管道學習，以及如何學習人與人之間的相處和人格特質等，都是學習中很重要的一部分。倘若，孩子們從小就能學習採訪的技能和方法，他們就能用更多元的方式探索這個世界。也就是他們可以利用訪問的方式，解決心中的疑惑和探究更多元的內容，達到主動學習的目的。這樣的方式，一定也是孩子們喜愛又有成效的識字學習策略。

　　這裡談的編輯採訪，指的是廣義的，包括了壁報海報的製作、班刊的製作，自製小書及網頁的編製等等。藉由這樣的方式，提升孩子們的識字成效。

　　黃錫培提到訪問的類型和重要性。他指出：

> 　　「學問」就是學會去問，透過提問與回答，激起學生更大的思考空間，我們的孩子在學習過程中，發問並不像外國人那麼頻繁，顯見我們缺乏思考問題本質及發表個人意見的經驗。
>
> 訪問可以分成三種類型：
>
> (一) 訪問事實──針對某一事件，蒐集資料做報導，如：各項比賽結果的報導。
>
> (二) 訪問意見──詢問當事人或相關人員對事情的看法，如：訪問球員獲勝的心情。
>
> (三) 專題報導──以人物或事件作專訪，如：對某一球員作深入的訪問和報導。（黃錫培，2005：89）

　　黃秋芳也認為，訪問會是孩子們喜歡的活動，對孩子們來說既刺激又好玩。他提到：

> 　　有一個緊張、有趣，又非常有意思的「文學練習」，就是辦一個訪問會。認真而用心的家長和老師們，不妨替孩子們設計主題、邀約受訪來賓，經營出各種新奇有趣的訪問會，讓孩子們把教室當成刺激又好玩的「大型遊樂場」。（黃秋芳，2005：59-60）

採訪寫作最重要的要領是：

(一) 觀察特質：這是敘事能力的訓練。

(二) 選擇主題：這是說理能力的訓練。

(三) 對話與現場氣氛的描繪：這是敘事與說理交錯、並且必須在很短的時間裡下判斷，去蕪存菁，去繁御簡。(黃秋芳，2005：59-60)

對於寫作教學很有研究的沈惠芳認為寫採訪稿的祕笈，包括：

(一) 有標題：用醒目的語言寫出報導的內容，由正標題和副標題組成，正標題較抽象，副標題較具體。

(二) 有導語：通常是自然段的第一段。要簡明扼要寫出新聞中最主要的事實或重點。

(三) 有主體：要具體報導事實，寫出時間、地點、人物及事件的起因、經過和結果。

(四) 背景和結語可有可無：背景是報導相關的環境或是條件，可寫在導語、主體和結語裡，也可不寫。結語是用一句話或一段話概括事實，可寫在最後一段或不寫。

(五) 寫稿時以記敘為主，可以穿插描寫、抒情、議論等表達方式。(沈惠芳，2006：146)

　　了解了採訪與寫作的要領，孩子們更能掌握識字的學習。前面談過識字轉運用教學的重要，除了運用在寫作教學上面，另一個不能忽視的方式就是編輯採訪教學。本章第一節提過，編輯採訪包括，編輯、採訪、編輯採訪、採訪編輯。編輯採訪是指因為要編輯，

所以採訪。例如你想要編輯一本和運動有關的刊物，你可以去採訪賣運動器材的老闆，什麼樣的運動器材最適合孩子們使用，什麼樣的運動器材是目前最受歡迎的；採訪體育老師，學校目前是否有推動什麼運動，以及孩子們在學校的運動情形；採訪家長，了解孩子們在家運動以及家庭親子運動的情形；採訪小朋友，了解他們最喜歡的運動是什麼，還有他們的想法。至於採訪編輯是指因為採訪，所以編輯。例如訪問一位作家，將訪問的內容予以編輯並用最好的方式呈現。透過編輯，讓訪問的內容有更好的呈現。對小朋友而言，編輯可以包括編製班刊、製作網頁、壁報、自製書等。採訪的對象可以是校長、主任、老師、小朋友以及認識的人或不認識的人。另外，也可以讓小朋友嘗試訪問動物、植物、石頭等等。編輯採訪對孩子們來說是個有趣又好玩的方式，他們會開闊視野並吸收到更多元的知識。

　　將編輯採訪運用在識字教學上包括以下幾個部分：

一、採訪

　　採訪的範圍很廣泛，運用在孩子們身上可以帶給孩子們各種不同的學習。採訪的對象不同，孩子們可以學習到不同領域的文字。老師可以利用學校附近的環境、學校發展的特色、班上孩子們的興趣，決定各種不同的採訪對象及採訪的主題和方式，作為孩子們的學習內容。包括：

（一）商店的採訪

　　商店是孩子們生活中常常見到的，也是他們常常會接觸的。舉凡生活日用品的購買，三餐食物的來源，學校學務用品等，都會和商店有接觸。商店是他們最喜愛又不陌生的地方；商店裡的東西琳瑯滿目，更是他們最常去光顧的地方。以商店作為他們學習的主題，相信會引起他們很大的興趣。他們可以訪問住家附近的商店，了解商店的運作、開店的原因、選擇該地段的理由，以及店名、Logo 設計的概念、經營店的理念、對未來的規畫。可以畫出商店的規畫圖及讓小朋友與店長和店員拍照及簽名。最後讓小朋友利用照片豐富的畫面，寫下自己的感想和心得。（黃錫培，2005：55-56）中高年級的小朋友，可以請他們上網蒐集其他商店的相關訊息，並作一個比較和整理，比較不同性質的商店有沒有相同的理由和特質。

（二）人物的採訪

　　可以讓孩子們先訪問熟悉的人，如家人、師長、同學、朋友，然後再試著訪問不認識的人。訪問對象的選擇也可以是全班一起討論，或者由老師決定。可以是每個人分別採訪不同的人物；也可以是全班一起訪問共同的人物；還可以是幾個人一組，一起採訪同一個對象。訪問人物的選擇可以配合主題，考量班上學生的興趣，以及最新的議題等等。教師應該要教導孩子們在訪問前先了解採訪的

對象，熟悉採訪人物的背景和作品，並作過相關的研究。人物的採訪，包括人物的個性、人物的特質、人物的處世態度、人物的價質觀及人生觀等等。其他還有人物專長的領域，如文學方面、藝術方面、事業方面等等。

黃秋芳提到可以舉辦一個訪問會，訪問會可以邀請孩子們喜歡的人物，可以是文學家、書法家、藝術家等。訪問前，先帶領小朋友領略和欣賞受邀人物的作品，並將其呈現在訪問會場上，增加會場中的氛圍。訪問前的準備及訪問後採訪心得的寫作，都是識字學習很好的方式。（黃秋芳，2005：60-61）

（三）提問

訪問前要先有規畫，例如訪問的內容以什麼主題為主，訪問的方向是什麼，才不會雜亂無章。採訪前，應該要先擬定好要問的問題。如何提問，是很重要的事。就好像律師如何設計他的問題，往往決定他能不能打贏這場官司。好的問題，才能引導出律師需要的答案，得到關鍵性的結果。記者能不能作一次成功的採訪，如何提問一樣扮演著重要角色。提問方式，包括開放性的提問和限制性的提問。開放性的提問，給對方彈性和靈活度，不那麼直接，受訪者比較不會覺得有壓力，可以多方面的談，無意中就會透露很多的訊息。限制性的提問可以引出具體的答案，讓採訪者明確知道想要知道的答案。採訪者必須讓受訪者知道你已做了詳盡的準備，現在需要更具體的答案。（布魯克斯〔Brian S.Brooks〕等，1995：87-90）

　　提問是現在孩子們很欠缺的。長久下來，我們的社會和教育培養了孩子們如何背出完美的答案，如何找出完整的答案，但是卻壓抑了孩子們的好奇心，久而久之孩子們對很多東西不再有疑問，少了主動探究的動力，這是非常可惜的。很多孩子心中有疑問，也不知如何提問。因此，我們應該藉由編輯採訪的教學策略，在教導孩子們識字的過程中，讓孩子們的心中常常存著「為什麼」的疑問，並主動發問，學習探訪。

　　提問可以分成幾部分：第一是學會觀察，觀察各種現象，各種現象之間的聯繫，找出相同與相異及彼此之間的關聯。從觀察中找出問題。第二部分是先問自己想要知道的答案是什麼，找出問題的重點，再從這些內容中提出問題。第三部分是必須先了解受訪人物的個性，受訪人物喜歡的是簡潔明瞭、談話有重點的，還是喜歡話家常、輕鬆對談的，又或者是喜歡談專業的內容的。充分的了解受訪者，才能使訪談過程順利，達到最好的成果。不管你的受訪對象是誰，最重要的是採訪者都必須做好萬全的準備，對於相關的內容做充分的了解，如此才能找到最好的問題而得到對方的認同和感覺被尊重，也才能讓採訪達到最佳的成效。提問時還需要注意的是提問的禮貌，提問的問題不要太過冗長，讓對方不知道你要問的重點是什麼。提問的時候，不要涉及對方的隱私，讓對方覺得不愉快。此外，提問時要把握採訪重點，好的提問讓彼此都心有戚戚焉。

（四）訪問主題

　　訪問的內容可以是多元的，一件事、一個人、一項主題都可以是訪問的對象，但是，如果我們沒有事先決定好訪問的主題，就容易變成空泛沒有目標。因此，在訪問時設定好訪問的主題是很重要的。決定了訪問的主題，我們可以針對訪問的主題決定訪問的對象以及提問的方向。對於孩子們來說，訪問的主題不要太難，最好是孩子們感興趣的。讓孩子們經過討論，不但可以讓他們更明瞭主題，也可以讓彼此更有默契，對於主題更有共識。

（五）事件的採訪

　　對於學校發生的事或是活動，可以讓孩子們採訪。例如學校的運動會、慶生會、學校的段考、兒童節及各項比賽等。一個活動，可以分成不同的層面來探討，事前的籌畫和準備工作，活動的進行及事後的反應和善後工作等。可以讓小朋友採訪老師和同學，訪問老師如何準備事前的工作，有沒有遇到什麼困難，需要準備什麼東西，要做哪些事等等。可以訪問小朋友對於活動的想法，他們認為這個活動需要什麼樣的準備？活動進行時的情形如何？他們的心情及想法等。可以訪問家長，談談他們對於這個活動的看法。透過多方的訪問和交流，孩子們可以從多元的角度看事情，也可以更全面的了解一個活動的進行過程。另外，對於學校的其他事件，老師可以設計不同的採訪方式，讓孩子們可以有更多的學習。

（六）環境的採訪

　　不同的環境，影響不同的人格特質和不同的發展。尤其現在環
保議題，更是孩子們需要徹底了解的。透過不同環境的採訪和了
解，孩子們更了解自己的文化和特質，從環境認識世界。孩子們可
以先採訪熟悉的環境。自己生活的社區裡有什麼樣的環境、環境帶
來什麼樣的影響、要用什麼樣的方法來改造、哪一條街是購物街、
那裡主要販賣的是什麼樣的產品、購買家俱要到哪兒買等等。透過
環境的採訪，孩子們更了解自己的生活，也認識更多的字。透過採
訪，他們會更愛自己居住的環境。

（七）社會議題的採訪

　　社會上常常有很多引人關注的議題，孩子們其實都很好奇和關
心，但是並沒有人可以和他們討論。透過採訪，可以讓孩子們對於
這個議題更了解，可以促使他們聽聽更多不同的人的說法，可以有
更多人和他們一起討論。例如霸凌這件事，透過採訪孩子們更能了
解霸凌背後的故事，用心感受；並透過不同特質的人物的探討，可
以認識不同的詞語，認識更多的字。

　　在採訪前，可以教孩子們學習採訪要注意的事項，讓他們更得
心應手。例如：

表 6-3-1　訪問計畫表

小組成員姓名	
訪問的順位	1. 行業名稱： 2. 行業名稱： 3. 行業名稱： 聯絡結果，要訪問的商家是： 聯絡人姓名：
訪問的時間	
訪問的地點	
往返的方式	
攜帶物品	照相機、錄音機、筆記本、筆、感謝卡、其他。
預計交稿日期	
需要協助的事項	老師方面： 家長方面： 同學方面：

（資料來源：沈惠芳，2006：151）

二、編輯

　　編輯幫助孩子們認識更多的字詞。透過編輯，孩子們將文字作整理和統合，運用編輯的方式使孩子們看到成果的展現。編輯的方式可以分成幾部分。

（一）編輯班刊

對低年級的孩子，老師可以多主導一些；中高年級的孩子則讓孩子們有更多參與。和孩子們討論班刊的主題、班刊的內容、班刊的編輯方式、工作的分配等。老師先向孩子介紹編輯的相關知識，讓孩子們賞析別人編輯的班刊。全班一起賞析和分享，讓孩子們更了解如何編輯班刊，並作更多的創意和發揮。

（二）網頁編輯

電腦是孩子們最喜歡接觸的媒體。孩子們每天花很多的時間在網路上，但是有一部分是在玩線上遊戲，其實是非常可惜的。如果我們可以引導孩子們作網頁編輯，也就是教導孩子們如何將他們感興趣的課程或知識利用電腦作網頁編輯，透過電腦和其他人交流和分享，那麼彼此就可以在網路上交換意見，互相合作。換句話說，透過網頁的編輯，可以獲得知識，也可以認識更多相關的文字和詞語。

（三）壁報編輯

以前常常有很多兒童節壁報比賽、反毒壁報比賽、交通安全壁報比賽等。孩子們在編輯壁報的過程中會學習如何想出理想的標題字來吸引別人，如何想出很精煉的語句而讓人驚豔。現在雖然比較

少壁報比賽，但是還是可以讓孩子們做相關的主題探索，教導孩子們將相關的內容編輯在壁報紙上，可以作成果的展示，也可以上臺發表和介紹，藉此互相觀摩。在編輯的過程中，孩子們會再次的閱讀，會將學到的詞語和句子作學習，更容易識字。孩子們對這個活動也會很有興趣，有更多元的學習。

（四）自製小書

我們要鼓勵孩子們多閱讀。而現在的閱讀環境裡，孩子們可以很容易接觸書本；尤其是對低年級的孩子們來說，繪本更是他們生活中常常見到的。因此，可以轉而教導孩子們如何自製小書。自製小書的方法很多，主題目標也有所不同。有目的的教導孩子們自製小書，孩子們可以從不同的主題和內容產生濃厚的興趣；而透過自製小書會學習到更多的詞彙，且將詞彙再作運用。

編輯的方式也很多，老師可以針對孩子們的興趣和能力，作更多的編輯學習，讓文字因為廣泛的運用而顯得更重要。

（五）旅遊編輯

孩子們有很多機會出遊，也許是學校的戶外教學活動，也許是家庭的出遊、同學間的出遊、朋友間的出遊。可以教導孩子們將出遊時的機票、火車票、門票等票根保留，加上出遊時的照片以及相關出遊時的心情、旅遊景點介紹、美景與美食的分享等，編輯成相關的旅遊手冊或是旅遊報導等。

　　編輯的方式，除了上述提及的，還有很多不同的方式。不管是採訪、編輯、編輯採訪或是採訪編輯，都能帶給孩子們很多的學習，讓孩子們的識字學習更多元、更有樂趣，是老師可以多多嘗試的方式之一。

三、編輯採訪與採訪編輯

　　這是指因為編輯而採訪和因為採訪而編輯。對於識字教學來說，老師可以利用最近課堂上談到的主題，讓小朋友利用編輯與採訪的方式進行，讓識字的學習延伸。同樣的主題，同樣類型的詞語重覆的出現，孩子們可以重覆的學習，增加熟練度。老師也可以利用學習的活動，和孩子們一起編輯一份相關的刊物或壁報。例如編一份運動會特輯、戶外教學特輯、畢業典禮特輯等等。老師可以利用這個機會教導孩子們相關編輯與採訪的技巧和知識。例如標題字的設定和運用，插畫、照片與文字的編排等。也可以先和孩子們討論這樣的特輯可以運用哪些文字和詞語。透過孩子們的集思廣義和討論，彼此可以激盪出很多精采的句子和詞語，讓他們的印象更深刻。老師也可以利用班上剛學過的字詞和句子，要孩子們利用編輯採訪的方式編一份刊物或壁報，讓他們藉由廣泛的運用達到精熟的效果。例如編一本《心手相連》的小書，裡面可以以心部和手部的字為主題，並利用心部和手部的字作畫，然後利用這些畫寫出聯想和感想。此外，還可以讓小朋友去採訪其他的小朋友或老師，請他們說一句和「心」有關的句子，或者訪問他們今天的「心」情，以

及遇到某一件事情的反應和想法。如果是低年級小朋友，可以讓他們進行一個訪問比賽。例如將小朋友分組，在一個時間範圍內，讓他們利用下課時間去訪問學校的老師或小朋友，請每個人說出「心部的字」或「手部的字」，將得到的字寫出來，比賽看哪一組得到的字最多就獲勝。對低年級的小朋友來說，比賽很容易引起他們學習的興趣，他們要利用訪問，就必須知道這個字怎麼寫才能紀錄下來，這就達到了識字的學習效果。而且把它編成刊物，孩子們還會很有成就感；再次看這份刊物的時候，他們會記得這個字是他們去訪問誰的時候說的，這個字是哪一組訪問到的，從此增加了印象而達到更好的效果。孩子們也可以利用字音字形的方式來作採訪，將他們比較容易寫錯的成語或詞語當作題材來作訪問，統計有多少人會寫成哪一個字，有多少人又會寫成另一個字；然後將訪問結果作成表格，並加上自己的想法和可能的原因以及延伸的學習，編輯成簡單的報告或海報等。這樣的方式，一定可以讓孩子們印象深刻，達到高度的識字學習效果。

　　編輯採訪運用在識字學習的方式很多，可以適用在不同的年級、程度和環境，讓孩子們達到極好的學習效果。

第四節　相關教學活動的設計

　　識字轉運用教學策略主要是將文字運用在寫作與編輯採訪上，利用不斷運用的方式達到使文字熟練的目的。希望學生能明白

識字轉運用在寫作與編輯採訪上的方法，並實際作採訪寫作，本教學活動設計就是針對這樣的特性來作規畫。

表 6-4-1　識字轉運用教學活動設計

單元設計	寫作與文字	教學對象	快樂國小二年 A 班
設計者	許彩虹	教學人數	27 人
教學時間	共二節（八十分鐘）	教學場地	二年 A 班教室
教材來源	教材：沈惠芳《我就是這樣教作文──沈老師的二十堂作文課》、吳忠魁、曉潔、小陶編著《讀說聽寫樣樣通》、葛琦霞《葛琦霞老師的創意作文教學法〈一〉》、〈採訪社區里長──吳培煜、陳玠文、張嘉玲〉		
教學資源	1.電腦。2.單槍。3.投影機。		
教學目標	1. 能知道如何熟練文字。 2. 能明白識字轉運用在寫作與編輯採訪上的方法。 3. 能知道寫作與採訪編輯結合的向度。 4. 能運用採訪進行寫作。 5. 能上臺發表作品並評析別人的作品。 6. 能將文字運用在採訪寫作上並熟練文字。		

能力指標	教學活動內容	時間	教學目標	評量方式
	一、準備活動 　(一)教師 　　　　準備有關採訪的資料及文章〈採訪社區里長──吳培煜、陳玠文、張嘉玲〉。 　(二)學生 　　　　課前蒐集相關的題材。 二、發展活動			
4-1-1 能認識常用國字	(一)活動一：熟練文字 　　1.分組討論如何熟練文字。 　　教師提問：	10	能知道如何熟練文字	能清楚說出如何熟練

700-800字。	小朋友，你知道如何熟練文字嗎？ S：常常寫字就會寫得很快，對文字就會更熟練。 S：可以用寫信的方式，在學校也會寫作文。 S：我會和同學互相寫 e-mail。 S：媽媽規定我每天都要寫日記。 S：我們編母親節海報的時候有寫文章。 教師總結：小朋友說得都很棒，在生活中我們常常會有很多寫作的機會，可能是寫信，可能是寫留言板，還有寫日記和作文，這些都是寫作。有時候，老師還會要我們編輯刊物，例如我們最近要結束二年級的課程，因為三年級要重新分班，所以我們要編輯班刊，這些都是將文字運用的部分。只要常常運用文字，我們就會對文字熟練，寫作和編輯採訪更是其中非常有效的方式。		。	文字的方法。
4-1-1 能認識常用國字700-800字。	2.各組討論如何將識字轉運用在寫作與採訪編輯上。 教師提問： 小朋友，寫作與編輯採訪是識字學習非常重要的策略之一，請問如何將識字轉運用在寫作與採訪編輯上？	10	能明白識字轉運用在寫作與編輯採訪上的方法。	能清楚說出識字轉運用在編輯採訪上的方法。

242

	S： 可以寫故事，上次上課的時候，全班一起編故事，我覺得很好玩。 S： 今年的運動會很熱鬧，我覺得我們可以作一份運動會的刊物，也可以去採訪同學，聽聽他們的看法和建議。 S： 可以寫戶外教學的情形和心得感想。 教師總結： 小朋友都說得很好，寫一篇故事和寫一篇文章用到的字特別多，確實很適合。小朋友也可以常常寫，幫助自己識字。最好每天都寫日記，將生活中所發生事情記載下來，並記下自己每天的心情和想法。編輯班刊和壁報及採訪校園的人、事、物，也都是很好的方法。校園中的「物」包括動物、植物、礦物等等，這些都是識字轉運用很好的策略。			
4-1-5 能激發寫字的興趣。	(二) 活動二：寫作與採訪編輯結合的向度 1. 分組討論寫作與採訪編輯結合在一起的向度有哪些。 教師提問： 　　小朋友，請討論將寫故事與採訪校園中的物結合在一起的向度有哪些。 S： 可以寫採訪校園中小螞蟻的故事。	10	能知道寫作與採訪編輯結合的向度。	能清楚說出寫作與採訪編輯的向度有哪些。

	S：花圃裡的花很漂亮，我們可以採訪他。 S：我們常常坐在教室前面的那塊大石頭上，我們可以採訪他。 S：我希望可以採訪教室裡的桌子、椅子，因為他們每天都跟我們一起上課，不知道他們是不是也不喜歡上課，想跟我們一起下課出去玩。 教師總結：聽到大家的回答，老師發現大家對於校園中的物都有很多的觀察和想法，大家的表現實在是太好了。校園中的物包涵的範圍很廣，可以作為大家採訪的對象。也許有小朋友會問，他們又不會說話，你怎麼知道他們在說什麼。這時候，可以想像成對方來寫故事。這種採訪物的方式就形同想像採訪的歷程，類似我們在說一個故事，是個很好的方式。			
4-1-4-6 能配合識字教學，用正確工整的硬筆字寫作業、寫信、日記等。	2.先利用電腦分享別人網路上的採訪文章，再進行實際的採訪與寫作。 分組實際進行校園內「物」的採訪。將小朋友分組，每一組採訪一種校園中的「物」，將小朋友實際帶到現場，讓小朋友利用視覺、聽覺、味覺、觸覺等方式與「物」接觸，觸發內心的感	30	能運用採訪進行寫作。	能完成校園內物的採訪並進行寫作。

	受，並運用想像，完成採訪。提醒小朋友要多多觀察，才能得到更好的發揮。 活動說明： 　　小朋友，你看過電視上的記者在作採訪工作的時候嗎？你看過節目主持人採訪歌星或是演員嗎？今天我們要來當個小小記者，一起來採訪校園中的「物」。小朋友，請討論你們要採訪的對象是什麼？並將採訪後的內容寫下來。採訪的時候記得要摸摸他們，看看他們在做什麼？聆聽他們發出什麼聲音，多多觀察會幫助你的寫作喔！			
4-1-1 能認識常用國字700-800字。	(三)、活動三：成效檢討 1.採訪稿完成後，請各組上臺分享。聆聽完同學的報告後，懂得給予鼓勵。請同學說一說對其他同學採訪稿的想法和建議。可以說一說同學們寫得很棒的地方，作為大家學習的對象，也可以說一說每個人的想法和建議，和大家討論交流，在這個過程中，會得到很多的學習。	10	能上臺發表作品並評析別人的作品。	能上臺唸自己的採訪稿及評析別人的作品。
4-1-1 能認識常用國字700-800字。	2.請各組統計採訪稿上所運用的文字量。 教師提問： 　　小朋友，欣賞完各組的採訪內容，請各組統計採訪稿上所運用的文字量是多少？. S：我們共用了80個字。	10	能將文字運用在採訪寫作上並熟練文字。	能說出採訪稿上所運用的文字。

| | S：我們用了 100 個字。
S：我們寫了 120 個字。
S： 我們寫了 50 個字。
教師總結：看到各組在採訪稿上運用了
　　　　　那麼多的字，實在令人佩
　　　　　服。將識字轉運用在寫作與
　　　　　採訪編輯上，會讓大家所學
　　　　　到的字更熟練，是一個非常
　　　　　好的方法。平常可以常常利
　　　　　用寫作與編輯採訪的方式作
　　　　　學習，幫助識字。小朋友這
　　　　　次的採訪稿已經寫得很棒
　　　　　了，希望下次的採訪能運用
　　　　　更多的字，有更多的進步。 | | | |

第七章 識字後設認知教學策略

第一節 識字後設認知教學的價值

　　鄭麗玉提到後設認知的定義，是指一個人對其認知的知識和調整。（鄭麗玉，2007：311）

　　後設認知的成分有三種：知識、經驗和策略運用。知識是指有關我們自己、我們面對的作業、我們對採用策略的知識。經驗是指對自己認知狀態有敏銳的感覺，也就是知道自己是否知道或是什麼時候知道。另外，後設認知的下一步就是運用認知和後設認知的資源，去彌補或是評量知覺到的失敗。後設認知策略是一種評量向目標前進情形的策略，例如判斷是不是需要在考前再作復習。鍾聖校利用她女兒學小提琴的經驗來說明後設認知或執行控制在學習上的重要性。她談到她女兒最初學琴時很依賴母親給她的回饋，後來她藉由和女兒一起完成評量方法，幫助女兒建立自我評量的能力。現在她女兒已經有相當明晰的後設認知和經驗，並且能採取適當的策略對應，建立完整的後設認知，可以在練習時自我執行控制。（鍾聖校，1997：297-311）

後設認知的原則包括：

(一) 應該讓學生知道不同的學習活動對學習方法要求不同。這樣學生就會學習利用不同的方法來學習。例如學習生字時不能只是機械式的唸，較好的方法是了解生字的定義，並運用在各種情境，如交談、寫作業和討論等。教師除了教授學生內容，也要教授學生如何評量學習的作業及如何預習功課。

(二) 學生應該學習到教材中有許多線索，告訴我們教材是如何組織的。

(三) 讓學生明瞭認識自己的認知特質可增進學習效率。例如學生知道自己的學習動機會影響學習成效；學生知道自己的長處和短處，知道用什麼樣的方式學習可以幫助學習成效。

(四) 教學生一些基本的後設認知策略。教師除了解釋策略，還要教學生如何運用。例如將閱讀或講演內容作摘要，或在內心提出問題，幫助記憶。

(五) 後設認知能力是在問題解決的脈絡中發展的。教師要示範如何使用策略，安排示範及提供回饋。

(六) 最後，逐漸減少指導，讓學生自己發揮後設認知。(鍾聖校，1997：309-310)

後設認知在各個領域的學習都非常重要，一個人必須知道自己認知歷程的種種。例如：自己有何認知資源、不同工作有不同需求、自己相對於工作需求的能力以及什麼時候如何使用何種策略……等，如此才能作最有效率的學習。而在學習

時能監控、調整自己的學習，準確評估自己的學習程度，以及在意識到困難時能採取補救措施……等，才能成功的學習。（鄭麗玉，2007：286）

識字後設認知教學可以達到更好的學習效果，因為在這個多元多樣化的時代，只憑藉著老師上課的講述達到學習的目的是不夠的。孩子們必須具有後設認知的能力，學習後設認知的技巧，幫助他們完成學習。藉由各種識字學習策略，在學習的過程中不斷的監控和調整自己的學習，採用各種學習策略，最後能形構識字學，達到最佳的識字學習成效。學習不再只是教孩子們記憶，前面我談過了戲劇、閱讀與寫作的識字學習策略，但是不能缺少的，還包括了讓孩子們了解文字的本質，從文字的不同面向和不同的性質來識字，進而形構識字學。

中國文字的造字方法以六書為主，我們可以從六書認識中國文字。除了這些，我們還要讓孩子們了解中國文字中更特殊的部分。從漢字看中國的古文化，包括了中國古代的社會形態、古代的社會制度、宗教、上古的貨幣制度、烹食的方式和相關的文化等。（王寧、鄒曉麗主編，1999：178-185）從文字中明瞭古代人與人的溝通、人與自然的相處、人與社會的關係等等。從物質性、倫理性、審美性、文化性的層面來探究中國文字，發展識字教學策略，使孩子們除了可以從造字原則「六書」來學習認識文字，也可以經由這幾部分，認識中國文化，認識文字，達到識字學習的成效。

本章將識字後設認知教學策略分成四個部分，藉這四部分的教學達到識字學習的成效，進而形構識字學。

一、識字物質性的後設認知教學

　　識字物質性包括字的形音義三部分。中國字不同於西方的拼音文字，字的形、音、義三部分都有特殊的涵義或是規則。把這些規則或是涵義介紹給小朋友，作為後設認知教學。第二章第二節羅列了許多教學策略，包括分散識字、注音識字、漢語音識字、聽讀識字、猜認識字、集中識字、字族文識字、字根識字、字理識字、部件識字、字源識字、韻語識字等。這裡不再贅述，只按照形、音、義三部分作分類整理，舉相關的例子，引導孩子們利用後設認知的技巧作學習。

（一）形的部分

1. **部件教學法：**部件就像是文字的零件，不同部件的組合，形成不同的文字，但是不是所有的部件都可以拼出文字。有些部件有固定的位置，只放在左邊或者只放在上面。教師可以帶著孩子一起找出部件可能的規律，或是例外的例子。認識愈多的部件，熟悉更多部件組合的規則，孩子們就可以在學習的過程中，不斷的檢視自己的學習歷程，經由識字學習的結果，省思學習方法。

2. **字族文教學法：**利用同一個偏旁或是部首形成基本字，利用這些字編寫文章作為學習的教材。利用同樣的部首或偏旁學

習可以增加記憶，但是也容易造成混淆，所以再利用文章的情境幫助記憶。教師可以引導孩子背誦文章，並利用部首和偏旁的部分作檢視，幫助學習。

3. **結構組合教學法：**中國字有雙拼字、三拼字、上下拼、左右拼、包圍字等。介紹字的結構組合，幫助識字。孩子們學習識字時，可以檢視字的結構組合是不是符合，也可以利用字的結構組合作為識字的原則之一。

（二）音的部分

1. **聲調教學法：**中國字具有四聲的聲調，利用聲調作為識字的學習。文字不是只有書面語言，口說語言也很重要。形、音、義三部分，很容易忽略了音的部分。聲音的學習可以利用多聽、多唸，讓聲音真的進到腦海裡，利用聲音來學習。四聲的學習可以幫助孩子更容易記憶文字，更能掌握文字的情感和節奏。

2. **注音教學法：**在臺灣，中國文字的學習大部分是從注音符號教學法開始。學習了注音符號，利用注音符號的拼讀學習文字的聲音，進而認識文字的形體。從文字的注音檢視國字的學習；從國字的學習檢視注音的部分。

3. **形聲字教學法：**形聲字佔中國文字幾乎百分之八十的部分，很多形聲字都有相似的聲符或韻母，可以作為學習的對象。再搭配形、義的部分，學習效果更好。

4. **多音字：**中國文字有很多多音字的部分，有的是一字多音，有的是同音字，教導相關的知識和技巧，就不容易產生錯誤的學習。增加學習的樂趣。

（三）義的部分

1. **部首教學法：**部首具有強烈的字義部分，透過部首，約略可以知道這個字的屬性和意義，有些部首具有規律性，很容易學習。利用部首查字典，增加識字。

2. **字源教學法：**透過漢字的本形來說明本義，讓學生了解中國文化古代社會的生活。透過字源教學法，明白字的原始意義及文字的演變。（黃沛榮，2003：13-22；賴明德，2003：66）藉由文字的本形探究文字，幫助記憶。

識字教學策略第二章已經談了很多，這裡只舉幾個例子，主要是要探討識字後設認知教學策略。後設認知教學策略除了相關的教學策略的實施，還要包括形、音、義三部分的教學方法的講解，教導學生省思自己的學習能力、學習歷程、學習結果的原因和可能的策略。學生要能省思自己的學習背景、學習的優勢、學習的能力及特質。形、音、義三部分的學習，對自己而言，學習效果最好的是哪一種策略；學習過程中最快樂和順利的是哪一種策略。自己是屬於視覺型、聽覺型或是觸覺型的學習者。什麼時候可以作「形」的學習，哪一個時間適合作「音」的學習，哪一個時段作「義」的學習最恰當。教師應該要教導學生作「形、音、義」三部分的學習的方法和技巧，並教導他們如何搭配作業或是活動來學習。另外，教

師還可以教導他們文字的演變、聲音的改變與意義的變遷、演進或是借用等等。

二、識字倫理性的後設認知教學

識字倫理性包涵了人與他人的關係、人與社會的關係、人與自然的關係及其他。

> 倫理指一個人的品行氣質或社會風俗習慣，推而到家族、社會關係，形成群體生活的共同信念與行為通則。另外，中國人最講究倫理，倫為「類」、理為「分」，亦即倫泛指萬事萬物間錯綜分別的條理；理是仔細辨別事物間，自然存在的條理法則。故所謂的倫理，即指人與人間各種正常關係的道德規律，為人類倫常觀念和人倫道理。（陳宗韓、陳振盛、劉振仁、鄭錦宏編著，2006：4）

中華文化歷五千年而不墜，巋然獨存，因為在求生存的過程中，不斷的吸收新知和經驗來改進生活。維繫人心與民族情感的，就是倫理。倫理是民族自然的感情與理性的結晶。西方學者主張東方的人文思想與倫理觀念，才能解決人類危機，獲得和平。（胡自逢編著，1987：5-6）

人類是社會性的動物，誕生於家庭，成年後又組織另一個家庭，人與人、人與家庭、人與社會的互動成為重要的課題。社會的運作，需要彼此共同的規範，除了法律，最根本的成分是倫理。（陳

宗韓、陳振盛、劉振仁、鄭錦宏編著，2006：11）另外，中國人一直與自然維持和諧的關係，順應「天」而生存，「天」是他們所敬畏，不可踰越的界線。以生存為基本需求的古代，人與自然的關係，成了重要的因素。種種的關係，反應在文字上，透過文字，我們可以明白古代中國人的倫理性，藉由這種倫理性，作為識字教學的策略。

在中國人與他人的關係可以以五倫為代表，「父子有親、君臣有義、夫婦有別、長幼有序、朋友有信」。五倫涵蓋了由家族而社會、國家的整個體系。中國的傳統社會，以家族為中心，家族之中，最重視的就是尊親，包括了家族中的倫理與輩份。（胡自逢編著，1987：32-43）

藉由倫理性的後設認知教學策略，引導學生明白文字之間的關係，文字中的意涵及彼此的親疏遠近。從人與人、人與社會、人與自然及其他等方面學習文字，達到識字學習效果。

三、識字審美性的後設認知教學

> 這種教學方法所對應的審美取向的語文經驗，是從特定的形式結構的角度出發，找出語文成品所具有的可以感發的美的形式。而「審美取向的語文教學方法」所著力的對象就是相應於美的形式而說的。由於語文成品凡是藝術化後「都具備一定的形式」；這一定的形式構成，一般稱它美的形式。（周慶華，2007b：247）

　　文字的學習，包括從審美性的後設認知教學。中國文字從圖畫演變而成，基本上已經具有不同於其他文字的美感；中國文字的美感表現在書法上，更是令人讚嘆。除了文字形體的美、間架結構的美、聲音的美，還包括了文字內涵的美，從古代的環境、古代的社會生活型態、古代人與人相處之道來探討古文字形，用那個時代的觀點，我們會發現文字的創意以及文字的美感。教導孩子認識文字的美，文字的真正意涵，讓孩子能真正喜歡上文字，真心的感受文字的美，愛上文字。

> 美可以分成幾部分：優美，指形式的結構和諧、圓滿，可以使人產生純淨的快感；崇高，指形式的結構龐大、變化劇烈，可以使人的情緒振奮高揚；悲壯，指形式的結構包含有正面或英雄性格的人物遭到不應有卻又無法擺脫的失敗、死亡或痛苦，可以激起人的憐憫和恐懼等情緒；滑稽，指形式的結構含有違背常理或矛盾衝突的事物，可以引起人的喜悅和發笑；怪誕，指形式的結構盡是異質性事物的並置，可以使人產生荒誕不經、光怪陸離的感覺；諧擬，指形式的結構顯現出諧趣模擬的特色，讓人感覺到顛倒錯亂；拼貼，指形式的結構在於表露高度拼湊異質材料的本事，讓人有如置身在「歧路花園裡」。（周慶華，2007b：252-253）

　　美有很多種形式，但在文字上所相通的會比較集中在一些特定的美感上（如優美、崇高、悲壯等）。教導孩子們美的形式與文字的關係，並讓孩子們感受不同的文字具有不同的審美性，達到識字學習。

四、識字文化性的後設認知教學

文字是一個民族文化的產物，從文字裡可以看文化，從文化中可以發現文字。尤其對中國文化來說，我們有許多不同於西方的文化，在西化的潮流裡，我們的孩子逐漸遺忘了中國文化的博大精深，淡忘了中國文化的根本。他們不再認同自己的文化，不接觸自己的文化，這是非常可惜的。

馮天瑜、周積明談到：

> 語言文字作為文化心理與文化信息的物質外殼，處於文化系統的基石層次。有賴於文字與書籍，人類的精神文化才得以傳播、延續，氤氳化生。中國古代文化的繁榮昌盛，便與文字起源較早，圖書事業發達有著密切聯繫。（馮天瑜、周積明，1988：131）

由上可知，文字與文化息息相關，學習文字，不能少了文化的認識和了解。識字文化性的後設認知教學策略，讓孩子們從文化認識文字，從文字認識文化。

本章探討的是識字後設認知的教學策略，從四個方面來談，希望能讓孩子們運用後設認知的策略，達到識字學習的最佳成效。學習的成果與價值，以下圖表示。

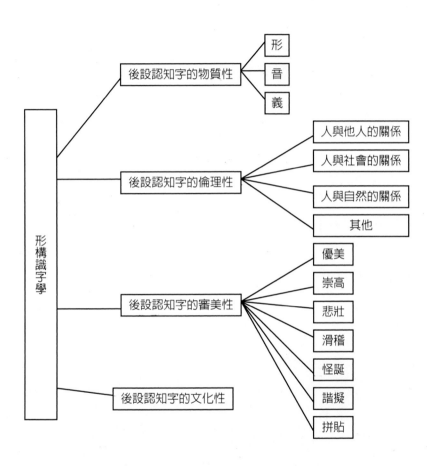

圖 7-1-1　識字後設認知教學價值圖

第二節　識字物質性的後設認知教學

漢字與文化密不可分。文化的傳承必須依賴語言文字，我們可以認識和了解各種歷史和文化，就是因為歷史文字的記載。沒有語言文字，文化便不可能永存不朽；沒有語言文字，思想無法交流，社會活動無法延續，政治、經濟、軍事、法律、科學、教育等等變得沒有意義。（郭錦桴，1993：序言IV）

語言文字是文化的最佳表達，我們可以透過文字從各個不同的層面來探知文化，了解世界。

第三章第四節談過文化的五個次系統，物質性屬於文化次系統中的行動系統，它屬於淺層文化，可以從文字的形、音、義來談。

> 文字有三個基本要素：形、音、義。不論什麼文字都是集這三者於一身。然而，不同的文字體系，這三者的結合方式是不相同的。表音文字採取的是概念——語音——字形的聯繫線路。而表意文字採取的是概念——自然物象——字形的聯繫線路。當我們看到一個水字時，它的古字形如同流水的形狀，使人聯想到水的物象。（郭錦桴，1993：8）

文字的物質性分成形、音、義三部分。本章第一節列舉了一部分相關的教學策略作例子，在這裡則姑且利用古文字來作說明。

一、形的部分

漢字是表意文字，早期漢字的構形和詞義之間具有高度的關聯。漢字的構形主要是以展現字義為目的。從直觀的獨立物象，到聯想物象，再到物象的組合發展，形體與詞義的關係密切。（王寧、鄒曉麗主編，1999：134-136）

(一) 中國古代曾經經歷以狩獵漁牧業為主的社會型態，所以與馬、牛、羊有關的詞彙特別多。《說文解字》中，動物的年齡、特性、毛色、個性特徵、疾病等，都有專門的詞記錄。例如特，牛父；犢，牛子；犙，三歲牛；牭，四歲牛；犅，牛白脊；牟，牛鳴；牷，牛完全；㹀，牛純色……又關於「網」的字特別多，如罟，魚網；罛，大魚網；羅，捕鳥網；罥，捕兔網等。以《說文解字》收字為例，牛部的字有 41 個，羊部字有 23 個，馬部字有 110 個。（王寧、鄒曉麗主編，1999：168-180）

從《說文解字》、《爾雅》中，可以發現有許多和牲畜有關的文字，它們各有許多專名。例如古代的馬可以分為：

1. 不同性別和年齡的馬

「騭」，公馬；「騍」，母馬；「駒」，馬兩歲；「駣」，馬三歲。

2. **不同顏色的馬**

「驪」，深黑色的馬；「驓」，淺黑色的馬；「騅」，蒼黑雜毛馬；「駱」，白色黑尾馬；「駰」，黑白雜毛馬；「驄」，青白雜毛馬；「駓」，黃白雜毛馬；「驤」，後右足白的馬；「騤」，後左足白的馬。

3. **不同品質的馬**

「驥」，千里馬；「駿」，良馬；「驍」，良馬；「駑」，劣馬。

4. **不同情態的馬**

「馼」，馬搖頭；「駊」，馬肥盛；「驤」，馬低頭；「䭴」，馬飽。

5. **駕車不同的馬**

「駢」，駕二馬；「驂」，駕三馬；「駟」，駕四馬。

6. **騎馬及馬的不同動作**

「驀」，上馬；「騎」，跨馬。（郭錦桴，1993：2-3）

(二) 古代人進行貿易的方式，也可以從文字中得到訊息。在《爾雅》、《說文解字》中可以發現許多帶「貝」的詞彙，這些大多與貿易和借貸有關。（郭錦桴，1993：2-6）

1. 表示買賣的貿易活動——買、賣、販、貿、購等。

2. 表示借債活動——貨、貸、賃、賒。

3. 表示抵押——賠、贅、質。

4. 表示送禮——贄、贊、賂、贈。

5. 向上納稅和向下賞賜——貢、賦、賞、賜。（郭錦桴，
   1993：2-6）

「貝」，是指海裡的貝類，顯示在遠古社會中，「貝」
曾經是經濟貿易的貨幣，可以說是中國最古老的貨幣。
顯示海濱的漁獵民族有可能提供「貝」作為原始的錢幣
使用。（郭錦桴，1993：5）

(三) 每一種語言都有色彩詞，有些民族對於色彩的詞只有一
兩個，有些民族的色彩語言非常豐富。漢語是個有豐富
色彩詞彙的語言。東漢許慎的《說文解字》關於絲的色
彩詞便有 24 個：紅、紫、綠、絹、縹（白青色）、絳（大
赤）、緹（丹黃）……色彩詞隨著社會文化的發展更加豐
富。如在《說文解字》中同色詞群便有：

茲，黑色也；黗，青黑色也；黖，淺黃黑也；黯，深
黑也；黔，黎也……謂黑色也。（郭錦桴，1993：37-38）

綜合以上所述，可以知道文字能表現古代的文化，包括古代的
社會、生活、經濟等等，使得文字與文化形成密不可分的關係。識
字教學策略一般很少談到文化的層面，以為孩子們還小，不能理解
文化。這顯然是忽略了孩子的能力，也忽視了從文化層面來談識字
教學對識字學習的影響。藉著了解中國文化，強化對文字的認識，
也對文化與文字產生共鳴，並認同文化愛上文字。

曾經有人認為中國文字是不符合現代的，希望將中國文字改成
拼音文字。那是因為他們對中國文字的認識不深，對中國文化的了

解不夠。如果我們能利用識字學習的過程，一點一滴的幫助學生對文化的認識和了解，相輔相成，對於識字學習會更有幫助。從當今國際間熱衷學習漢字，可以證明中國文化和文字的重要性及具有吸引力。國人更是不能忽略自己的文化和文字。透過文化和文字，不但可以認識字，了解文化，更可以明白歷史的興衰。以字形來看，跟馬有關的字屬於馬部；跟貨幣有關的字都是貝部；跟黑色有關的字全為黑部。雖然以現在的背景，馬已經不是生活中不可或缺的，馬不再是我們主要的交通工具；現在的交通工具有車子、有飛機，都是既便利又快速。馬也不再是食物的主要來源。但是透過文字的學習，會知道如馬在傳統文化中能一直體現「萬物一體」而足夠所用的觀念（不像西方人為了殖民征服和發展資本主義而別為發明其他快速便利的交通工具），讓他們有了更多的認識。引導孩子們從文化的角度來探討字形，讓他們明白，雖然隨著時代的變遷，有些字會有不同的孳乳和變異，但是他們仍然可以透過文化的方式作識字的學習，並建構文字的通則和可行的學習策略。

二、音的部分

　　形聲字是漢字構形體系的最優結構，它的產生，標誌著漢字進入另一個階段。形聲字利用形符和聲符相互配合，構字方式靈活，產生了很多的字。以形聲字為例，包括把原字的一部分改為聲符，用聲符替換部分形體而成為形聲字。如「囿」，本像園林之形，後來將園中的樹換成聲符「有」，成了形聲字；羞本義是進獻食物，

字形原來是從又從羊會意，後來將又改成丑而成形聲字；取本義是指獵獲，後引伸為娶女，引伸義加注形符「女」，成為「娶」。（王寧、鄒曉麗主編，1999：86-87）

形、音、義可以分開來探討，但是彼此也緊密相連。討論形近字的時候，可以用注音查字典，因為形聲字的形符相似、聲符也相近。用這樣的方式作為識字學習的策略，很受小朋友喜愛。我任教班上的小朋友，最喜歡玩形近字的遊戲，他們會拿著字典，拚命的找出各種很大相關與相關不大的字，並且樂此不疲。對他們來說，這是極大的成就。他們越來越厲害，對於線索不容易尋找的字，也都可以找的到。因此，如果我們將形聲字的形、音、義的關係介紹給小朋友，他們就可以發展出一套學習的方法，藉此認識更多的字。

漢字雖然是一字一音節，但是漢語的音節總數很少；加上音調，仍然不多，所以漢字的同音字很多，很容易造成學習者的誤認。例如長短的長和常常的常；腳步的步和部門的部；還有時候的候和後面的後等等。（高文元，1991：66-67）另外，一字多音的字也很容易造成學習的困難。如果能引導孩子們找出容易弄錯的部分，明白錯誤的問題出在哪裡，教導他們利用更適合的方法作學習，就可以達到好的學習效能。

漢字是一種綜合運用表意和表音兩種表達方法的文字。有一字多音和一音多字。一音多字一般是指同音異義。用同音異義分化字形。例如青（青色）、清 （清水）、蜻（蜻蜓）、鯖（鯖魚）……讀音相同，意義不同。一字多音的字則是異音異義。例如烏龜的龜、龜裂的龜和龜慈。多音字按常用程度，可以分為三部分：常讀；次常讀；罕讀。可以根據出現頻率及閱讀經驗估計。如利用出現的頻

率和小朋友一起探討字的正確的讀音。（周有光，2000：200-205）
當小朋友作猜測識字策略時，可以從出現頻率較高的字來猜測。出
現頻率較低的字可以記住主要用在哪幾個詞，幫助記憶和學習。

　　中國字有很多同音字，雖然易造成認字的困難，但是卻也為中
國的文學和生活留下雋永有趣的作品。例如「窮漢不肯賣鋪蓋——
劉備（留被）」；「驢皮掛在牆上——不像話（畫）；「光棍怕一（一）；
皇帝怕二（二）；山羊怕羶（三）；有錢人怕事（四）；皮袍怕焻（五）；
帽子怕綠（六）；瘦馬怕騎（七）；蘿蔔怕拔（八）；病人怕久（九）；
棉花怕濕（十）。」中國有很多的謎語、歇後語、俗語、笑話等都
是利用諧音造就了不朽和趣味。例如過年常說的吉祥話「年年有
餘、步步高升」，就是最好的例子。（賴慶雄，1990：24）有時候，
利用諧音巧妙的化解了尷尬；利用諧音展現了智慧，這些都可以作
為識字教學的一部分，讓孩子們可以去找出相關的同音字，利用同
音字創造更多的詞和句子。

三、義的部分

　　在人類社會中，人與人的社會關係產生出社會制度。在社會發
展的不同階段，社會制度也必然產生相應的變化，並在漢字中留下
痕跡。例如侯、尹、宰的字形，體現了官職的性質和來源。侯，《說
文解字》：「從人從厂，像張布，矢在其下」。就是高舉旗幟，身上
佩弓矢，威猛的樣子。尹字像執杖驅趕的樣子，是指掌事者。宰本
是指奴隸主家中從事家務勞動的罪人，以後由於經常接近統治者，

逐漸變成統治階層。例如僕，甲骨文指手持箕，像正在勞動的家奴。《說文解字》：僕，給事者；係，甲骨文像以繩索綑繫人之頸。《說文解字》：系，潔束也。本義是綑束，甲骨卜辭引伸也指奴隸。女奴也與罪犯有關，妾從女從辛，是以刑施過奴隸標誌的女奴。《說文解字》：妾，有罪女子給事之得接于君者。女奴從事家務勞動，還要侍寢，成為雙重女奴。從僕、係、妾、奴、奚等奴隸、罪犯、俘虜的關係，也反應了那個時代的社會型態。（王寧、鄒曉麗主編，1999：181-182）

在中國，民以食為天，飲食是人類生存的第一要素。飲食不只是果腹，還可以訴諸視覺、嗅覺、味覺的享受，含有美學的價值。以中國的文化來看，飲食與祭祀、禮制有關，涉及了倫理和等級觀念。新石器時代，農業發展，穀物逐漸成為主食，黃河流域種粟，長江流域種稻。從文字上來看，我們發現加工糧食的技術也產生了。例如「舂」，字形像雙手持杵臨臼上。「臼」，舂也。古者掘地為臼，其後穿木石。象形，中米也。古代的粟米脫殼的技術和脫殼的器具的形態完整的保存在原始漢字中。例如「鮮」字，最初是以三魚會意，後來又從魚從羊作「鮮」。因為傳說在洪水時期，人住在山頂和樹顛上，魚成為人類的主要食品，所以古代的陶器上也多以魚為紋飾。周代的宮廷宴客必須有魚。「鮮」從羊，也說明「羊在六畜主給膳」。說明了美字，甘也，從羊從大。（王寧、鄒曉麗主編，1999：186-189）

在小篆裡，紀錄炊具名稱的字從「鬲」作義符，因為上古的炊具都是陶製的，《說文解字》收錄鬲的字多達 25 個。後來青銅器代替了陶製，很多鬲部的字都已不用，有個時期曾經有從金從鬲的異

體字，有些字則改成了「金」字旁，例如鍋字與釜字。另外，「尊」以前是指酒器，而酒器在古代的使用因為不同的地位和身分而有不同，因而引伸有「尊卑」的意義。（藤枝　晃，2005：189）

慶從心、從夊、從鹿，指祝賀喜事。人們參加喜事或是慶典，心中喜悅充滿誠意，所以從心；向人祝賀，態度莊重，行走的時候步伐文雅自然，所以從夊，古人習俗送人禮，以送鹿皮為誠敬，所以從鹿。在距今五十萬年前北京人時期的洞穴中，發現大量的鹿骨。新石器時代的陶器中也有鹿的圖繪。鹿皮軟，可製方帽；鹿肉鮮美，可供佳餚；鹿角滋補，可以強身，所以鹿與人類的生活有很大的相關。（賴明德，2003：56-58）

從文字義的部分來談識字，多了一分生動和豐富，對漢字文化也有了更多的認識，可以作為識字教學策略之一。

高年級的孩子可以利用網路來製作相關的識字學習和討論。教師可以和孩子們討論文字變異和存亡。從後設認知的角度來看，教學不再只是「知」，應該包括「知如何」及「如何知」。並探討古代與現代的不同，現代如何和古代呼應；教導孩子不要用現代的角度去看古代的事物，不同的時代有不同的環境和背景，這些都是必須要考量的。

以上從文字的形、音、義來談，並舉了相關的例子。現在則從教師可能的策略來作說明。

一、歸納和整理

這是一個很重要的學習方法，但是孩子們卻很少學習和運用。在教學的現場，常常都是老師整理好重點和表格，讓孩子們跟著背，以應付考試，獲取高分，這並不是學習的真正精神。

首先，請孩子們先確定主題，與農業生活有關的文字、與女性有關的文字、與器具有關的文字等等。再來，請孩子們探討那個時代的文字和背景。也可以用形、音、義當主題。將文字作歸納和整理，幫助學習。

二、比較異同

比較異同可以強化學習的內容，加深印象。包括古代文字與現代文字的異同；形、音、義的異同；中西方文化的差異表現在文字上的異同等等。透過提問與討論，資料的蒐集與運用，找出文化與文字上的差異並作識字的學習。

三、掌握學習優勢

教師應該幫助孩子找出他們的學習優勢。他們在記憶、理解、邏輯思考方面的強項是什麼。什麼樣的學習法才最適合他們。有些

人適合利用形近字的學習；有些人對聲音較敏銳，適合用字音學習法；有些人透過字義的學習效果最佳。教師應該教導孩子如何掌握學習的優勢，幫助學習。

四、善用學習工具

教師可以利用影片呈現遠古時代的生活，進入那個時代的時空背景，這樣會比口頭上的介紹更有臨場感和真實感，更容易產生同理。字典的運用，有些字典裡編排了古文字形或是古文意義，很適合學習。

五、網路交流

透過網際網路的交流，孩子們可以找到很多同好，並從中找到更好的教材。彼此間的交流增加了學習的成效。透過網路，更可以和國際間互動，用不同國家的角度來看事情，用不同的方法來學習。

六、省思能力

省思古時代的文化和造成的影響；省思現代的學習和態度，更重要的，省思自己的學習歷程，有沒有需要改變或改進的地方。省思能力的培養，才是進步的原動力。

　　識字物質性的後設認知教學，除了從文化的角度來談文字的形、音、義，更希望藉由這樣的教學策略，幫助孩子形構識字學，找到最佳的學習方法，達到最好的學習效果。

　　文字的物質性也是由本脈絡所界定的文化統攝（詳見第三章第四節）。但是它是在文化的五個次系統中的行動系統，屬於淺層文文化，以前面所舉「美」字為例，圖示如下：

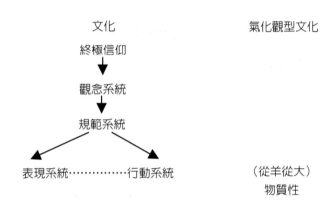

圖 7-2-1　文字與文化的五個次系統的物質性關係圖

第三節　識字倫理性的後設認知教學

　　任何民族都有維繫社會秩序的精神支柱——倫理道德。不過，歐洲古代和中世紀是以宗教的神學世界觀為指引，建立一套歐洲型的倫理道德觀，而中國的古代，其社會意識既不是靠宗教，也不是靠法治，而是靠建立在封建宗法社會基礎

上的倫理道德來維繫社會秩序，並高度重視倫理道德的教育。孔子說：「道之以政，齊之以刑，民免而無恥；道之以德，齊之以禮，有恥且格。」（郭錦桴，1993：33）

中國人把道德看作比法律更重要。儒家所提倡的倫理道德規範，成為整個封建社會推崇並普遍推行的。（郭錦桴，1993：34）

中國自殷周到明清一脈相延的是「農業──宗法」社會。這一社會結構從氏族社會的父家長制演變而成，到周代已趨於完備。這樣的「習俗」主要表現為倫理道德規範。進入階級社會以後，各種成文法出現，倫理道德逐漸變為與法律相互並列、相互補充的社會規範。但在不同民族，倫理與法律在社會中所佔據的地位各不相同。作為海洋民族的希臘、羅馬，商業發達較早，而商業是社會的不穩定因素，對於由血緣紐帶組合成的宗法關係破壞力甚大，隨著宗法意識的被沖淡，希臘、羅馬便失去建立倫理型文化的土壤，於是科學型文化和法治型文化先後在希臘、羅馬應運而生。中國作為一個大陸型的半封閉的農業國，宗法制度、宗法意識綿延至近代，正是這一母體，孕育出倫理文化。（馮天瑜、周積明，1988：78-79）

第三章第四節談過文化的五個次系統，倫理性屬於文化次系統中的規範系統，仍屬於淺層文化。因為漢字是少數存在的非拼音文字，從漢字的形、音、義可以看到古代生活的情形；也可以了解古代人與人之間的互動。在識字倫理性後設認知教學中，我將倫理性分成幾個部分，包括：人與他人的關係、人與社會的關係和人與自然的關係。

一、人與他人的關係

　　本章第二節談到古代借貸與貿易大多與貝有關，並舉了許多相關的例子。從倫理性的角度來看，「貝」的使用促使交易有了媒介，除了最早的以物易物的方式，人與人的相處有更大的空間及更多的可能。以「貝」作為經濟貿易的貨幣，人與人的交易更多元，可以交易更多的東西，交易可以擴及到更遠的地方，讓人與人的往來更密切與頻繁，生活可以更舒適與便利。

　　另外，從信這個字也可以看出古代人與人之間的相處模式。信，人言為信。最早以前，沒有現在所謂的借據、契約，人與人之間的互通有無，溝通來往，很多事情，憑藉的是彼此之間的承諾。口頭上的約定，就代表了一切，所以「信」是古代人與人相處中很重要的一個字。就算後來有所謂借據與契約的出現，仍然不像西方用以規範行為的法律；老一輩的生意人，憑藉的不是手上的借據，而是彼此之間的信任。

二、人與社會的關係

　　本章第二節曾談到漢語是個有豐富色彩詞彙的語言。古代的這種尚色制度展現在倫理上，成了階級的象徵，也造成人們對色彩的特定文化內涵意義的認識。黃色在古代具有尊貴、莊嚴的象徵意

義。因為「黃者，中和之色，自然之性，萬古不易。」只有中國古
代黃帝可以穿黃袍，一般平民百姓是不能穿黃色衣服的。朱、紫色
是相近的紅色，是古代貴官衣服的顏色。紅色在民族中是喜慶的顏
色，結婚時穿紅衣、戴紅花。過年時送紅包，紅色象徵喜氣和吉利。
青與綠與低微的文化內涵意義相聯繫。唐代官服規定，六品、七品
官身著綠服，八品、九品官身穿青服。白色與低賤或喪事的文化相
聯在一起。「白衣」指賤民；「白丁」指沒有功名的人。（郭錦桴，
1993：39-44）中國的民族是講究階級、輩分、親疏遠近的。做官
的有做官的階級，在家族中有嚴格的倫理輩分、親疏遠近，不容其
他人隨意的變更或是輕忽，因為社會的運作依賴倫理的維繫，不容
動搖。

　　本章第二節提到社會制度及其產生的變化，例如侯、尹、宰、
妾、僕等。就像先前談到的，中國是一個大國，為了維持國家正常
運作，沒有阻礙。社會的階級制度和人與人之間的倫理關係，必須
有嚴謹的制度，不容許有任何的例外，因為害怕一個小小的例外，
就造成了國家社會的瓦解。所謂的人權、利益、情感等都比不上社
會結構的緊密結合和國家的存亡來得重要。所以在那個時代，皇帝
擁有十足的權力，控制一切，當然相對的也失去了某些東西，比如
自由。每個人在這個社會結構下，個人的一切需求都不是最重要
的，彼此都得有些犧牲。在這個制度下，官場上的階級成了極為重
要的地位，所以古代會出現官場鬥爭現形記。在這個社會結構下，
有所謂的統治者階級，有所謂的勞動階級，更出現了奴隸階級，包
括僕、妾、奴等，家族成員在家族中的地位也是畫分得很清楚，不
容有人撼動。前一節提到因為古代不同地位和不同身分的人使用不

同的酒器，「尊」引伸有「尊卑」的意思。這些也都跟社會制度和倫理有關。

　　「自」原為鼻的本字，因為古人教訓別人時習慣指著自己的鼻頭，所以轉為「我」義，而另造鼻字以還原它的本義。（周慶華，2010）因為中國傳統社會中的人習慣自指鼻，所以「自」字就類化成具有倫理意涵的承載力；而它所以要有「自指鼻」這個動作，就跟當事人內裡不得不藉此一動作來顯義的心理因素相關。在中國的傳統社會裡，人與人之間的交談，有些話是暗藏不能明說的。在家族倫理制度下，輩分的高低佔有舉足輕重的地位。在家族中的尊者難免就會自視甚高而在氣勢上凌駕他人。平常所見的自指鼻現象，正是這種亟欲凌駕他人的類同性表現（相反的，一個「自知己短」或「謙沖自牧」的人，就不會這般的「冀人臣服」或「倚老賣老」）。（周慶華，2007b：85-89）

三、人與自然的關係

　　五千年前，中華民族居住在黃河流域，那時氣候寒冷、水災旱災頻傳，人們只有仰賴天，天主宰宇宙，決定一切自然現象，而人的吉凶禍福，取決於天。人們對天有一分崇敬和不可形容的敬畏。建立廟宇、祭拜天地。甲骨文的文字由來，就是卜辭，因為古代的人們要做什麼事，一定要占卜。甲骨文中很多的文字都跟祭祀有關，證明了祭祀在古代中的地位。（胡自逢，1987：16-21）

在古人觀念裡，萬物的源頭是天，人的根本是祖先，也就是
《禮記·郊特牲篇》所說的「人本乎祖；萬物本乎天。」祖
先死後成了鬼神，所以天地山川、祖先神靈成了人類飲水思
源，祈求福祚，或是慎終追遠，感恩圖報的祭拜對象。古人
運用了人類社會的生活方式去推測天地鬼神的生活方式，所
謂「資於事生以事死；資於事人以事神。」以人類生活最重
要的事是吃，天地鬼神應當也不例外，所以祭祀的時候就準
備著肉類去供奉鬼神。所以「祭」字便由又（右手）、肉和
示（神明）三個文結會。所謂「犧牲」、「太牢」、「少牢」等
都是祭祀時的牲畜的肉。（賴明德，2003：137-138）

在古代，人與自然保持著和諧的關係，人們對自然存有一分敬
畏，人與自然以和平共處的方式共存。自然萬物都是神，所以有風
神、雨神、樹神、雷神等。漢字裡有許多和祭祀有關的文字，祭祀
的器具、祭祀的牲畜等等。

不論是人與他人的關係、人與社會的關係、人與自然的關係，
和諧都是中國倫理中最主要的準則。

在中國人的傳統觀念中很重視「和諧」的價值，因為中國是一
個大國，只有和諧，民族才能團結，國家才能統一。孔子說：「禮
之用，和為貴。」孟子也說：「天時不如地利，地利不如人和。」
人和是指人和人之間關係的和諧，上下一心，團結一致，這是國家
穩固的重要基礎。和諧的價值觀擴大到家庭、夫妻關係上，俗話說
「家和萬事興」，家庭是社會穩固的基礎，家庭的和諧使社會安定。
商人也以「和氣生財」作為經商的座右銘。在人與人的相處上，漢

語有許多與和諧有關的詞語。例如「以和為貴」、「和顏悅色」、「和藹可親」、「和好」、「謙和」等等。(郭錦桴，1993：46-48)在人與自然的關係上，萬物的生長與運行，講究的就是和諧。萬物順應而生，萬物和諧共存，就是倫理關係的最高境界。

又像「美」，第二節提過從羊從大。有人說那是羊長大肉鮮美的緣故，但是牛豬長大也一樣肉鮮美，為什麼不取牠們來構字？事實上，萬物只要能順遂成長都是好事；而羊比牛豬成長較緩慢，以致造字的人看到了羊長大，就覺得那是再美好不過的事。(周慶華，2010)就像和諧一樣，美也是萬事萬物所追尋的目標。人與人的關係力求美好，社會在美好的關係中進行，萬物生長、四季運行都能在美好和諧的氣氛中行進。

倫理既然是中國傳統社會的精神指標，那麼倫理就是國人生存在世界上所不可躲避的。人是群居的動物，在這個世界上，很少有人可以離群索居，獨立生活。孩子們除了要面對人與他人的關係、人與社會的關係，還有人與自然的關係。除了從古文字形了解漢字的倫理性，我們也應該和孩子們談論古代的倫理性進而探討現代的倫理性。不同的時空背景，倫理性會有些改變。人與人的關係是不是相同，是變得更親密還是更疏離，什麼樣的關係造成現在的改變，是科技、網路、交通、環境還是文明？人和他人的關係現在最常用到的是哪些詞彙？什麼是現在人和社會關係中最重要的？什麼因素影響現在的社會？是媒體、政治、教育還是科技？和孩子們探討現在的社會現象，討論現在的社會問題，聽聽孩子們的意見和想法。在這樣的過程中，他們不但學會了面對社會的態度和知識，也學習了更多相關的文字和詞彙。

關於人與自然的關係，更是孩子們現在必須學習的課題。地球環境的被破壞、資源的浪費、科技文明的干預和影響，以及愈來愈多人投入和關注這些議題，說明了人與自然的關係必須從小被教育並投入更多的關注。跟孩子們一起探究古代的自然環境，古代人面對自然的態度，並比較現代人對自然的予取予求，請孩子們思考這樣的關係和後果，並尋找可行的解決方法。有哪些詞彙是現在才有的，它代表的深層意義是什麼。從古代具倫理性的漢字中，他們又得到了哪些啟示？識字倫理性的後設認知教學，就是要教導孩子們除了文字，還有文字背後的文化性和深層的意義。

除了前面所談的倫理，我們還可以將倫理細分，包括家庭倫理、兩性倫理、同儕倫理、醫療倫理、企業倫理、環境倫理、生命倫理等。這些都是現代很重要的議題，值得大家一起探討和學習。（陳宗韓、陳振盛、劉振仁、鄭錦宏編著，2006）

文字的倫理性，也是由本脈絡所界定的文化統攝（詳見第三章第四節）。但是它是在文化的五個次系統中的規範系統，屬於淺層文化。以前面所舉「美」字為例，圖示如下：

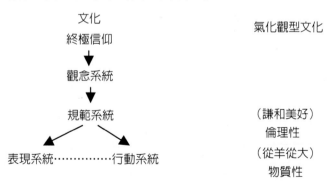

圖 7-3-1　文字與文化的五個次系統的倫理性關係圖

第四節　識字審美性的後設認知教學

第三章第一節談到漢字的特性，提及漢字是具有高度藝術性的文字，漢字的形體、音韻及特殊結構，造就了許多不朽的文學作品。例如對聯、迴文、燈謎、繞口令、詩詞、駢文等等。審美性在文化的五個次系統中屬於表現系統，和屬於行動系統的物質性彼此之間有相關，可以互通。現在針對漢字審美性的後設認知教學再作深入的探討。

> 世界上有許多古老的文字，如非洲的古埃及文，西亞的美索不達米亞的楔形文字等，都是經過由圖畫文字向表意文字發展的過程。但是這些表意文字很快就失去了使用價值，變得不可釋讀了。唯有漢字在數千年的歷史發展中，一方面頑強的維護著自己的表意文字特點；一方面又不斷地為適應它所記錄的。（王寧、鄒曉麗主編，1999：16）

中國文字有世界上少有的形體美，從文字的形體，可以看到物體的形態美、意境美，也可以看到古老時代的一些社會型態的真實呈現的另一種「美」。

文字與生活息息相關，「對聯」更是人民日常生活中必須使用的。對聯的形式有很多樣，各種婚喪喜慶有各式的對聯。對聯的特色是文字的對仗、字數相對、句數相對，詞性相對，在音韻上、內

容上都有嚴格的要求。對聯表現出藝術美、文字美、音韻美、意境美，也表現出中華民族的美好心靈與高度智慧。（李敏生，1997：155）

除了對聯，還有許多文字被運用在各種場合。例如「喜」字有許多的寫法，結婚時，往往貼雙喜的喜字，以加重喜慶的氣氛。「喜」字的寫法中包含了「吉」字。例如「吉祥、吉利、吉人、吉時、吉禮」。有一種民間藝術是將招財進寶四個字寫成一個字。這種藝術在其他拼音文字中是不可能看到的。（李敏生，1997：154） 還有過年時會將「春」、「福」兩字倒反貼，象徵春到、福到；在米缸上貼「滿」字等，這些都具有象徵意義。

書法與雕刻的藝術，也是漢語文字美的最高境界。

> 《中國的書法藝術與技巧》一書中指出「書法的境界，實際上也是作者思想感情的境界。當書法家置身於一定環境中，激起強烈的感情波瀾與創作衝動時，就迸發出靈感的火花，筆隨意轉，物我皆忘，於是舉世無雙的作品得以誕生。例如被譽為「天下第一行書的〈蘭亭序〉，是在王羲之與諸友人雅集於蘭亭，游目騁懷，感興萬端的特定環境中，任情命筆，才寫下這一曠世傑作的。據說，後來王羲之把這篇文稿重抄一本，但是反覆寫了幾十遍，始終達不到原稿那種藝術境界。」（引自李敏生，1997：156-157）

三千多年前，在甲骨上刻出的文字，勁拔有力，排列精美。後來在銅器、木板、竹簡上的文字，也都是線條秀勁、美觀勻稱的。中國字的藝術，龍飛鳳舞，達到最高境界，是藝術的奇葩。除了書

法的藝術，中國在奇山異石，奇峰秀水之間，常會有漢字牌匾刻石相與輝映。西安的碑林，集漢字石刻的大成，菁華薈萃，浩浩蕩蕩。那裡的石刻，不僅數量多，而且雕鐫的精美，藝術的高深，為世人所崇敬。漢字雖然只有點、橫、豎、撇、捺五種基本筆畫，但是它們組合成的字體，或疏可走馬，或密不透風，不拘一格，變化無窮。（李敏生，1997：288-338）

關於文字的美，趙天池就曾說到，我國的文字是單音單形的方塊字，在結構上具有章法，在外形上也具有美感。包括：

(一) **傳神的具象**——動物的象形字如虎、馬、鹿、象、豕、犬、鳳、雞等，都是以簡單的線條構成的形象，各顯特性，不僅形肖，且傳神。如虎的潛草疾竄，馬的迎風而馳，犬的搖尾奔逐，各具騰躍活潑的氣概。不論是動態或是靜態，都讓人驚嘆和喜悅。

(二) **完美的對襯**——中國文字很多是對襯的字，例如車、笠、帶、盅、壺、冊、琴等，在結構上整齊對襯，具有圖案的美，還發展出剪紙藝術。

(三) **井然的組合**——漢字有兩字組合成一字，也有三字縱列成一字或是三字鼎立的。此類結構在排列上具美觀，且字義的內涵更是充實而豐富。例如單木意指一棵樹，雙木意指多數而成林三木參差簇立指更多樹的密接，在幽邃莫測中自有森然的感受，充滿無窮的想像。

(四) **躍然的動感**——在篆書中作為動詞用的單字，在外觀上也富動感。例如行、射、飛、炙、舞等。

(五) **深遠的寓意**——六書中的會意字，在義涵上具有深度，其間的意境，值得細加玩味。例如明、公、信、忍、家、用、武等等。公，是八與厶的結合，八的原義是分開，也就是相背的意思。厶為私的初文，也就是說必須與私相背道，始足以言公。「忍字頭上一把刀」，不僅是一句名言，也是江湖上流行的口語。在心頭上放上一把利刀，所需熬耐的痛苦，自是不可言喻。只有足夠的勇氣能承擔橫逆。所謂「吃得苦中苦，方為人上人」，這正是忍的功力發揮到極致。(趙天池，1991：11-16)

唐諾在《文字的故事》中也提到文字的美。他認為最美的形聲字是「星」字：

星星原來的象形字是「晶」字，晶，用三顆明亮的大星代表滿天星斗，形聲字造出來新的「星」字，星，讓沉寂的文字星空叮叮發出聲音，而把原來的「晶」字保留給一種光亮的、閃逝的狀態描述。

聲音的部分，造字人準確選了個「生」字，生，這是個草木萌生的美麗會意字。這裡小草被移植到浩浩星空之下，景象遼闊而溫柔，你彷彿還可以看見草葉上露珠的微光，一種有著細碎輕脆聲音的微光。(唐諾，2001：42-43)

好美的意境，在那樣一個最原始的土地上，沒有太多的文明，只有大自然。

在甲骨文中，用動物的最主要的特徵來判斷四隻腳的動物。例如牛的特色是那一對大角，因此甲骨文以此為主要的部分，身體的其他部分就不顯現，♥；羊的特色也是那對角，但是長法不同，甲骨文為♥；馬的特色是大眼睛和在風中飛揚的鬃毛，四肢簡化成兩肢，♥；鹿的特色是壯麗的樹叉形狀的角，♥，一樣只用兩隻腳。（唐諾，2001：58）同樣是四隻腳的動物，同樣是要表現頭上的兩隻角，但是甲骨文卻將其中的特色摩造的非常出色。單純只用圖畫的眼光來看，就足以令人讚嘆。如果我們能帶孩子們認識這些形體的美，將這些美的圖案普遍運用在我們的生活中，作為衣服上的圖案，家俱上的圖藤，建築上的裝飾，孩子們會對自己的文字有更多的了解和感動，也會讓外國人感到震撼。

古文字形也展現了魔幻的、想像力的美。例如虹♥，中間那尺蠖狀的彎弧是我們所看到的，但是兩頭的是什麼？有人說是龍♥的頭部寫生，就像是一條巨大的七色兩頭龍，渴了正低頭吸著水。這樣的想像，讓往後造的新的形聲字「虹」，以「工」的類似發音，屬於「蟲」類。在中國的造字心靈中，天上的彩虹不是太陽光的自然折射現象，而是美麗壯闊的生命，一隻時時造訪的神聖大龍。（唐諾，2001：47）

漢字展現在各方面的美，實在不勝言喻。西方人也常深受感動和喜愛。但是我們的識字教學卻很少把古文字形的美和想像帶進孩子們的學習世界裡，只是教導他們作抄寫和背誦，這是非常可惜的。我們常常忽略了美的魔力！其實當心中充滿美的感受，當孩子們學習用美來看事物，當他們把美的元素融入了識字學習的過程中，誰說識字學習會是枯燥無味的。

第七章第一節談到美的形式及在文字上的展現，這以下圖表示：

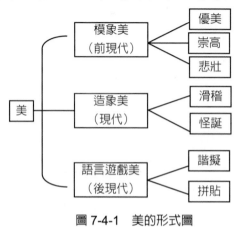

圖 7-4-1　美的形式圖

（資料來源：周慶華，2004：138）

　　文字的美，大都屬於模象美，它屬於前現代。造象美和語言遊戲美因為屬於現代和後現代，在文字的美感上較少出現。前面所談到的文字所呈現的美感，它們都具有優美的形式，讓人感受到純淨的快樂。但是有極少數的文字則讓人感到悲壯。例如「醢」這個字。唐諾談到，孔子是個謙遜、平等、有自信的老師，他主張「因材施教，有教無類」，孔子的學生各有不同的成就和發展，其中下場最不好的，大概就是勇敢、正義感十足、天資不高但樂觀開朗的子路。他出仕衛國，在一場骨肉相殘的政變中死去，還被剁成肉醬，因為這個不幸的掌故，大家都認得「醢」這個字。從甲骨文來看，「醢」字一開始並不是食物而是可怕的酷刑。從上面的字形可以發現，被放置在大臼中的不是食物，而是絕望的人；上面雙手持大杵的是劊子手，活生生的把人錘打成肉醬。「微」字

的左邊是指老人，右邊則是有人手拿棍棒的圖樣，顯然是要棒殺老人。「棄」則是手拿繩索絞死初生嬰兒，再以畚箕把帶血水死嬰倒掉。（唐諾，2001：141）看到這些悲壯的文字，實在讓人心情沈重和難過。但是我們孩子們要學習面對歷史文化的真相，然後才懂得在現代的生活裡不再重蹈覆徹。探究文字的美，幫助孩子從美的層次來作識字學習，讓他們的生活經驗裡有更多美感的體驗和認知。

再以本章第二節物質性和第三節倫理性所舉的例子來談審美性。前面談到古代有許多馬的名稱，唐諾與趙天池都曾談到馬的古文字形具有傳神的具像美，屬於審美性中的優美形式。不同性別、年齡、顏色、品質等等跟馬有關的各種文字，更說明了古代對馬的依賴性；各種的馬使得人們的生活更便利，得到品質好的馬，讓人們的心情上得到滿足和快樂，不同的顏色的馬和不同的騎馬動作，造成視覺上的美感，屬於優美形式的美感。與貿易和借貸有關的帶貝部的詞彙，除了字形上的美感，還有這些文字造成社會和諧順暢運行的美感。買賣的貿易活動、借貸活動、送禮和賞賜等種種活動，讓生活中充滿美感。豐富的色彩詞，本身就是一種美。一個民族有這麼多的顏色，生活必定是多彩多姿，充滿美感。美，從羊從大，它的存在更是代表著喜悅和美好。這種種一切的美，都屬於優美形式的美。

再談一個出現甚早，但迄今字義卻有很大轉變的字，就是糗字。它幾乎跟文字「囧」成了同類。它原義是指乾糧，從米臭聲，根據傳統聲符多半兼義的情況，米發臭自然就糗了。現在這個字主要是在人慮事未周或大意發言而出糗時使用。一個人如果始終不知

道自己的知識欠缺或修養不足,遇事「無以因應」,那麼他就一定會出糗,而且難以補救。就像發臭的米,不能食用,只好丟棄。從一個人出糗時的尷尬和難堪,及其他人可能覺得好笑的情形,這種屬於違背常理或矛盾衝突的事物,可以引起人的喜悅和發笑,這樣的形式美屬於滑稽美。(周慶華,2011b)

　　文字的審美性也是由本脈絡所界定的文化統攝(詳見第三章第四節)。但是它是在文化的五個次系統中的表現系統,也屬於淺層文化。以前面所舉「美」字為例,圖示如下:

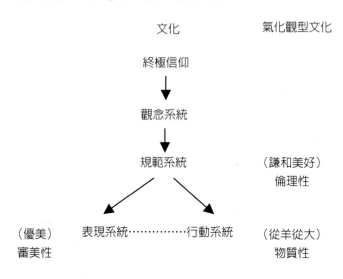

圖 7-4-2　文字與文化的五個次系統的審美性關係圖

第五節　識字文化性的後設認知教學

　　文化的含義可以分為廣義和狹義的不同。廣義的文化泛指各種物質文化和精神文化，而狹義的文化則只指精神文化而言，主要包括科學、教育、政治、文學藝術等等。美國社會學家福爾森認為「文化是一切人工產物的總和，包括一切由人類發明並由人類傳遞後代的器物的全部及生活的習慣」。（郭錦桴，19993：序言Ⅰ-Ⅱ）

　　語言中的詞彙以它的意義系統表述了種種文化現象。而以它為基礎而構成的漢字——紀錄漢語的符號系統，因此也成為中華文化的體現。漢字與文化是指漢字字形及其系統與文化的關係。其核心是研究字形對文化信息的承載關係以及文化對漢字構形系統的制約和影響。從漢字構形可以知道中國的古文化，包括史前的社會形態、古代的社會制度、古代的「神教」、貨幣制度、烹食技藝等等。（王寧、鄒曉麗主編，1999：167-185）

　　從文化的角度來談識字，從識字的角度來談文化，彼此具有密不可分的關係，將它們相輔相成，可以達到最好的學習效果。以下從文字的各個層面來談文化，談文化與識字學習。

　　甲骨文的內容非常豐富，是刻在龜甲和獸骨上的文字通稱。大部分是占卜紀錄，又稱卜辭。在殷商時代，人們非常迷信，相信天上的神左右一切，包括生活上大小事、天氣、收成、田獵等，都要占卜。（王寧、鄒曉麗主編，1999：46）日常生活的事需要進行卜問，大臣的任免、王的巡幸等就更要進行卜問。古代的神靈，

大部分都是王的祖先的神靈。另外，還有山神、河神，以及死去的祖先也會關照那些不分晝夜卜問的後世子孫；子孫如果怠於祭祀、或採取了錯誤的行動，其懲罰是人力所不能及的，非常恐怖的。因為祭祀在古代扮演重要的地位，所以古代用於祭祀的器皿是很重要的，這部分的文字也很豐富。青銅器是殷商時期的代表作，每件銅器的精心製作，超出現代人的想像，銅器的紋樣多彩多姿，有饕餮的紋飾，還有雲紋、雷紋、渦紋、蟲紋、龍紋、鳳紋等，如此凝重渾厚的作品在世界上是獨一無二的。為了對於祭祀的崇敬及可以長久使用，殷商時代用貴重的青銅作為祭祀的道具。按照造型，可以將銅器分為鼎、盤、尊、爵等。（藤枝　晃，2005：24-28）

我們可以從古文字形看到漢字與遠古歷史文化的聯繫。遠古時代，崇拜自然神的信仰。在古文字中，跟拜神有關的字大多是從「示」旁。如神、祇、禘、祝、禋、社等。《說文解字》：「示，天垂象，見吉凶，所以示人。從二、三垂，日月星也。」表示古時候曾以日、月、星為自然神，作為崇拜的對象。《尚書・堯典》：「禋于六宗」。鄭玄注：「禋，烟也。六宗言禋，與祭天同名，則六者恂為天神。謂星、辰、司中、司命、風師、雨師也。」（郭錦桴，1993：10-11）

在遠古的漢族中，主要崇拜的神有：

天體神──日神、月神、星神、雲神。日為眾神之主，《禮記・郊特牲》：「郊之祭也，迎長日之至也，大極天而主日。」

自然力神──風神、雨神、雷神。相傳風神名飛廉、雨神名萍翳、雷神即雷公。

靈物神──山神、樹神、湖神、火神、土神、井神、鳥神、蟲神、獸神等。（郭錦桴，1993：87）

> 殷周之際便產生陽陰五行學說，認為一切自然現象和人的活動都可以歸結為五種物質元素──水、火、木、金、土。萬物的一切變化都由陰和陽兩種對立力量交互作用引起的。這種古老而樸素的哲學觀，到了戰國時期，便被加上一些迷信的色彩。（郭錦桴，1993：39）

> 陰陽五行是儒學的哲學觀，也是傳統文化中重要的理論思維模式。宇宙萬物無不表現為陰陽兩極，天和地是一陽一陰；男與女也是一陽一陰。萬物的形成，處處由五行相生相成，如，五色（青、赤、黃、白、黑），五聲（宮、商、角、徵、羽），五臟（心、肝、脾、肺、腎），五情（喜、怒、哀、樂、欲），五常（仁、義、禮、智、信）等等，無不與五行相應。（同上，312）

從中國人的名字上，也可以看到文化與漢字的關係。中國人取名字，喜歡用五行偏旁命名，陰陽五行學說也變成卜卦算命的理論依據。中國古代非常重視宗族，整個封建社會以宗族體系為基礎。在人名中，體現宗族觀念，首先表現在名字的排行字輩上。一個宗族中不同輩分的宗親名字，用不同的漢字來區別。表現一個宗族的連續的尊卑有序性，板守禮法，維繫宗族的團結。在名字中，「之」或「道」字乃是信仰道教的一種重要遺跡。（郭錦桴，1993：314-315）

　　中國人重視家族觀念。從「家」這個的結構上看，乃是屋內一口豬。探求遙遠的時代，原始人類由狩獵採集的游牧時期，跨入園藝墾殖的定居時期，在生活上確屬是一項了不起的大改進；有一些聰明的人把獵得的活野獸帶回住處來豢養，以便隨時的需用。也許從經驗上得知，豬肉既肥且多，供食最佳，繁殖又快。貧苦的小農，會想盡辦法養豬，以後生活的採購與嫁娶都可以迎刃而解。如果連豬都養不起，可能要瀕於破家的邊緣。養豬人家，代表了勤勞、節儉、儲蓄，而這些是組成美滿家庭必須具備的。「用」字是由「卜、中」二字所組合。用是施行的意思，也表示作為，所謂「天生我材必有用」。從通俗的層面來解釋，凡事都有兩個極端，尋求其間適度的標準以為用，才可得其允當。西方人慣走極端。例如美國的科技研究，力求突破而不免走上極端，破壞了基本人性的調適，更破壞了自然生態的調適。東方人則強調過猶不及。「武」在本質上是指一種堅強不屈的力量。卻往往被誤解，古代的秦始皇、漢武帝很重視武功，運用不當則形成暴政和使國力衰微。拿破崙與希特勒迷信武力，形成災禍。日本人崇尚所謂「武士道」，襲用了我們的漢字，卻曲解了我們的「武」字。武係「止戈」二字所組合，戈乃代表兵器，能夠止息干戈的力量，才屬武的精義所在。武絕不是恃強，更不能鬥狠。（趙天池，1991：17-19）

　　再從第七章各節所舉的例子為例。古代漢字中關於馬、牛、羊的字特別多，反映了古代畜牧業的發達和對家畜的飼養和認識。關於馬的各種不同型態的字，也反映了那個時代對馬的重視及生活的態度。中國人在氣化觀型文化的影響下，萬事萬物只求和諧共處，與大自然合而為一。對生活來說只要夠用就好，不需要發展到極

端。不像西方人在文化型態不同的影響下，發明了汽車、火車和飛機等。他們不斷的追求最極致的表現。

社會階級制度和家族中宗親地位與親疏關係也說明了中國文化不同於西方文化的地方。西方文化重視的是個人，崇尚自由，爭取個人的利益。但是中國人重視的是社會制度與國家體制的運行，不容許個人來破壞，個人的需求不被重視。中國人強調天人合一，與大自然的運行融合為一。

中國人重血緣、重家族、重宗族、重社會，中國傳統哲學的倫理化特色，長期支配了華人的意識形態，形成東方民族古代文明的核心價值領域。這個文化傳統，讓自己的族類享受了更多的人間溫情。倫理化的特色讓人們自覺維護社會正義、忠於民族國家。但是人的自主性、獨立性受到壓抑，形成內向的性格，也難以產生像西方那樣的自然哲學、實證科學等。（馮天瑜、周積明，1988：394）談到民族性格，有一則幽默故事是這樣說的：

> 以大象為論題令人作文，德國人寫的是〈大象的思維〉，法國人寫的是〈大象的情愛〉，俄國人寫的是〈俄羅斯的大象是世界上最偉大的大象〉，中國人的題目則是〈大象的倫常〉。（馮天瑜、周積明，1988：49）

這個故事當然不能作為論證，但畢竟大略勾勒出各民族的特色。

中國人普遍信奉的是「天」，這個介於自然界與人格神之間的「天」，比較歐洲文化系統中的「上帝」或印度文化系統中的「佛」，宗教意義要淡薄得多。中國人的「天命」觀念，不只包含宗教，同時又與社會倫理觀念緊密相連。（馮天瑜、周積明，1988：103）

「天」，《說文解字》中解釋為「天，顛也，至高無上。從一、大。」天字的產生反映了人們最初的自然崇拜的觀念，天被賦予了至高無上的地位，並且在中國哲學思想發展史中始終佔有重要的地位。漢字的「天」字表現了先人們對空間的無限的樸素認識。「天」字表現了天的空間是沒有界線的，超出人的肉眼所能看到的空間，超出了人們直覺的範圍。以後「天」的觀念的發展，天道、天命等範疇的出現都不同於西方的擬人化的神，而是富於哲學的意味（普遍性、高度的抽象、概括），這是中國哲學的特色。（李敏生，1997：33-34）

「氣」是中國哲學獨有的普遍的哲學範疇。在中國傳統哲學的諸多流派中「氣」被賦予了各種涵義。老子把氣作為道生萬物中的一個環節，儒家則把氣包容在心性之中，董仲舒提出了「元氣」的範疇，張載提出太虛即氣，朱熹認為「理本氣末」，王守仁則認為「氣為良知」，直至近代康有為、嚴復、譚嗣同、章太炎、孫中山等著名思想家均從哲學的角度闡述了關於氣這一範疇。（同上，1997：40-41）

前面也談到在中國民以食為天，以中國的文化，飲食與祭祀、禮制有關。中國人重飲食的文化心態，還使漢語許多與飲食毫無關係的詞語，沾上吃的邊。例如酸、甜、苦、辣等詞，本是用來表示吃的味覺，卻將詞義擴散引伸，構造出許多用於表示其化心感受的詞彙。如酸楚、辛酸、寒酸、長得甜、生活很甜蜜、苦笑、苦力、愁苦、潑辣、火辣辣等。制作食物的詞語，引伸為煎熬、熬夜等等。現代生活中，也引伸出很多跟吃有關的詞語，如吃醋、吃老本、吃

官司等等。將古文字中飲食與文化的關係，加上現代引伸出來的意涵帶進識字後設認知的學習策略中，孩子們的學習更有意思，更有趣味，他們的識字學習不再只是文字，還包括文化。包括生活中的食衣住行，包括古今中外的文化比較，包括古老的傳說等等。

　　西方的希臘神話故事，孕育了他們的文學與藝術。中國古代的傳說，中國古文字中意涵的故事，文字與古文化的關係等等，都是識字學習特好的取向之一。從文化性來談識字，孩子們更能感受到中西方文字與文化的不同，更能吸收文字的精髓，了解文字經過時代的變遷所作的改變，明白文字的形式和發展，對於識字學習將更有成效。

　　文字的文化性也是由本脈絡所界定的文化統攝（詳見第三章第四節）。但它是在文化的五個次系統中的觀念系統，屬於深層文化。（最深層的終極信仰已內在觀念系統中，所以才說觀念系統是深層文化所在）以前面所舉「美」字為例，圖示如下：

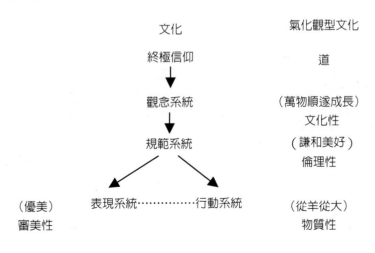

圖 7-5-1　文字與文化的五個次系統的文化性關係圖

第六節　相關教學活動的設計

　　識字後設認知教學策略主要是將文字與文化作結合，結合後設
認知的教學，將文字的物質性、倫理性、審美性和文化性與文字結
合，形成後設認知教學，主要目的是希望學生能形構一套識字學。
本教學活動設計就是針對這樣的特性來作規畫。

表 7-6-1　識字後設認知教學活動設計

單元設計	後設認知與文字	教學對象	快樂國小二年 A 班
設計者	許彩虹	教學人數	27 人
教學時間	共二節（八十分鐘）	教學場地	二年 A 班教室
教材來源	教材：吳貴珠《中國字的故事》、黃沛榮〈漢字字源〉網站、王寧、鄒曉麗《漢字》、周有光《漢字和文化問題》、周慶華《語文教學方法》		
教學資源	1.電腦。2.單槍。3.投影機。4.圖畫紙。5.ppt。		
教學目標	1. 知道如何形構識字學。 2. 能認識文字的物質性、倫理性、審美性和文化性的關係。 3. 能形構識字學。		

能力指標	教學活動內容	時間	教學目標	評量方式
	一、準備活動 　(一)教師 　　　準備識字與後設認知教學策略的相關教材以及古文字形的ppt。			

| 4-1-1-1 能利用部首或簡單造字原理，輔助識字。 | (二)學生
　　課前蒐集相關的題材。
二、發展活動
(一)活動一：形構識字學
　　※經由討論讓學生明白如何形構一套識字學。
　　教師提問：
　　　　你們認識了很多的字，知道如何增加識字量，如何讓文字更熟練，也知道利用戲劇來強化文字。現在，請說一說要如何形述建構一套識字學來幫助識字？
　　S：老師常常說我們可以把文字拆成一個一個的部件幫助識字。例如「碧」就是人家常說的「王先生白小姐坐在石頭上」；「十月十日」就是「朝」；「邊」的筆畫很多，也可以把它拆成「辶、自、穴、方」，這樣就不會覺得這個字很難寫了。
　　S：我喜歡文字的古文字形，老師在講解古文字形原來的涵義時，我都覺得很有趣，用這樣的方法可以幫助識字。
　　S：對呀！中國文字很特別，跟什麼有關的字就用什麼部首，就好像「採」是手部，就是用手來採東西；「踩」就是用腳踩，所以是足部，他們唸的音也都一樣，用這種方式來學習，就比較不容 | 20 | 知道如何形構識字學。 | 能清楚說出如何形構識字學。 |

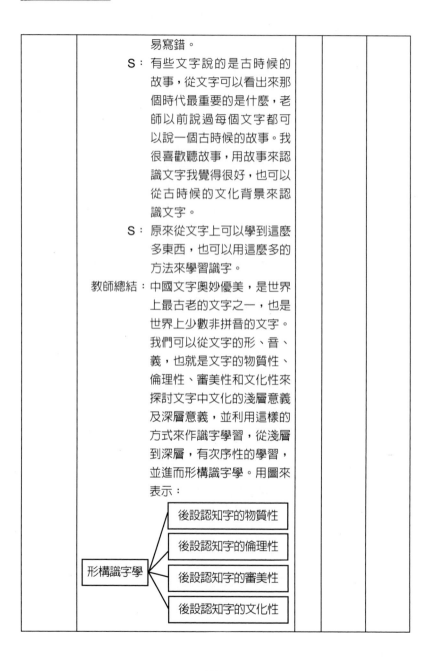

		易寫錯。			
		S： 有些文字說的是古時候的故事，從文字可以看出來那個時代最重要的是什麼，老師以前說過每個文字都可以說一個古時候的故事。我很喜歡聽故事，用故事來認識文字我覺得很好，也可以從古時候的文化背景來認識文字。			
		S： 原來從文字上可以學到這麼多東西，也可以用這麼多的方法來學習識字。			
		教師總結： 中國文字奧妙優美，是世界上最古老的文字之一，也是世界上少數非拼音的文字。我們可以從文字的形、音、義，也就是文字的物質性、倫理性、審美性和文化性來探討文字中文化的淺層意義及深層意義，並利用這樣的方式來作識字學習，從淺層到深層，有次序性的學習，並進而形構識字學。用圖來表示：			

形構識字學
- 後設認知字的物質性
- 後設認知字的倫理性
- 後設認知字的審美性
- 後設認知字的文化性

| 4-1-1-1 能利用部首或簡單造字原理輔助識字。 | (二)活動二：後設認知與文字
1.討論文字的物質性、倫理性、審美性和文化性。
教師提問：
　　小朋友，今天我們一起來談文字的物質性、倫理性、審美性和文化性。文字的物質性包括文字的形、音、義三部分。可以用文字的部件、文字的結構和字族文教學法來學習。例如「清、青、菁、晴、睛、倩、情、精」；可以從文字音的部分學習，例如破音字、同音字等。另外，可以從文字義的部分來談。例如「日」、「月」是從太陽的形狀演變出來的；從「侯、尹、妾、僕」等字可以看到古代的階級制度，屬於文字的倫理性。從審美性和文化性來看，我們可以看到「美」這個字所象徵的美好意義，在中國的傳統思想裡，一切講求的是和善美好，萬物都能和諧的進行，萬事萬物順應而生，一切都是美好的。
S：我看過和動物的字有關的古文字形，其中我最喜歡「象、馬、龜、羊、牛、鹿」等，他們的古文字形非常優美，像真的一樣有動感和神韻。
S：「家」這個字是在說屋子內有一隻豬。從家這個字我們可以看到那個時代的家庭裡 | 40 | 能認識文字的物質性、倫理性、審美性和文化性的關係。 | 能清楚說出文字的物質性、倫理性、審美性和文化性的關係。 |

		都有養豬，也可以看到家對中國社會的重要和對中國文化的影響。			
		S：中國人不像外國人崇拜上帝，中國人普遍信奉的是「天」，自然界的一切都是人們信奉的神。			
		S：對呀！我們村子裡的大榕樹已經有三百多年了，它的身上都綁著紅布條，大家都會準備東西去祭拜它。			
		教師總結：大家學得非常快速，對文字也有了更深層的認識。這些都是很有用的識字學，明白了這些，對文字的了解會更透徹和牢固。			
		2.教師利用 ppt 讓學生欣賞動物古文字形的美，包括「燕、馬、羊、魚、蛇、鹿、牛、隹、鳥、龜」等字，並作介紹。最後請小朋友利用這些古文字形作畫，想像成一個動物園，將圖畫在圖畫紙上。			
4-1-1-1 能利用部首或簡單造字原理輔助識字。	(三)活動三：強化形構識字學 ※由教師先說一個與物質性、倫理性、審美性和文化性有關的文字，請各組討論這個文字的物質性、倫理性、審美性和文化性。 教師提問： 　小朋友，前面我們討論過文字有很多的特性，剛剛也舉了很多的例子來作說明，現在請小朋友仔細的想一想，集思廣義，找	20	能形構識字學。	能清楚明白形構識字學的方法並實際運用。

	出「公」這個字與物質性、倫理性、審美性和文化性的關係。		
	S：《中國字的故事》中有說到，「公」字中的「厶」字是指私的意思，上面的「八」意思是背對。就是說背對「私」的意思，把私拋在背後，所以就是「公」。		
	S：我知道，前面同學所說的這部分屬於文字的物質性。中國的倫理講究的是「公私分明」，人與人的相處不能存有私心。如果存有太多個人的私心，這個社會就會混亂，家庭就會不和諧，而中國人是很重視倫理制度和家族輩分的。所以這部分是屬於倫理性。		
	S：違背私就是公，我覺得中國的造字都非常有意思，也很美麗。中國字的外形也都會有對稱和藝術的美。這應該就是審美性。		
	S：這個字在文化性的意思就是說中國人和外國人不一樣，外國人強調的是個人的自由，個人的權利。但是中國人強調的是大自然運行和諧，個人不能太被強調，所以我們不能太自私，要常常和別人分享。因為越能施與別人，所得到的回報是更多		

| | | 的，也許不是物質上的回報，可能是精神上的回報，也可能不是馬上就有回報，而是在某一天，當你需要的時候，突然就有了好的回報。所以我們要有「大公無私」的精神。

教師總結：小朋友的解說真是太完美了。每個小朋友都說得非常有道理，也都解釋得很清楚。現在大家應該都明白識字學習的方法很多，可以從淺層的文化與深層的文化來形構識字學。如果大家都能形構一套識字學，識字學習的成效會很好。 | | | |

第八章　結論

第一節　識字教學策略理論建構的成果

　　識字學習是很重要的，但是現在的教育對於識字學習並不太重視，社會上一窩蜂談論的是如何學習英語，對於中國文字的優美和特性卻很少成為談論的對象；而學校中的識字教育也都是很制式化的教導，無法帶給孩子們更多識字學習的樂趣。因此，才興起本研究，希望用更多的向度和不同的面向來建構一套更完整的識字教學策略，提供教學者參考，以便給學習者帶來更多的學習樂趣和成效。茲將理論建構的研究成果分述如下：

一、緒論部分

　　閱讀在現今受到高度的重視，成為各個國家致力推動的目標。閱讀是一切學習的基石，開啟人們的智慧。而識字則是閱讀的根本，越來越多的國家投入更多的人力和心力，專注於識字學習上，識字學習的重要可想而知。本研究希望能建構一套完整的識字教學

策略，除了增進自己的教學能力，並能作為其他教師教學的參考，希望能引起社會上對識字教學的重視。

二、文獻探討部分

本研究將文獻探討部分分成識字教學與識字教學策略。識字教學從識字教學發展、識字教學的意涵、識字教學的原則和識字發展階段四部分來探討。識字教學策略則整理了針對識字教學所作的相關研究，並介紹了各種識字教學策略。從文獻探討中發現大部分的研究都是從單一部分來作論述，探究成效，或是針對某些特定的對象作研究，無法具有全面性，較少作高位階的理論建構。本研究統攝了各個層面的學習，讓理論架構更完善。

三、識字教學策略建立的意義部分

本研究包含了各個不同的向度，包括戲劇、擴大閱讀、轉運用與後設認知等四個層面，這四個層面各具有其相對應的意義和目的。透過識字戲劇化教學達到強化認知文字；利用識字擴大閱讀範圍教學增加識字量；經由識字轉運用教學達到熟練文字；最後從後設認知教學的部分形構識字學。

四、識字戲劇化教學策略部分

　　戲劇的形式有很多種，本研究從舞臺劇、相聲和雙簧三部分來談識字教學策略。說明如何將文字的特性融入戲劇化識字教學策略，並利用舞臺劇本身動態的效果，具有聲音、形象、布景、燈光的特色以及相聲與雙簧聲音視覺的雙重享受及文字聲音中的諧趣部分來強化認知文字。學習者對於戲劇都有濃厚的興趣，將識字與戲劇作結合，除了可以增加學習成效，更可以達到學習的樂趣。本研究並列舉各種可能的教學策略與運用方式。

五、識字擴大閱讀範圍教學策略部分

　　閱讀能增加識字量，識字量的多寡又影響閱讀的理解能力。識字擴大閱讀範圍從幾個部分來談，閱讀報紙雜誌、閱讀課外讀物及閱讀視聽媒體。閱讀的範圍越廣，接觸到的文字越多；閱讀不同的文類，接觸不同的字彙，學習到的字彙和數量也不同，更能達到增加識字量的目的。本研究列舉了各種不同的教學方式，教學者可以針對不同的教學對象，不同的學習特質，選擇不同的閱讀範圍及運用不同的學習策略，增加學習者閱讀的樂趣，並提升識字學習的效果。

六、識字轉運用教學策略部分

除了作文課的寫作，文字還可以運用在各種不同的地方。透過識字轉運用教學，透過文字多重的運用，學習者對於文字會更熟練。但是傳統制式化的命題式作文教學，常讓學生聞之怯步，心生排斥和恐懼。識字轉運用教學的方式很多，不一定只是侷限在作文教學，編輯與採訪教學也是很好的識字轉運用的教學策略。本研究列舉了識字轉運用教學的可行性策略，包括寫作與編輯採訪教學，讓學習更多元，激發學習者的樂趣和動力，達到熟練文字的成效。

七、識字後設認知教學策略部分

中國文化博大精深，中國的文字更是世界上獨一無二的文字。文字與文化的關係很多人談到，但是很少人將文化放在識字教學策略來談，也很少人從後設認知的方向來談識字教學策略，這是很可惜的。本研究從物質性、倫理性、審美性和文化性與文字的關係，來探討中國文字，並形構一套識字學，希望學習者能達到最好的識字學習成效。

很多人研究識字，但是很少人全面的探討識字教學策略，對識字教學策略作理論的建構。本研究從戲劇、閱讀、轉運用和後設認知四個層面來作識字教學策略的理論建構，其中提出各種論點來論證並列舉各種教學策略，作為教學者教學的參考，讓這個識字教學策略能更完善。茲將整體成果，圖示如下：

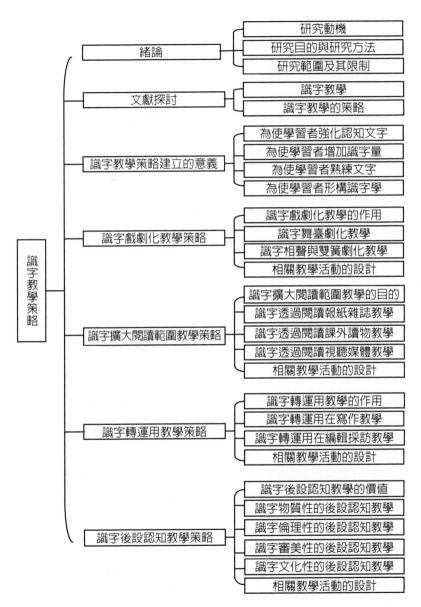

圖 8-1-1　本研究理論建構成果圖

第二節　未來研究的展望

　　識字教學策略理論的建構可以作為自己未來教學的指引，也可以作為其他教師和對識字教學有興趣的人的依據和參考。希望這套識字教學策略理論的建構，能引發更多的人投入更多的心力作相關的研究，讓識字教學有更多的發展，並將中國文字的特性和優點教育給我們的下一代，讓社會上更多人關注識字教育。

　　本研究的對象是以小學生為主，關於成人的識字教學或是外國人學習華語的識字教學，本研究不一定能完全適用，未來可以作關於成人的識字教學及外國人學習華語的相關教學研究。中國文字已經受到世界各國的重視，越來越多的人參與華語的學習，未來的研究可以朝著這個方向開展。

　　關於文字學方面的著作很多，本研究因為研究的對象及相關的限制無法作太多的論述，未來可以以文字學的範疇為研究的方向，發展更廣更深入的識字教學理論。

　　本研究以小學的識字教育為主要的範圍，以教室為主要的活動場域，受限於場地及人數，在舉例印證上略有不足。未來如果能排除場地和人數的限制，可以作更具有規模更完善的研究。例如可以作大規模的戲劇表演，或者可以以圖書館作為教學的場地等等。

　　本研究第四章的戲劇化教學主要是以舞臺劇、相聲及雙簧為主，未來可以研究廣播劇、故事劇場及讀者劇場與識字教學的結

合。第五章的識字轉運用的部分也可以加入廣告設計、網頁設計、文案設計等等，作為未來研究的向度。至於第七章的部分，因礙於體例和篇幅而不及備載，未來可以作更深入的研究，舉更多相關的文字作例子，讓這部分可以更完善。

　　整體來說，識字教學策略非常重要，希望未來可以有更多的發展，也有更多的人參與研究。

參考文獻

一、中文文獻

天下雜誌教育基金會策劃編著（2008），《閱讀，動起來》，臺北：天下
　　雜誌。

方素珍（2007），《我有友情要出租》，臺北：國語日報。

方淑貞（2007），《FUN 的教學──圖畫書與語文教學》，臺北：心理。

王友蘭（1992），《談戲論曲》，臺北：學海。

王汝松（1997），《嘿！大家來說相聲》，臺南：南縣文化中心。

王莉（2008），〈基於兒童漢字認知特點的識字教學策略探析〉，《現代語文》
　　（教學研究版），11，104-106、104、106。

王惠瑩（2007），《弱勢地區幼兒識字教學之個案研究》，臺東大學幼兒教
　　育學系碩士班論文，未出版，臺東。

王開寧、趙琴編著（1997），《精妙閱讀技巧》，臺北：漢欣。

王寧、鄒曉麗主編（1999），《漢字》，香港：海峰。

王樵一（2008），《閱讀是優質投資》，臺北：新苗。

王瓊珠（2001），〈臺灣地區讀寫障礙研究回顧與展望〉，《國家科學委員會
　　研究彙刊：人文及社會科學》，11（4），331-344。

王瓊珠（2005），〈高頻部首／部件識字教學對國小閱讀障礙學生讀寫能力之影響〉，《臺北市立師範學院學報》，36（1），95-124。

王瓊珠、洪儷瑜、張郁雯、陳秀芬（2008），〈學童「識字量評估測驗」之編製報告〉，《測驗學刊》，55（3），489-508。

王瓊珠、洪儷瑜、陳秀芬（2007），〈低識字能力學生識字量發展之研究——馬太效應之可能表現〉，《特殊教育研究學刊》，32（3），1-16。

王鐵昆主編（1994），《漢字規範通俗講話》，北京：人民日報。

史帝夫‧李文（Steve Leveen）（2006），蘇睦詔譯，《品書‧書品——小技巧精鍊豐富的「閱讀人生」》，臺北：風行。

布魯克斯（Brian S.Brooks）等（1995），李利國、黃淑敏譯，《當代新聞採訪與寫作》，臺北：周知。

匡惠敏（2010），《新移民女性的語文教育：讀報讀書會的運用與實例》，臺北：秀威。

吉姆‧崔利斯（Jim Trelease）（2002），沙永玲、麥奇美、麥倩宜譯，《朗讀手冊——大聲為孩子讀書吧！》，臺北：天衛。

江惜美（2002），〈文字學在小學國語教學上的運用〉，《國文天地》，18（6），22-25。

老志鈞（2000），〈掌握漢字特點的識字教學方法——分析比較〉，《中國語文通訊》，53，1-9、7。

艾偉（1955），《漢字問題——閱讀心理》，臺北：中華。

何琦瑜（2007），〈從「寫作」啟動新一波學習革命〉，《2007 親子天下專刊——教出寫作力》，12。

佟樂泉、張一清（1999），《小學識字教學研究》，廣州：廣東教育。

吳孟恬編著（2004），《趣味字詞故事》，臺北：小魯。

吳忠魁、曉潔、小陶編著（2000），《讀說聽寫樣樣通》，臺北：正展。

吳怡靜（2007），〈電腦科技對寫作：利多於弊〉，《天下雜誌——2007 親子天下專刊——教出寫作力》，26。

吳啟振（1993），《認識國字部首》，臺北：國語日報。

吳敏而（1998），《語文學習百分百》，臺北：天衛。

吳貴珠（1982），《中國字的故事》，臺北：民生報。

吳慧聆（2007），〈字族文識字策略對國小學習障礙學童識字學習成效之研究〉，《國立彰化師範大學特殊教育學系特殊教育學報》，25，1-30。

巫玉文〔2010），《圖解識字教學法對國小低年級學童識字能力影響之研究》，臺灣博碩士論文網，網址：http://ndltd.ncl.edu.tw/cgi-bin/gs32/gsweb.cgi/ccd=x3AVFF/search，點閱日期：2010.7.24。

李光福（2005），《識字兒歌》，臺北：小魯。

李佩芬（2010），〈造句、日記、心得克服法〉，《親子天下——作文、心得、週記完全克服法》，18，124，128。

李家同（2010），《大量閱讀的重要性》，臺北：博雅書屋。

李敏生（1997），《漢字哲學初探》，北京：社會科學文獻。

李雪莉（2002），〈別搞壞孩子的胃口〉，《天下雜誌半月刊——閱讀新一代知識革命》，263，124。

李雪莉（2007），〈用網路科技玩寫作〉，《2007 親子天下專刊——教出寫作力》，126-127。

李翠卿（2011），〈閱讀幫我一圓人生夢〉，《親子天下》，21，154-156。

李蓓潔（2007），〈陳銘磻——寫作就好像是樂高遊戲〉，《2007 親子天下專刊——教出寫作力》，112-113。

李賢（2006），《在圖書館培養比爾蓋茲》，高雄：核心。

杜紫楓（1988），〈創作性戲劇活動教學經驗談〉，鄭明進主編，《認識兒童戲劇》，臺北：中華民國兒童文學學會。

沈清松（1986），《解除世界魔咒——科技對文化的衝擊與展望》，臺北：時報。

沈清松主編（2002），《哲學概論》，臺北：五南。

沈惠芳（2006），《我就是這樣教作文——沈老師的二十堂作文課》，臺北：天衛。

周有光（2000），《漢字和文化問題》，瀋陽：遼寧人民。

周漢光（2000），《有效的中文科教學法》，香港：香港中文大學。

周碧香（2009a），〈圖解識字教學原理探討〉，《臺中教育大學學報：人文藝術類》，23（1），55-68、64、66-67。

周碧香（2009b），〈從學習理論談漢字形似字教學〉，《聯大學報》，6（1），79-98、95。

周慧菁（2007），〈美國新一波教育革命〉，《2007 親子天下專刊——教出寫作力》，84，85-86。

周慶華（2004），《語文研究法》，臺北：洪葉。

周慶華（2007a），《走訪哲學後花園》，臺北：三民。

周慶華（2007b），《語文教學方法》，臺北：里仁。

周慶華（2010.7.27），〈深入文字的世界〉，《國語日報》少年文藝版。

周慶華（2011a），《華語文教學方法論》，臺北：新學林。

周慶華（2011b.7.12），〈糉〉，《國語日報》少年文藝版。

孟瑛如、張淑蘋（2003），〈資源班語文教學——有趣的識字教學設計〉，《國教世紀》，207，31-38。

林尹（1980），《文字學概說》，臺北：正中。

林火旺（1999），《倫理學》，臺北：五南。

林世仁（2006），《英雄小野狼》，臺北：天下。

林如美（2010），《集中識字教學法與分散識字教學法對國小三年級識字困難學生識字學習之比較研究》，臺灣博碩士論文網，網址：http://ndltd.ncl.edu.tw/cgi-bin/gs32/gsweb.cgi/ccd=fAj6Hd/search，點閱日期：2010.7.24。

林志強（2000），《漢字的闡釋》，福州：海峽文藝。

林育毅、王明泉（2007），〈國小階段識字教學成效之後設分析——以單一受試實驗研究法為例〉，《東臺灣特殊教育學報》，9，9-28。

林明進（2007），《林明進作文教室——訓練篇》，臺北：國語日報。

林玫君編譯（1994），Barbara T. Salisbury 著，《創作性兒童戲劇入門》，臺北：心理。

林堤塘（2006），《綜合基本字帶字與部件識字教學法對閱讀困難學童識字學習成效之研究》，嘉義大學特殊教育學系研究所論文，未出版，臺義。

林惠勝（1900），《有趣的文字　第一輯》，臺北：圓明。

林慶勳、竺家寧、孔仲溫（1995），《文字學》，臺北：空中大學。

邱明秀（2004），《中文部首分色識字教學法對國小識字困難學童教學成效之研究》，中原大學教育研究所碩士論文，未出版，桃園。

金哲民等編（1992），《識字教學研究資料》，上海，上海師資培訓中心。

侯吉諒（2002），《數位文化》，臺北：未來書城。

南美英（2008），《晨讀十分鐘》，臺北：天下。

柯林‧羅斯（Colin Rose）、麥爾孔‧尼可（Malcolm J. Nicholl）（1999），戴保羅譯，《學習地圖》，臺北：經典傳訊。

洪儷瑜（1997），〈「漢字視知覺測驗」編製初步報告〉，《師大學報：教育類》，42，59-73。

洪儷瑜、黃冠穎（2006），〈兩種取向的部件識字教學法對國小低年級語文低年級成就學生之成效比較〉，《特殊教育研究學刊》，31，43-71。

洪蘭(2004)，〈讓孩子主動──閱讀才會成功〉，《天下雜誌》，304，176-177。

胡永崇(2002)，〈學習障礙學生之識字教學〉，《屏師特殊教育》，3，17-24。

胡自逢編著（1987），《中國倫理》，臺北：正中。

馬景賢（2001），《非常相聲》，臺北：小兵。

馬景賢（2006），《老馬相聲》，臺北：小兵。

馬景賢（2009），《說相聲，學語文》，臺北：小魯。

馬驥伸（1984），《雜誌》，臺北：允晨。

唐諾（2003），《文字的故事》，臺北：聯合文學。

秦麗花、許家吉（2010），《形聲字教學對國小二年級一般學生和學障學生識字教學效果之研究》，臺灣博碩士論文網，網址：http://readopac3.ncl.edu.tw/nclJournal/search/summny_list.jsp?sysId=0004639367&dtdId=000040，點閱日期：2010.7.24。

郝明義（2007），《越讀者》，臺北：大塊。

高文元（1991），《漢字教學漫話》，北京：北京教育。

高尚仁、鄭昭明（1982），《中國語文的心理學研究》，臺北：文鶴。

高源清發行、吳惠潔總編輯（1996），《小牛頓兒童科學園地》，146。

孫宛芝（2004），《基本字帶字電腦輔助教學對國小識字困難學生之識字成效研究》，臺北師範學院特殊教育學系碩士班論文，未出版，臺北。

徐慧玲（2006），《銅鑼國小一年丁班常用部首識字教學之研究》，新竹大教育大學人資處語文教學碩士班論文，未出版，新竹。

國立彰化師範大學圖書館（2011），〈認識電子書〉，網址：http://lib.ncue.edu.tw/941201/ebook1.htm，點閱日期：2011.4.22。

國立臺灣師範大學成人教育研究中心（1994），〈我國失學國民脫盲識字標準及脫盲識字字彙之研究〉，《國立臺灣師範大學成人教育研究中心專題研究報告》，4。

國立編譯館（1992），《國語》，臺北：正中。

崔小萍（1994），《表演藝術與方法》，臺北：書林。

張春興（1988），〈知之歷程與教之歷程：認知心理學的發展及其在教育上的應用〉，《國立臺灣師範大學教育心理學報》，21，17-38。

張璇（2009），〈識字「教」與「學」中存在的問題與對策〉，《天津師範大學學報》（基礎教育版），10（1），40-43。

張霄亭（1993），《視聽教育與教學媒體》，臺北：五南。

張曉華（1999），《創作性戲劇原理與實作》，臺北：成長基金會。

教育部（2008），〈97年國民中小學九年一貫課程綱要〉，網址：http://www.edu.tw/eje/content.aspx?site_content_sn=15326，點閱日期：2011.07.10。

梁東漢（1991），《漢字的結構及其流變》，上海：上海教育。

莊雅州（2008），〈論漢字教學的原則〉，《中原華語文學報》，1，1-14。

郭錦桴（1993），《漢語與中國傳統文化》，北京：中國人民大學。

陳正治（2000），《有趣的中國文字》，臺北：國語日報。

陳正治（2004），《猜謎識字》，臺北：國語日報。

陳秀芬（1999），〈中文一般字彙知識教學法在增進國小識字困難學生識字學習成效之探討〉，《國立臺灣師範大學特殊教育學系特殊教育研究學刊》，17，225-251。

陳秀芬、洪儷瑜、陳慶順（2008），〈國小一至三年級讀寫字困難學童基本字讀寫能力之研究〉，《臺東大學教育學報》，19（2），31-60。

陳宗韓、陳振盛、劉振仁、鄭錦宏編著（2006），《倫理學的理論與應用》，臺北：新文京。

陳麗桂、賴美鈴、林磐聳、張曉華主編（2007），《中小學藝術與人文學習領域之教學與實務》，臺北：臺灣師範大學。

麥思（1998），《知訊力〔INFOLEDGE〕——大讀書家的閱讀策略》，雲林：版圖。

馮天瑜、周積明（1988），《中國古文化的奧秘》，臺北：谷風。

馮永敏（2008），〈教會學生識字寫字——識字寫字的教學策略〉，《國教新知》，55（1），14、3-18。

馮翊綱（2000），《相聲世界走透透》，臺北：幼獅。

博那德（1998），《黃金夢想號》，臺北：格林。

彭家發等（1997），《認識大眾傳播》，臺北：臺灣書店。

敦善編著（1990），《繞口令》，臺北：星光。

曾小英（1984），《文字列車》，臺北：聯經。

曾志朗（1992），〈華語文的心理學研究：本土化的沈思〉，楊中芳、高尚仁編，《中國人・中國心——發展與教學篇》，臺北：遠流。

游淑媛（2007），〈增進國小智能障礙學生識字量的教學應用實例〉，《國小特殊教育》，44，56-64。

程祥徽、田小琳（2002），《現代漢語》，香港：三聯。

黃沛榮（2003），《漢字教學的理論與實踐》，臺北：樂學。

黃秀文（1997），〈小學一年級學童書寫型式與概念之研究〉，《國立嘉義師院國民教育研究所國民教育研究學報》，3，121-154。

黃信恩（2008），《繪本教學對學習障礙學生識字與閱讀理解之成效研究》，臺南大學特殊教學碩士論文，未出版，臺南。

黃冠穎（2004），《部件識字教學法對國小二年級國語低成就學童補救教學學習成效之研究》，花蓮師範學院特殊教育教學碩士班論文，未出版，花蓮。

黃秋芳（2005），《親愛的，作文把我們變快樂了》，臺北：富春。

黃雅萍（2008），〈部件教學法在識字教學中的有效性及其應用層面探討〉，《國教新知》，55（1），63-67。

黃瑞枝（2002），〈識字教學的有機策略〉，《國教之友》，54（1），3-10。

黃錫培（2005），《七大學習領域教法 50 招》，臺北：天衛。

塗秋薇（2005），《部首帶字識字教學法對國小識字困難學生識字學習之成效》，臺北市立教育大學身心障礙教育研究所碩士論文，未出版，臺北。

愚庸笨（1995），《中國文字的創意與趣味》，臺北：稻田。

萬雲英（1991），〈兒童學習漢字的心理特點與教學〉，楊中芳、高尚仁編，《中國人‧中國心──發展與教學篇》，臺北：遠流。

葉怡均、臺北市萬興國小 ART 創意教學團隊（2007），《語文變聲 show ──快樂聽相聲，輕鬆學語文》，臺北：幼獅。

葉莉薇（1988），〈兒童戲劇在輔導上的應用〉，鄭明進主編，《認識兒童戲劇》，臺北：中華民國兒童文學學會。

葉興華（2002），〈九年一貫課程實施後國語文第一冊教科書識字教材之研究〉，《臺北市立師範學院學報》，33，345-378。

葛琦霞（2006），《葛琦霞老師的創意作文教學法〈一〉》，臺北：三采。

裘錫圭（1994），《文字學概要》，臺北：萬卷樓。

鄔昆如（2003），《倫理學》，臺北：五南。

廖彩萍（2007），《單字呈現的部件識字教學法及以文帶字的部件識字教學法對國小輕度智能障礙學生識字教學成效之研究》，屏東教育大學特殊教育學系碩士論文，未出版，屏東。

臺灣省國民學校教師研習會（1997），《教學小點～多元的寫字教學活動》，臺北：臺灣省國民學校教師研習會。

趙士英（2008），〈識字教學的策略研究〉，《小學語文教學》，7，33-35。

趙天池（1991），《優美的中國文字——七種特性的印證》，臺北：文史哲。

趙自強、徐琬瑩（2002），《戲法學校》（中級篇），臺北：幼獅。

趙振鐸（2003），《字典論》，臺北：正展。

趙雅博（1990），《知識論》，臺北：幼獅。

齊若蘭（2002），〈心靈的遊樂場——一生的領航員〉，《天下雜誌半月刊——閱讀新一代知識革命》，263，90。

齊若蘭、游常山、李雪莉（2003），《閱讀：新一代知識革命》，臺北：天下。

劉玉琛（1990），《寫作指導》，臺北：富春。

劉俊榮（2002），〈識字教學研究之成效統整分析〉，《中學教育學報》，9，17-51。

潘怡文（2010），《隨課文聲符歸類識字教學法對國小高年級學童識字成效之研究》，臺灣博碩士論文網，網址：http://ndltd.ncl.edu.tw/cgi-bin/gs32/gsweb.cgi/ccd=x3AVFF/search，點閱日期：2010.7.24。

鄧志浩（1997），《不是兒戲—鄧志浩談兒童戲劇》，臺北：張老師。

鄭昭明 (1981)，〈漢字認知的歷程〉，《中華心理學刊》，23（2），137-153。

鄭麗玉（2007），《認知心理學》，臺北：五南。

鄭繼娥（2001），〈漢字認知心理研究成果與漢字教學〉，《成都教育學院學報》，15（2），39-41、39-40、41。

盧文啟（2003），《部首識字教學法對資優幼兒識字成效之影響》，嘉義大學特殊教育學系碩士班論文，未出版，臺義。

盧金鳳、田耐青（2007），《閱讀達人是教出來的》，臺北：日月。

盧國屏、黃立楷（2008），《當代文字學概論》，臺北：五南。

賴明德（2003），《中國文字教學研究》，臺北：文史哲。

賴慶雄（1990），《認識字詞語》，臺北：國語日報。

戴汝潛（1997），〈識字教育———一個值得重視的研究課題〉，《人民教育》，6，45-46。

薄雯霙（2003），《綜合高效識字法對國小識字困難學生生字學習成效之探討》，臺灣博碩士論文網，網址：http://ndltd.ncl.edu.tw/cgi-bin/gs32/gsweb.cgi/ccd=fAj6Hd/search，點閱日期：2010.7.24。

謝錫金、林偉業、林裕康、羅嘉怡（2006），《兒童閱讀能力進展———香港與國際比較》，香港：香港大學。

邁可・比林頓（Michael Billington）等編著（1989），蔡美玲譯，《表演的藝術》，臺北：桂冠。

鐘淑慧（2005），〈基本字帶字教學結合象形文字圖示法對國小三年級識字困難學生識字成效之探討〉，《臺東特教》，22，23-32。

鍾聖校（1997），《認知心理學》，臺北：心理。

顏福南（1999），《作文魔法書》，臺北：新迪。

羅秋昭（2002），《有趣的中國文字》，臺北：五南。

羅秋昭（2006），《字族識字活用寶典》，臺北：小魯。

藤枝　晃（2005），李運博譯，《漢字的文化史》，香港：中華。

蘇宜芬、陳學志（2007），〈認字自動化指標之建立與信效度研究〉，《國立臺灣師範大學教育心理與輔導學系教育心理學報》，38（4），501-514。

二、外文文獻

Anderson, R., & Freebody, R. (1981). Vocabulary knowledge. In J. T. Guthrie (Ed.),*Comprehension and teaching: Research reviews* (pp.77-117). Newwark, DE: International Reading Association.

Cagelka, P. T. & Berdine, W. H.(1995).*Effective Instruction for Students with Learning Difficulties.* Boston,Ma：Alley, and Bacon.

Chall, J. S. (1996). *Stages of reading development* (2nd ed.). Fort Worth, TX: Harcourt Brace.

Ehri, L. C.(1982).*Learning to read and spell.*Paper presented at the American Psychological Association annual meeting, Washington, D. C.

Kamhi, A. G. & Catts, H. W.(1991).Reading disability：Terminology, definition, and subtyping issues. In A. G. Kamhi.& H. W. Catts(Eds.), *Reading disability：A developmental language perspective*(pp.35-66). Needham Heughts, MA：Allyn and bacon.

社會科學類　PF0071　東大學術 43

識字教學策略

作　　者／許彩虹
責任編輯／蔡曉雯
圖文排版／楊尚蓁
封面設計／王嵩賀

發 行 人／宋政坤
法律顧問／毛國樑　律師
出版發行／秀威資訊科技股份有限公司
　　　　　114 台北市內湖區瑞光路 76 巷 65 號 1 樓
　　　　　電話：+886-2-2796-3638　傳真：+886-2-2796-1377
　　　　　http://www.showwe.com.tw
劃撥帳號／19563868　戶名：秀威資訊科技股份有限公司
　　　　　讀者服務信箱：service@showwe.com.tw
展售門市／國家書店（松江門市）
　　　　　104 台北市中山區松江路 209 號 1 樓
　　　　　電話：+886-2-2518-0207　傳真：+886-2-2518-0778
網路訂購／秀威網路書店：http://www.bodbooks.com.tw
　　　　　國家網路書店：http://www.govbooks.com.tw

2012 年 1 月 BOD 一版
定價：400 元
版權所有　翻印必究
本書如有缺頁、破損或裝訂錯誤，請寄回更換

國家圖書館出版品預行編目

識字教學策略 / 許彩虹著. -- 一版. -- 臺北市 ：秀威資訊
科技, 2012.1
　　面 ；　公分. -- (社會科學類 ；PF0071)
BOD 版
ISBN 978-986-221-879-2(平裝)

1. 識字教育　2. 教學策略

528.42　　　　　　　　　　　　　　　100022808

讀 者 回 函 卡

感謝您購買本書，為提升服務品質，請填妥以下資料，將讀者回函卡直接寄回或傳真本公司，收到您的寶貴意見後，我們會收藏記錄及檢討，謝謝！如您需要了解本公司最新出版書目、購書優惠或企劃活動，歡迎您上網查詢或下載相關資料：http:// www.showwe.com.tw

您購買的書名：＿＿＿＿＿＿＿＿＿＿＿＿＿＿＿＿＿＿＿＿＿＿＿

出生日期：＿＿＿＿＿年＿＿＿＿＿月＿＿＿＿日

學歷：□高中 (含) 以下　　□大專　　□研究所 (含) 以上

職業：□製造業　□金融業　□資訊業　□軍警　□傳播業　□自由業
　　　□服務業　□公務員　□教職　　□學生　□家管　　□其它＿＿＿

購書地點：□網路書店　□實體書店　□書展　□郵購　□贈閱　□其他

您從何得知本書的消息？

　□網路書店　□實體書店　□網路搜尋　□電子報　□書訊　□雜誌

　□傳播媒體　□親友推薦　□網站推薦　□部落格　□其他＿＿＿＿＿

您對本書的評價：(請填代號　1.非常滿意　2.滿意　3.尚可　4.再改進)

　封面設計＿＿＿　版面編排＿＿＿　內容＿＿＿　文／譯筆＿＿＿　價格＿＿＿

讀完書後您覺得：

　□很有收穫　□有收穫　□收穫不多　□沒收穫

對我們的建議：＿＿＿＿＿＿＿＿＿＿＿＿＿＿＿＿＿＿＿＿＿＿＿

＿＿＿＿＿＿＿＿＿＿＿＿＿＿＿＿＿＿＿＿＿＿＿＿＿＿＿＿＿＿＿

＿＿＿＿＿＿＿＿＿＿＿＿＿＿＿＿＿＿＿＿＿＿＿＿＿＿＿＿＿＿＿

11466
台北市內湖區瑞光路 76 巷 65 號 1 樓

秀威資訊科技股份有限公司　　　收
BOD 數位出版事業部

....

（請沿線對折寄回，謝謝！）

姓　　名：_____　年齡：_____　性別：□女　□男

郵遞區號：□□□□□

地　　址：_____

聯絡電話：(日) _____ (夜) _____

E - m a i l：_____